本书系中国马克思主义研究基金会资助
中共中央党校2012年度校级青年项目成果

学术史研究丛书
主编 李帆

颜李学的近代境遇

王学斌 著

2017年·北京

图书在版编目（CIP）数据

颜李学的近代境遇 / 王学斌著. —北京：商务印书馆，2017
（学术史研究丛书）
ISBN 978-7-100-12905-3

Ⅰ.① 颜… Ⅱ.①王… Ⅲ.① 颜李学派—研究—中国—近代 Ⅳ.①B249.55

中国版本图书馆CIP数据核字（2017）第007522号

权利保留，侵权必究。

（学术史研究丛书）
颜李学的近代境遇
王学斌 著

商 务 印 书 馆 出 版
（北京王府井大街36号 邮政编码 100710）
商 务 印 书 馆 发 行
三河市尚艺印装有限公司印刷
ISBN 978－7－100－12905－3

2017年7月第1版　　开本 640×960　1/16
2017年7月第1次印刷　印张 20 3/4
定价：65.00元

《学术史研究丛书》总序

近二三十年来,学术史的研究成了学界的一个热点,相关著述一再问世,讨论的问题也越发宽泛,触角深入到不少领域,甚至大有取代传统思想史研究之势。中国近现代学术史的研究,尤其如此。

关于学术史何以会在近些年来勃兴,一些学者曾做过探讨。有学者从 20 世纪 80 年代的文化史热入手,认为从关注文化史到关注学术史,"有其逻辑的必然性","当年人们关注文化问题,是多年激烈的政治动荡之后的反省有以促成之;而今日之关注学术史,则又是多年的文化热之后的反思有以促成之"。[①] 也有学者引入晚清时人对学术史的关注为参照系,认为当时学者之所以热衷梳理学术史,"大概是意识到学术嬗变的契机,希望借'辨章学术,考镜源流'来获得方向感。同样道理,20 世纪末的中国学界,重提'学术史研究',很大程度也是为了解决自身的困惑。因此,首先进入视野的,必然是与其息息相关的'二十世纪中国学术'"[②]。这样的结论,大体是考量学术发展的内在理路与外在环境而得出的。的确,从文化史到学术史,是学术逻辑演化的必然;而 20 世纪末的时代情境,跨世纪的特殊氛围,恰好强化了这一逻辑,当时各类学术刊物(如《历史研究》)连篇累牍地回顾和总结 20 世纪学术历程的情形,即可证明此点。也就是说,世纪之交,借学术史的研究,"辨章学术,考镜源流",反思和检讨走

---

① 耿云志:《从四部之学到七科之学·序》,载左玉河:《从四部之学到七科之学:学术分科与近代中国知识系统之创建》,上海书店出版社 2004 年版,第 1 页。
② 陈平原:《中国现代学术之建立:以章太炎、胡适之为中心》,北京大学出版社 1998 年版,第 1—2 页。

II 颜李学的近代境遇

过的路,以使中国学术在新的历史条件下,更成熟地走向未来,不失为一种非常好的思路和做法。这与百年前章太炎、刘师培、梁启超等人关注于自身学术所由出的有清三百年学术史的总结,颇有异曲同工之妙。当然,正由于今日学者更多关注的是近百年的学术史,所以令中国近现代学术史的研究在整个学术史研究中相对显赫一些。

何谓学术史?目前很难对此概念做一完善界定。追根溯源,"学术"一词中国古已有之,一般泛指学问、道术,但"学"与"术"不同。《说文》释"学"曰"觉悟也",释"术"曰"邑中道也";"觉悟也"更多的是在"发蒙"或"学习"的意义上释"学",故言"古教、学原为一字,后分为二","邑中道也"讲的是"路径"或"手段"。前者渐渐引申为学说、学问,后者渐渐引申为技能、技艺(段玉裁《说文解字注》说"引申为技术"),而且有了形上、形下之分。形上之"学"备受士人重视,甚至皓首以穷之;形下之"术"则被看作雕虫小技,向遭冷遇。这种状况持续千年以上,直到西学进入中国。对西学,人们先以形下之"术"来格义,认为"西艺"(工艺技术)能包孕西学的全部内容。到清季,随着认识的深化,已知道西学亦有其根本,遂以中国之"学术"来格义它,如严复所说"学者,即物而穷理……术者,设事而知方"[①];刘师培也说"学指理言,术指用言"[②],"学为术之体,术为学之用"[③]。学与术不可分,共同构成科学系统,促进西方的进步。反观中国,学与术分离,言学不言术(日常所说"学术"仅指"学")。以此,学术无由进步,国家亦无法振兴。以西学为坐标对中国学术所做的反思与批判,必然使得一些有识之士对中国学术进行追根溯源的探讨,力求从其发展脉络中找寻失误

---

① 严复:《政治讲义》,《严复集》第 5 册,中华书局 1986 年版,第 1248 页。
② 刘师培:《古学出于史官论》,《左盦外集》卷八,《刘申叔遗书》下,江苏古籍出版社 1997 年版,第 1478 页。
③ 刘师培:《国学发微》,《刘申叔遗书》上,江苏古籍出版社 1997 年版,第 480 页。

之原。这正是当年学术史走上学术前台并成为显学的现实依据。相较而论,今日中国学术史研究的时代环境与当年有很大不同,但所面对的研究对象却无根本差别,同样需要以西学为参照系,探讨有"学"有"术"、有"体"有"用"的中国学术发展历程。当然,学术与思想紧密相关,二者常常合而为一,所以直到今天,学术与思想或学术史与思想史的界限问题,仍是尚未厘清的问题,有思想的学术与有学术的思想咸为学者所追求的目标。也许不必刻意区分学术史与思想史的领地,同一研究对象,切入的角度不同,便会显示出学术史与思想史的差异,如康有为的《新学伪经考》,思想史的研究会赞赏它对戊戌维新运动的巨大推动作用,学术史的研究则会孜孜于该书内容的学理探讨,从而不会对它做出很高评价。一个是强调作用于人的精神,震撼人的心灵,引发人的思考;一个则强调是否合于学理,论据是否充分,论证是否严密。理路的不同,带来结论的差异。如果不强分畛域,面对思想史或学术史的不同课题时,依据课题具体情况,或侧重思想史视角,或侧重学术史视角,采两者之长灵活运用之,也许研究成效会更理想。

在学术史的研究中,思想史的视角固然非常重要,文化史的视野也必不可少。思想二字从"心",集中在人的心灵、精神层面,较为空灵;学术虽也有精神层面的东西,但更重求真求实,强调脚踏实地;文化则具有包容性,精神、物质两个层面都在其中。较之思想的超越古今、天马行空,学术的步伐相对笃实,而且对外在环境依赖较大,近现代学术尤其如此。近现代中国,社会空间扩大,学术也愈来愈脱离国家、政府的控制而走向独立,不过这种独立是需要条件保障的,如软环境方面的观念形态、硬环境方面的制度建设、物质保障等。要研究中国近现代学术史,学科、学人、学术著述等自然是主要对象,但对保障学科发展、学人能够独立从事研究的观念形态、制度建设、物质条件等因素也不能弃置不顾，这些甚至是近现代学术得以成立的前提。广义而言，这几方面都在文化史视野之内，无论是属于精神层面的，还是属于物质、制度层面的，都是文化史研究题中应有之义。所以，学术史的研究离不开文化史的视野。

由上可见，学术史研究所涉甚广，与其他部类的关联也颇多，是较为繁难的研究领域。若想有所突破，面面俱到自为下策，而从专题入手，一步步潜心经营，终会达至胜境。本丛书即拟依此策略，以不同主题的学术史专门著作来构建全帙。重点在于清代以来的中国学术史，尤其是前文所强调的近现代中国学术史的研讨，以求有自身特色，于学术前沿据有一席之地。

李 帆

2015 年 12 月于北京师范大学历史学院

序

在中国儒学发展史上,活跃于清初的颜李之学特色鲜明,独树一帜,是非常重要的一个学术、思想流派。虽然由于种种因素,颜李之学仅传承三代即走向衰落,但到了晚清和民国之时,因缘际会,却又呈现复兴之象,在学界、政界乃至社会上都掀起了不大不小的波澜,形成较广泛的时代影响。

对于颜李学派本身,特别是对于颜元、李塨二人的思想主张,学术界十分重视,已然发表和出版了大量论著,但对于颜李学在晚清、民国的复兴,却缺少相应的关注,尚未出现非常系统完善的研究著作。本书的问世,则是对这一研究薄弱环节的重要弥补。作者王学斌是个勤于思索、勇于创新的青年学者,他在北京师范大学历史学院攻读博士学位时,便发愿在学术史这一相对繁难的学术领域里耕耘,且以陈寅恪先生之"预流"之义要求自己,力求在"新材料"与"新问题"两个方面皆有进境,于是在入学不久即选择了这个题目,把颜李学在晚清、民国的复兴历程和相关问题作为研究对象。确定了选题后,他就开始了"上穷碧落下黄泉,动手动脚找东西"的艰辛历程,殚精竭虑地在原始资料上下功夫,时有新的惊喜和新的发现,如于《定武学记》中发现严复佚文等。大量扎实可信的"新材料"的发掘,使得这项研究首先就建立在了坚实的文献基础上,为向"预流"之学迈进奠定了根基。而在"新问题"方面,学斌遇到了更大的挑战,因颜李学的近代复兴并非简单的学术史问题,而是一个学术与思想、与政治、与教育交织融会的问题,需要研究者有极强的问题意识,还需

VI　颜李学的近代境遇

具备一定的思辨能力，对于一个青年学者来说，这是一个很大的挑战，从现在成书的这份成果看，他承受住了这一挑战，基本实现了预期目标。全书从对颜李学赖以生存的"北学"框架的阐发入手，抓住颜李学兼具现代与传统双重性质的特色，以此为出发点，把晚清学者戴望搜辑颜李遗著、编纂《颜氏学记》，作为改造颜李学进而复兴该学的开端；而于晚清颜李学的传播，则抓住了不同阶段的特色，认为第一阶段永嘉后学孙锵鸣、宋恕、陈黻宸及河北学者王灏、贾恩绂等人的传播，仍是传统意义上的学脉复兴，而到了第二阶段国粹派成为传播主角时，则在汇通古今、交融中西的视角下，开始建立起近代意义上的颜李学。至于民国时期的颜李学，发展轨迹变得颇为复杂，本书从两方面入手阐发，一是从政治与学术交织的角度，梳理出徐世昌等人通过一系列的政治运作，将颜元、李塨塑造为国家学术偶像，颜李学受到极力推崇的历程，认为这出于徐世昌等人复兴"北学"、抵御新文化和加强意识形态控制之需，同时客观上也促使更多的学者来关注和研治颜李学；二是从现代知识制度和学科体系的角度，梳理梁启超、胡适、钱穆为代表的现代学理层面的颜李学研究，认为由梁启超开拓、胡适跟进的颜李学研究，具有构建"反理学"谱系的共同立场，而钱穆则秉持"不知宋学，则无以平汉宋之是非"的主张，辨析颜李学之学说痼弊，褪去了其"反理学"底色。正是通过这些有理有据的辨析，本书成功地把颜李学在晚清民国时期的复兴，塑造为中国传统学术在近代流变的一个缩影。

　　如何看待传统学术在近代的复兴，可谓是个见仁见智的问题。一般而言，能够在近代得以复兴的学术，必有其与近代相契合的要素，适应了近代政治、社会、思想等领域的某种需求。颜李学就是这方面的一个典型案例，它的核心主张和内容，既可为近代具有不同政治、思想立场者分别利用，又能经重新解释后发挥一定的社会效能，故得以有所谓复兴的命运。但归根结底，它还是学术发展史上的重要一环，是学术史叙事的对象。所以，研究颜李学在晚清民国时期的复兴及其命运，把握住政治、思想、学术三者之间的互动关系是必不可少的，而最终需回归学术本体，也是题中必有之义。应该说，本书在这些方面都是做得较为出色的，但也不可避免地仍存一些缺失，这是需作者将来努力弥补与完善的。

是为序。

李　帆

2016 年 3 月于北京师范大学历史学院

目 录

绪　论 …… 1

第一章　绝学重光：戴望与晚清颜李学复兴 …… 55

第一节　经世者之选择：戴望与《颜氏学记》…… 57

第二节　赞同、批评与排诋：《颜氏学记》之回响 …… 77

小　结 …… 88

第二章　传播与阐释：晚清学人与颜李学研究的展开 …… 91

第一节　永嘉后学与颜李学之传播 …… 93

第二节　整理与扬弃：河北地区的颜李学传播 …… 109

第三节　书刊宣传与近代阐释 …… 122

小　结 …… 145

第三章　中经波折：民初徐世昌对颜李学之推崇 …… 153

第一节　"尊颜李即尊天津"：解读"颜李从祀事件"的另一视角 …… 155

第二节　莲池书院与"北学"重振 …… 160

第三节　"畿辅自有之学派" …… 169

第四节　从祀绝唱 …… 177

第五节　重塑偶像和诠释旧说 …… 204

小　结 …… 210

第四章　创建典范与学术商榷：颜李学研究之趋向深入 …… 213

第一节　确立颜李近代学术形象：梁启超的颜李学研究 …… 215

第二节　探寻戴震"新哲学"的理论源头：胡适的颜李学研究 …… 242

第三节　"未全脱宋儒窠臼也"：钱穆的颜李学研究 …… 266

小　结 …… 278

结　语 …… 285

附　录 …… 289

附录一　多元发展：20世纪三四十年代颜李学研究概述 …… 291

附录二　晚清民国《颜氏学记》刊刻版本表 …… 301

参考文献 …… 302

后　记 …… 314

绪 论

一、写作缘起

颜元（1635—1704年，字浑然，又字易直，晚号习斋）、李塨（1659—1733年，字刚主，号恕谷）是清初著名的思想家。二人所倡导的带有复古色彩的、以"三事三物"为核心的习行经济与事功之学，并于此基础之上构建而成的实学思想体系，在整个中国思想史上独树一帜。而由颜元开创、李塨播扬而成的颜李学派，也成为中国学术史上一个以经世致用、注重实践为特色的学术派别。早在清初，已有人开始将颜李学派所倡扬的学说合称为"颜李学"。如颜元门人恽皋闻就曾写道："天下言圣贤实用之学，必尊颜李，颜李之学，周公孔子之道也。"① 到民国时期，颜李学已是一个成熟的学术概念。梁启超在其《中国近三百年学术史》中提及颜元、李塨二人关系时，指出"习斋之有恕谷，却真是史公所谓'相得而益彰'了。所以这派学问，我们叫他做'颜李学'"②。其后的胡适、钱穆、陈登原等学者也都沿用此概念。

"颜李学的近代境遇"，主要是指晚清民国学人与政治群体对颜李学的研究、阐释、尊崇和利用，以及由此而引起颜李学于晚清民国的嬗变与影响。具体而言，本课题包括晚清民国学者对颜李学派著作的研究，对颜元、李塨、王源、程廷祚等人政治思想、学术思想、哲学思想、教育思想等的评价和诠释，政治势力对颜李学的重新改造和利

---

① 恽皋闻：《李恕谷先生传》，冯辰、刘调赞撰，陈祖武点校：《李塨年谱》，中华书局1988年版，第223页。
② 梁启超：《中国近三百年学术史》，《饮冰室合集》专集之七十五，中华书局1989年版，第107页。

用,以及与之相关的一系列政学活动。

传统意义上的颜李学是指清初颜元、李塨以及学派其他成员共同创立和发扬的一种学术思想。它具体包括以"事功为首"和"六府、三事、三物"①为特色的实学、对宋明理学的批判、"见理于事"的认识论、"理气合一"的人性论、复古改革的政治思想、习动习行的教育论等内容。从某种意义上讲,颜李学集中国古代功利论之大成。而本书所研讨的"颜李学的近代境遇",则是通过剖析晚清民国时期众多学者对颜李学派学说主张的开掘与诠释,从而理清其被纳入到现代知识制度与学科体系当中,形成具有近代意义上的颜李学之过程。

自颜元的学术思想形成之后,经弟子李塨等人的大力传播,其学说引起了学界、政界不少人士的关注,问业者有之,赞誉者有之,批判者有之,毁谤者亦有之。可以说,颜李学传播的过程,即可视作其被研究的开端,同时也是颜李学派形成的阶段。不过,具有近代意义的颜李学之出现当是在晚清民国时期,宋恕、刘师培、章太炎、梁启超、胡适等学者对此学说的阐释、对颜李学术地位的追认、对颜李学派学术系谱的构建,使得颜李学的近代知识论述得以展开。之后,颜李学逐渐成为思想史研究、哲学史研究及教育学研究的热点,其间所产生的学术成果也颇为丰富。据不完全统计,自1949年至今,学界有关颜元李塨生平、思想及学说传播等问题的学术论文已逾200篇,学位论文30余篇,而学术专著也有20余部,可谓成果丰硕,日臻成熟。

就在学者们对颜李学说的实学思想、教育思想、哲学思想、学派

---

① 颜李所谓的"六府、三事、三物",实系出自先秦经典。"六府"指水、火、金、木、土、谷;"三事"即《尚书·大禹谟》中的"正德、利用、厚生";"三物"即《周礼·大司徒》中的"乡三物",具体而言,为"六德"(知、仁、圣、义、忠、和)、"六行"(孝、友、睦、姻、任、恤)、"六艺"(礼、乐、射、御、书、数)。

特征进行系统而深入研究的同时，有关晚清民国颜李学兴起、发展的学术史研究却长期得不到学界的重视，专论近代颜李学研究状况的论文仅寥寥数篇，而专门探讨该问题的学位论文也仅有台湾地区1篇硕士论文。这不能不说是一个缺憾。

回顾百年之前的颜李学研究，诸多问题亟待梳理与探析：今文经学者戴望缘何对颜李学青睐有加？《颜氏学记》对于晚清颜李学的兴起究系有多大关联？刘师培、章太炎等人为何要有选择性地研究与阐释颜李学？而以徐世昌为代表的四存学会诸人又出于什么目的使颜李这两位民间思想家从祀孔庙？四存学会的如此举动对于颜李学在近代的发展到底是一股助力还是阻力？梁启超、胡适因何要将"反理学的思想家"、"杜威式的教育家"的称号赐予颜李二人？这种近代形象的确立对后人的研究有怎样的导向作用？在颜李学的学说归属、戴震学与颜李学的学术渊源问题上，钱穆等人为何要同梁启超、胡适立意迥然，反复辩难？……这些问题亦即形成了一个整体的研究主题：传统意义上的颜李学是如何一步步被纳入到现代知识制度与学术体系当中来的？易言之，近代意义上的颜李学是如何一步步展开、发展的？这是本书所要研讨的核心问题。

学术史研究，重在检讨以往，有裨当代，引导将来。本书正是秉此初衷，以颜李学于晚清民国的复兴与命运为视角，系统而深入地梳理晚清民国颜李学的复兴、发展与嬗变的全貌与影响。以期通过此种探讨能对今后的颜李学研究带来一些有益的思路和借鉴，并为学界考察传统儒学在近代语境下的流变与转型提供参考。

二、先行研究

截至目前,学界有关探讨"颜李学的近代境遇"问题的学术论著并不丰富。不过在已发表和完成的关于颜李学派学术思想及代表人物传记、明清学术史、晚清民国学人学术思想研究论著及学位论文中,涉及一些晚清民国颜李学研究的内容,有的是整体评述,有些是个案剖析,本书择其要者,兹评介如下。

(一)大陆地区研究状况

关于晚清民国的颜李学的整体研究,虽然学界目前出版的论著不多,但材料相对集中,观点也较为接近。

姜广辉的《颜李学派》是1949年后首部对颜李学派进行全面研究的学术专著,但对于颜李学的历史命运,该书着墨不多,仅略作回顾。作者在总结颜李学对后世影响时,指出"既要看到其学说本身与后世推崇的联系,更要看到二者之间的区别。五四运动前后,颜李之学对社会的影响,主要有两方面:一是其重'致用'的精神,二是其尊孔孟的思想。徐世昌主要是利用其尊孔孟的落后成分。当时一些志士仁人和爱国知识分子强调颜李重'致用'的思想,试图以颜李之学转变社会惰弱习气,振兴中华,抵御列强"[①]。应当说姜著对颜李学在

[①] 姜广辉:《颜李学派》,中国社会科学出版社1987年版,第203—204页。

民国时期社会影响的概括大体不错,惜未能展开。

陈山榜在《颜元评传》一书绪论中言及20世纪20年代前后颜李学复兴时,认为"学界力倡之人当推梁启超,政界力倡之人当推徐世昌"。陈山榜指出:"梁启超对颜元的研究介绍是较适时的,评价也较中肯。他把颜元与杜威相提并论,也很有见地,因为这两人颇具可比性。"与此同时,陈山榜亦认为"徐世昌对颜元学术思想的研究,也贡献不菲"。并断定"民国初年的中国社会,已经初具颜元实学思想生存和发展的土壤了"。至于陈登原的《颜习斋哲学思想述》,陈山榜认为进入20世纪30年代,国民政府的腐败促使"一些有良知的学人便借颜元的学术思想以警醒国人,陈登原当为这类人士之代表"[①]。尤值注意的是,作者对徐世昌尊崇颜李之举并非完全否定,而是辩证看待,这种研究态度颇为可取。

朱义禄在《颜元、李塨评传》第八章《颜李学派的影响及其历史地位》中对晚清民国的颜李学研究状况做了较为系统的梳理。通过对戴望、刘师培、章太炎、梁启超、胡适、钱玄同、徐世昌有关颜李学言论的剖析,朱义禄认为颜李之学在近代之所以不断变换着面貌,是由于近代中国文化上的主旋律——古今中西之争所致。"当本土文化受到外来文化冲击时,就会产生种种的反应。反应基本上有两种。一种是返回式的文化保守主义,或持本土文化为至善至美的顽固立场,否定外来文化;或借助外来文化的观点,以重光本土文化。一种是吸收式的文化融合,它把本土文化中之有价值者与所引进的外来文化的因素作一适当的整合。"具体到颜李学方面,"维新派、革命派、新文化运动中民主主义激进者,对包括颜元在内的明清之际启蒙学者的学说,可与西学中的科学精神、学校教育相沟通。这是吸收式的文化融

---

① 陈山榜:《颜元评传》,人民教育出版社2004年版,第2—4页。

合"。而"朱一新以颜李之学为'名美实非'的'欺人之说',程仲威大骂颜李,为'吾道大蠹,实本朝之蟊贼'。这是持否定态度的文化保守主义。这种态度的另一表现形式,就是徐世昌以及四存学会的一批骨干,在封建文化思想和伦理道德受到极大冲击时,以一种间接的方式来倡导孔孟之道,即尊颜李以尊孔孟。办学会、出刊物、造专祠、出版丛书、从祀孔庙,以抬高自己的声望地位与社会影响,这是持肯定态度的文化保守主义"。[①]朱义禄借助"返回式的文化保守主义"和"吸收式的文化融合"两个概念来梳理颜李学在晚清民国的嬗变历程,该提法颇为新颖。不过限于史料和视角差异,他的部分观点尚需推敲,如对朱一新、徐世昌等的评价问题,若能在立足人物政治理念剖析的基础上,再从颜李学自身学术内在理路发展的角度加以考察,相信结论会更趋客观。

与晚清民国颜李学研究直接相关的学术论文目前仅有4篇。赵捷民在《颜元的影响》中将自颜元弟子李塨起至民国时期颜元思想的影响做了大体概括,尤其是对20世纪20年代四存学会的背景、人员来历、学校兴衰演变的介绍,给后来研究者提供了很有价值的线索。[②]

宋立卿、解成合撰的《颜元思想在近代中国的命运》一文是目前所见大陆对晚清民国颜李学研究情形考察中最为全面的一篇。通过对八十多年颜李学发展过程的回顾,宋、解二人指出:"在中国资产阶级民主主义革命的整个历史时期,颜元作为一个清朝初年的普通的汉族知识分子(其经济地位约略相当于小地主),竟然相继受到各个阶级甚至同一阶级的各个阶层的代表人物的青睐,以至被赋予适应各种不同政治目的的新的形象,其间恢复他的历史真象的种种努力都不得

---

① 朱义禄:《颜元、李塨评传》,南京大学出版社2006年版,第339—340页。
② 赵捷民:《颜元的影响》,《河北史学会通讯——全国颜元李塨学术思想讨论会专号》(总第11期),内部刊物,1987年,第177—184页。

不服从现实的政治斗争的要求。这是中国思想史上一种看似奇特,实乃带有普遍意义的现象。杜维明先生企图用地方主义来解释这种现象(《颜元——从内在的经验到生活的具体》),笔者认为这是把问题简单化了。是否可以这样来看,1919年以前,颜元思想虽然归根结底是清朝统治秩序的反映,却并未完全溶入占据官方统治地位的孔孟——程朱的儒学,甚至在表面上保留着反程朱的特征。当被清朝统治者加以扭曲的程朱理学在近代遭到普遍厌弃的时候,便产生了赋予孔孟儒学以新的理论形态的客观要求,这种理论形态既能够保持孔孟儒学的本色,又足以同西方资产阶级思潮抗衡,还应该具有一定的弹性,便于在不同的情况下随意发挥。这些条件恰恰在颜元思想那里得到了满足。一旦它被挑选出来,便反过来影响整个社会。当然,这种影响发生在中国面临被帝国主义列强瓜分危险的时期,与程朱理学在大一统的封建社会所起的钳制思想的作用不可同日而语。而在近代中国社会象汪洋大海般存在着的是自食其力的小生产者及其知识分子,颜元的经济地位与他们最为接近,他的某些言论自然更容易引起他们的共鸣,其中包括同小生产者有着千丝万缕联系的马克思主义者们。因此,颜元思想(实际上是传统儒学)在近代中国的命运说到底,是一个小生产者阶层的意识形态同剧烈变化着的半封建半殖民地的经济基础既相矛盾又相适应的过程。用今天的眼光来看,中国社会的经济基础虽然早已改变了,但反映旧的经济基础的小生产者的意识形态仍然顽固地占据着一部分历史舞台,以至对社会主义的经济基础产生过相当消极的反作用。"① 与前面朱义禄视角相似,宋、解二人亦是从政治层面来探讨、评判晚清民国各种势力对颜李学的研究与利用,缺乏从学术史角度的爬梳与辨析,某些论断并不准确。加之此文完成较早,

---

① 宋立卿、解成:《颜元思想在近代中国的命运》,《河北史学会通讯——全国颜元李塨学术思想讨论会专号》(总第11期),内部刊物,1987年,第200—201页。

故不免带有明显的时代特征。

解成在《近代中国对颜元形象的两次改造》中将颜李学的近代复兴划分为两个阶段:"第一次以戴望辑于 1869 年的《颜氏学记》为开端,持续了 50 多年;第二次则以梁启超著于 1924 年 1 月的《颜李学派与近代教育思潮》为标志,迄今仍不时可以见到他的影响。"至于这两次形象改造的评价,解成认为"如同先秦诸子经过清代考据家们的不懈努力而突然在近代焕发出夺目的光彩一样,颜元的思想也被近代中国的各个阶级、阶层加以改造和利用。这种改造和利用深刻地反映了他们各自的愿望和追求,反映了近代中国社会的矛盾、斗争和前进,反映了传统文化与新的时代突然相撞时打在人们思想上的烙印"①。对晚清民国颜李学的发展脉络进行分期,解成可谓第一人。不过,他的两期说仅将戴望、梁启超等人纳入考察视野之中,忽略了民初徐世昌的尊崇活动及 20 世纪三四十年代马克思主义学者的研究成果,故该提法有待修正。

陈居渊的《略论晚清学术界的尊颜与反颜之争》一文则围绕晚清时期学者针对颜李学的不同态度做一论述。值得关注的是,陈居渊认为以往将颜李学复兴的原因归结为政治腐败、外患日亟,这并不全面。毕竟"任何一种学术思潮的涌起,除了社会政治方面所提供的条件之外,还有学术自身发展的内在因素。众所周知,晚清的尊颜学者一般也都是崇尚《公羊春秋》的今文经学说"。故陈指出"虽然颜学与今文经学绝然不同,但在批评宋明理学与提倡经世致用方面却有相通之处。也正因此,晚清尊颜学者视颜学为清代今文经学的先导"。基于对颜李学近代复兴之学术内在理路的分析,陈认为"晚清学术界的表彰颜学,并非是清初颜李学术的复原,而是所有扬弃和继承;他们提倡经世实学,企图恢复原儒学的权威,旨在打击学术文化领域占

---

① 解成:《近代中国对颜元形象的两次改造》,《河北学刊》1988 年第 1 期。

统治地位的程朱理学。而晚清学术界的反对颜学,虽然出于卫道的目的,但也同样含有救世弊和维护圣教的意蕴。然而无论是尊颜抑或反颜,他们之间的学术争执,始终停留在传统经籍的诠释范围,继承的依然是宋明以来儒学自身发展的传统而未能有所超越,这使他们终究未能形成各自的理论体系。尽管如此,晚清学术界的尊颜与反颜,却开启了近代改造颜学的序幕"①。立足于学术内在发展理路来审视颜李学,陈居渊的此篇文章无疑给后来研究者提供了一个有益的视角与思路。同时,该文尚囿于"尊颜"与"反颜"二元化的分析框架,故个别论断值得商榷。

华中师范大学历史文献学博士生王春阳于2008年4月完成的博士论文《颜李学的形成与传播研究》(后修改成书,《颜李学的形成与传播研究》,齐鲁书社2009年版)对本论题有所涉及。由于该论文主要侧重于剖析颜李学的形成过程,颜李学的内涵、特征及颜、李的主要思想和颜李学在清初的传播情况,时间下限是清代中期,故对晚清民国的颜李学研究未能展开具体探讨。在最后一章中,作者特辟出《近代对颜李文献的几次整理及成果》和《颜李学在近代受到尊捧的原因》两节对晚清民国的颜李学文献整理和复兴原因做了一番点评。王认为近代对颜李文献整理颇有功绩者分别是戴望、王灏和以徐世昌为首的四存学会诸学人,而颜李学在近代颇受学界、政界追捧的原因主要有三点:"一是颜李学上及孔孟,提倡原始儒学,符合中国思想界长期存在的复古意识,也是中国学者在西方意识形态下保存中国固有文化传统的一种需要;二是颜李学中存在的进步因素,与现代西方学术多有契合;三是颜李学提倡实学,反对虚学;提倡有用,反对无用之学所具有的经国济世的内涵,符合国力衰弱的近代中国呼唤外王

---

① 陈居渊:《略论晚清学术界的尊颜与反颜之争》,《河北学刊》1997年第1期。

型学术的现实需求。或者说，清末民初的中国社会，已经具有了颜李学术再次发展的社会土壤。"①

较之于整体研究而言，与晚清民国颜李学有关的个案研究则显得比较零散，观点也见仁见智。

就对晚清颜李学复兴厥功甚伟的戴望与《颜氏学记》的研究情形而言，学界并不十分关注。杨培之肯定了戴望对颜李学的引介，"对于颜李学术之传布，确有一定的贡献。他还指出戴东原在论性问题上的唯物主义观点，就是渊源于习斋的论性见解"②。

张舜徽对戴望传播颜李学之功亦颇为肯定："尽管《颜氏学记》一书，撮抄诸家原文为多，而发挥的话很少，但对于颜李学术的传布，确起了一定的作用。"③

卢钟锋在其著作《中国传统学术史》中就戴望的《颜氏学记》做了较为详细的探讨。作者从学术史著作编纂的角度审视《颜李学记》，指出戴望"之为颜李学派修史，是试图借颜李学派的'实学'批判理学之空谈，因此，具有反理学的性质"。其反理学的主要表现有二：一是"突出颜李学派对理学的批判"；二是"突出颜李学派在道统传承中的地位"。戴望乃晚清今文经学大师，故其学术观点自然会在《颜氏学记》中有所体现，卢钟锋将其总结为三点："首先，清代后期的今文经学家都是反汉宋学的。其次，这一时期的今文经学家用以反对汉宋学的思想武器是经世致用之学。第三，这一时期的今文经学家都采用'托古改制'的形式来宣传变法、改革。"④卢钟锋的如上观点可谓与陈居渊不谋而合。

---

① 王春阳：《颜李学的形成与传播研究》，华中师范大学博士学位论文，2008 年，第 183—184 页。
② 杨培之：《颜习斋与李恕谷》，湖北人民出版社 1956 年版，第 286 页。
③ 张舜徽：《清儒学记》，华中师范大学出版社 2005 年版，第 83 页。
④ 卢钟锋：《中国传统学术史》，河南人民出版社 1998 年版，第 449—453 页。

华东师范大学2006届硕士生张利撰写的《戴望学论》是笔者所见大陆首篇对戴望进行整体研究的学位论文。论文的第五章专门围绕《颜氏学记》一书，从戴望对颜李学说的继承、扬弃及后世影响三个角度入手展开分析，得出"在戴望的思想里，颜李学和公羊学是贯通的。戴望采用了公羊学的方法论，注入颜李学的实用精神，融合当时的社会需求，铸成一套自己的阐释体系"的结论。①

张永平在《戴望述略》一文中就戴望学宗今文经却力倡颜李学的情形提出了新的看法，他认为戴的思想之所以如此矛盾，是因为"在清朝统治集团沉醉在'同治中兴'的梦幻之际，戴望却认为太平天国虽失败了，但造成社会动乱的原因不可不追究。寻本溯源，他以为是理学淆乱了真孔教，把世道人心都搞乱了。所以他引进颜李学说，从人性善恶的论辩开始对清朝统治者奉为圭臬的程朱理学发难"②。

由于徐世昌历来多被学者视作政治人物，故有关其文化思想的研究论著少之又少，更遑论他在民初颜李学复兴中所体现的学术取向。现所能见到的相关论断多为只言片语，不甚系统。张舜徽认为："近世徐世昌，以提倡颜李之学为己任。曾属其门客为《颜李语要》各一卷、《颜李师承记》九卷，又汇刻《颜李遗书》数十种。为近数十年来研究哲学和教育学的学者们提供了资料，因之知道颜李之学的人也渐渐多了。"③

郭剑林在其《北洋灵魂——徐世昌》一书中，对徐世昌的尊崇颜李学之举评价道："徐世昌在当时历史条件下寻找不到一种救时的思想理论，只能用清初颜李之学来代替空谈心性的程朱理学，用专务实践来验证中国的传统文化并发展这种文化，似无可厚非。但五四风潮

---

① 张利：《戴望学论》，华东师范大学硕士学位论文，2006年，第40页。
② 张永平：《戴望述略》，《上海交通大学学报（社会科学版）》2002年第3期。
③ 张舜徽：《清儒学记》，华中师范大学出版社2005年版，第83页。

来得如此之猛,全盘否定中国传统文化如此之凶,而颜李之学只是在清初兴盛一时,而到了五四时期,因时过境迁,在商品大潮下,颜李之学怎能适应这种社会迅速发展的大形势?徐世昌大力提倡颜李之学虽有某种积极意义,但整体上说,未免不合时宜。"[1]作者仅从徐世昌抵御新文化的角度剖析其尊崇颜李的行为,未能全面考察该举动的学术渊源和现实境遇,故其结论并不准确。此外,苏全有亦认为在五四新思潮涌动的大背景下,"徐世昌幻想仅靠几所'四存学堂'便可抵御潮流,力挽狂澜,当然于事无补"[2]。

(二)海外研究现状

与大陆地区研究情形类似,港台地区及海外对晚清民国颜李学的研究也并不多。不过较之于大陆尚无专门论著或学位论文问世,台湾地区的相关整体研究则迈出了可喜的一步,台湾东海大学历史学研究所硕士生廖本圣撰写的题为《颜李学的形成(1898—1937)》的硕士学位论文,可谓是该领域的有益尝试。文章指出:"颜李学在沉寂了一百多年后再重现于近代中国,不是没有原因的。颜李学的重现,其原因在于颜李学本身的特殊性格正好与戊戌政变之后的时空环境相配合所致。也就是说,颜李学贵兵之论的尚武特质,与实用主义倾向等特点,正好符合1898年后亟于改变中国命运的知识分子们的需要。在这种情况之下,颜李学派成为章太炎、刘师培、梁启超及胡适等人使用来为各自的关怀做辩护的一项工具。站在提升民族自尊的关怀上,颜李成为梁启超及刘师培用以说明中国传统里也有类似于西方思

---

[1] 郭剑林:《北洋灵魂——徐世昌》,兰州大学出版社1997年版,第396页。
[2] 苏全有:《徐世昌家族》,金城出版社2000年版,第277—278页。

想因子的工具。另一种关怀则是主张国家未来的发展必须建筑在过去的基础上,现实与传统不能分离,但是他们并非全盘地接受传统,基于现实的需要,他们皆很清楚哪些该保留哪些该抛弃。这种作法,可以章太炎为代表。1898年至1902年期间,颜李学成为章太炎整理传统思想之利弊得失的一颗棋子,一个让他为现实提供反省的工具。胡适之投入颜李学的研究则主要是在为自己的实用主义思想寻找历史根源,说明他的实用主义是承自中国近代以来的历史发展潮流而来的。由章太炎、刘师培、梁启超及胡适等人处理颜元的态度里,可看出颜李学仅是他们用以说明自己的关怀时所取用的一项材料而已。在这种有条件的取材观点影响之下,对于颜李的观点出现偏失,便是在所难免的。由此可见,出现于1898年至1937年的颜李学,是否为真实的颜李学,仍值得商榷。"① 廖文虽具首创意义,但其不足也十分明显:一是将时间上限定为1898年,势必无法观照之前颜李学复兴的详情;二是该文择取章太炎、刘师培、梁启超和胡适四人为主要考察对象,并未将徐世昌、钱穆纳入其中,其典型意义略显不足;三是在材料运用上,由于条件所限,廖氏所征引范围较窄,故其部分结论值得商榷。

美籍学者杜维明在其《仁与修身·颜元:从内在体验到实践的具体性》一文中,对晚清民国的颜李学研究状况进行了简要评析,颇具启发意义。就徐世昌尊崇颜李学一事,杜维明认为徐如此努力抬升颜李学的原因在于他"企图重振北学,肯定是受到河北地区知识分子的影响,这些知识分子要求建构一个新的意识形态以领导全国"。同时,杜又指出,"如果颜元的思想与近代中国一点关连性都没有,人们也不会仅因为他的地域关系而把他挑选出来。颜元突然普得人心,在思

---

① 廖本圣:《颜李学的形成(1898—1937)》,台湾东海大学历史学研究所硕士学位论文,1997年。

想上的机缘是杜威从1919年5月到1921年7月之间及时访问中国。这位美国哲学家的思想和詹姆斯或罗伊斯有所不同,完完全全是对美国本身特殊情况所作的本土反应。他在中国极受人们的尊重,被认为是科学——财富和权力的真正泉源——的守护圣徒。杜威讲学中国,促成人们重新了解到颜元思想的重要。"应该说,杜维明的以上分析,实已涉及徐世昌尊崇颜李的地域学术渊源和颜李学在民国发展的时代机缘问题。同时,杜维明还关注到20世纪三四十年代马克思主义学者的颜李学研究新趋向。在他看来,"中国共产党历史学家有系统地做了一番工作,力图'恢复'颜元在中国辩证唯物思想发展过程中的真正地位"[①]。要之,杜维明的评析较为明确地把颜李学在晚清民国的发展脉络梳理出来,惜未能展开具体研讨。

个案研究方面,由于现实条件所限,笔者仅能就所见到的研究情况做一介绍。沈云龙在《徐世昌评传》中对徐在20世纪20年代前后提倡颜李学的活动做了较为细致的评述。沈云龙指出:"徐氏于纂辑典籍、标榜文治之外,复从参议员张凤台之请,提倡颜李之学。……嗣为尊崇颜李,特颁从祀文庙(时日待查),并就前清太仆寺旧址,设立四存学会。……指定赵衡为会长,张凤台副之,而犹恐其未能普及也,旋于民九命凤台出长河南,使组织分会于嵩山之阳,且设立中学校一所,即以四存名其校,专以规范青年思想为宗旨,表面则曰培养农业人才,而读经为其主要课目,其他从可知已。盖世昌提倡颜李之学,欲以针对时弊,意至明显,殊不知颜李专务实践,不尚空谈,原未可厚非,其精神所在,未必无裨实用。无如徐氏执政时之'五四'运动前后,适当中国学术社会之转型期,思潮泛滥,情势大异。外国学者杜里舒(Hans Driesh)、杜威(John Dewey)、罗素

[①] 〔美〕杜维明:《仁与修身·颜元:从内在体验到实践的具体性》,载陈山榜、邓子平主编:《颜李学派文库》第10册,河北教育出版社2009年版,第3603—3606页。

（Bertrand Russell）均曾先后来华讲学，新知启发，为时所尚；而巴枯宁（M.Bakunin）、克鲁泡特金（Kropotkin）、马克思（Karl Marx）、恩格斯（Friederich Engels）之无政府及共产主义学说，亦已译介输入，汹涌澎湃，堤防尽溃……世昌仅以颜李之学，即可抵御逆流，力挽狂澜，不亦谬乎？矧徐氏亦非能实践颜李者，观于民十北京国立八校教职员宣言，谓其口说颜李之学，躬行祖龙焚坑之事，訾之为欺世盗名，即是一证。"① 沈云龙对徐世昌尊崇颜李学的政治和文化意图详做辨析，甚有见地。但他并未考虑徐世昌这一举动背后所蕴含的学术渊源，即"北学"在晚清民国的流变大势。另外，由于意识形态上的差异，沈氏的一些观点难免略显偏颇，尚需学者甄别取舍。

日本学者清水洁认为徐氏的所作所为恰是颜李学具有生命力的表征，"这是想要实现颜元主义，说明主意性的行动主义的萌芽没有断绝，颜习斋的主张也随着时代的变迁而复苏了"②。

丘为君在著作《戴震学的形成——知识论述在近代中国的诞生》的第八章里，围绕胡适的颜李学研究成果做了一番探讨。就胡适将颜李学定义为"新理学"，丘为君认为"系指颜李学派在批判宋明理学学说精义的基础上，重新阐释了儒学的真精神，俾使儒学的原貌能被清楚地呈现出来而言。从这一角度，颜李学派的'新理学'主要具体于胡适所勾勒出的两种特征：对宋明理学核心观念提出迥异的解释，以及对宋明理学求道方法论作否定的攻击"③。

综上所述，就"颜李学的近代境遇"这一论题，前人对此已有所涉猎，取得了一定的成果：

---

① 沈云龙：《徐世昌评传》，台北传记文学出版社1979年版，第726—728页。
② 〔日〕清水洁：《颜习斋的习行主义——对宋明理学的批判及与复古主义的关联》，载陈山榜、邓子平主编：《颜李学派文库》第9册，河北教育出版社2009年版，第3182页。
③ 丘为君：《戴震学的形成——知识论述在近代中国的诞生》，新星出版社2006年版，第147页。

第一，对于晚清民国时期颜李学的整体研究，如对颜元形象在近代的两次改造、晚清的"尊颜"与"反颜"之争、颜李学的形成过程及其分期，均有相应的论著加以探讨。

第二，就个案研究而言，如戴望的《颜氏学记》、刘师培、章太炎、梁启超、胡适等人的相关论述、徐世昌为首的四存学会等问题，皆有文章论及。

但总体而言，该选题的研究尚处于比较薄弱的阶段，许多问题未能得到令人满意的结论：

第一，揆诸以往整体研究的论著，对晚清民国的颜李学的研究多为泛泛之论，缺乏有深度的作品。从戴望撰写《颜氏学记》至20世纪三四十年代颜李学渐成研究热点，其间参与研讨的学者群体人数众多，学术主张纷纭繁杂，研究作品数量惊人，学术、政治与社会三者间的互动情形更是扑朔迷离，这绝非几篇学术论文所能概括，当从广度和深度上不断开掘，对各种问题逐一进行悉心清理，方能得出让人信服的结论。

第二，多数研究成果所用理论较少，且视角略显单一。"颜李学的近代境遇"这一论题，背景复杂、问题众多、时段较长，故只有以多重理论和视角展开综合性的研究，方有可能较深入而全面地了解晚清民国颜李学的研究情况。而目前现有的成果多以叙述为主，缺乏深入而独到的分析，问题意识也不够突出，即使是个案研究也极少有深入论证的作品。因此，这一选题若要有全面而深入的考察，引入相关的理论方法和选取合适的研究视角就显得尤为必要。具体而言，笔者将在马克思主义唯物史观的指导下，借鉴知识考古学、传播学、社会学等领域的相关理论，对这一课题进行多视角、多层次的梳理和研讨。

第三，以往研究成果多集中于清末至20世纪30年代初这一时段，而对之前和之后两个时段颜李学发展情况的探讨十分不够，明显呈"中间热,两头冷"的状况。其实,同治年间戴望撰写《颜氏学记》的动机及该书的示范意义都是颇值得研究的,而20世纪30年代中后期兴起的颜李学研究高潮更是学术与政治、社会多重因素互动交叉的结果,其研究价值自不待言。而目前的研究现状恰恰表明本论题尚有不少薄弱环节和领域亟待完善。

第四,相关研究资料的搜集、整理和利用工作也不尽如人意。史料是研究的基础,充分的资料搜集和整理工作是科学研究得以顺利开展的必要保证。就目前学界所用相关资料而言,多局限于学者文集、研究著作和报纸杂志之类,而缺乏对档案材料、口述资料、地方文献及未刊函件、日记、批注的利用,这势必会影响研究的深度、广度及结论的说服力,故对本论题的探讨,史料的发现、辨识、搜集和整理工作十分重要。

总之,"颜李学的近代境遇"这一问题目前的研究情况尚不成熟,许多问题和薄弱环节有待于解决和完善,其研究的空间比较大,需要做的工作也较为繁重。

三、学术生态[①]

颜元生于博野,李塨出于蠡县,其学说起于河北,故颜李学自当与河北的地域学术生态环境密切相关。难怪梁启超认为"惟冀北为能产孙夏峰、颜习斋","盖康熙末叶,颜李学为北学唯一重镇矣"。[②] 钱

---

① 本节内容颇受梁世和先生《北学与燕赵文化》(《河北学刊》2004年第4期)一文启发,多有借鉴。
② 梁启超:《近代学风之地理的分布》,《饮冰室合集》文集之四十一,中华书局1989年版,第50、54页。

穆亦指出：

> 晚明兵燹，河朔残破特甚，一时豪杰之士，若容城孙奇逢启泰、祁州刁包蒙吉，皆习斋书中所谓忠孝恬退之君子，豪迈英爽之俊杰，是为吾儒一线之真脉者。此自当时河朔学风之大同，虽习斋莫能外。①

要之，颜李学源自"北学"，且构成清代"北学"之重要一支，所以于正文研讨颜李学研究之前，应对"北学"这一概念做必要的辨析。

（一）何为"北学"？

一代有一代之学术，一地自当有一地之学术。揆诸学界，历来存在以地域之别来命名、划分学术流派的传统，如称山东之学为"齐学"、"鲁学"，湖南之学为"湘学"，四川之学为"蜀学"，广东之学为"岭学"。甚至更为细致的划分则具体到一府一州之学，张舜徽在论及清代学术时曾言：

> 余尝考论清代学术，以为吴学最专，徽学最精，扬州之学最通。无吴、皖之专精，则清学不能盛；无扬州之通学，则清学不能大。②

---

① 钱穆：《〈清儒学案〉序》，《中国学术思想史论丛》（八），安徽教育出版社 2004 年版，第 367 页。
② 张舜徽：《清代扬州学记、顾亭林学记》，华中师范大学出版社 2005 年版，第 6 页。

吴学即惠栋之学，徽学又称皖学，即以戴震为代表的汉学流派，扬州之学则以阮元为魁首。由此可见以地域命名学派在学界非常流行，几成通例。但"北学"这一概念却不仅指河北一地学术。综观中国学术史，作为学术范畴的"北学"一词，最早出现于史籍当是在唐初编纂的《隋书·儒林传》中："大抵南人约简，得其英华；北学深芜，穷其枝叶。"[1]这可视为"北学"的第一种含义，即指南北朝时期北朝的经学。如皮锡瑞在论述南北朝经学分立情形时，就写道"北学反胜于南者，由于北人俗尚朴纯，未染清言之风、浮华之习，故能专宗郑、服，不为伪孔、王、杜所惑。此北学所以纯正胜南也"[2]。与之对应，南朝的经学则称"南学"。"北学"的第二种含义泛指北方学术。从传统意义上讲，北方学术包括河北、河南、山西、山东、陕西等中原地区的思想文化，内容涵盖诸子学、经学、理学、文学、佛学、道教、书法、美术、音乐、工艺等诸多学科。刘师培就从地域角度断定学分南北，"三代之时，学术兴于北方，而大江以南无学；魏晋以后，南方之地学术日昌，致北方学者反瞠乎其后。……就近代之学术观之，则北逊于南；而就古代之学术观之，则南逊于北。盖北方之地乃学术发源之区也"[3]。并从诸子学、经学、理学、考证学、文学诸领域对南北学术之差异进行比较。"北学"的第三种含义，则是特指以河北地区为核心的北方之学。清初孙奇逢命弟子魏一鳌和汤斌分别辑录《北学编》和《洛学编》[4]，后来尹会一接续前贤，补撰《续北学编》和《续洛学编》，可见在他们看来，河北之学与河南之学互有差异，不可混淆。同时，孙奇逢、尹会一等人的字里行间，透露出鲜明的地域文

---

[1] 魏徵等：《隋书》卷七十五《儒林传》，中华书局1973年版，第1706页。
[2] 皮锡瑞：《经学历史》，中华书局2008年版，第182页。
[3] 刘师培：《南北学派不同论》，《刘师培全集》第1册，中共中央党校出版社1997年版，第546页。
[4] 在孙奇逢之前，明儒冯从吾已辑有《关学编》，对陕西一地的学术进行了梳理、检讨。

化意识。如孙奇逢就指出:"学术之废兴,系世运之升降,前有创而后有承,人杰地灵,相需甚殷,亦后学之大幸也。居其乡,居其国,而不能尽友乡国之善士,何能进而友天下、友千古哉?"①将传承与扬播本土学术视为己任。尹会一认为总结"北学"有助于学术整体繁荣,故"余续订是编,在北言北,亦犹之乎在洛言洛,在关言关耳?至于学无南北,惟道是趋,五事五伦,昭如大路,学者读是书而兴起,拔乎俗而不为,苟同志于道而不为,苟异千里百里犹若比肩而立者,孔曾思孟道而还,濂洛关闽其揆一也,畴得而歧之,视此为北方之学也哉"②。因而他们所言之"北"即河北地区,所倡扬之"北学"亦即河北一域的学术。

(二)学术特质

"北学"能独成一派,自然有其与众不同的学术特质。古今学人对"北学"的诸种特色多有谈及,其中以刘师培的说法最具代表性。在《幽蓟颜门学案序》中,刘把"北学"特质言简意赅地归纳为:

> 燕赵之地,古称多慷慨悲歌之士,读高达夫《燕歌行》,振武之风自昔已著。又地土垲瘠,民风重厚而朴质,故士之产其间者,率治趋实之学,与南学浮华无根者迥殊。③

虽短短一句,刘氏已由表及里将"北学"的三种特质道尽无遗。

---

① 孙奇逢:《〈续北学编〉序》,《孙奇逢集》中册,中州古籍出版社2003年版,第624页。
② 尹会一:《〈续北学编〉序》,《续北学编》,莲池书院藏本,同治七年(1868)重刊。
③ 刘师培:《幽蓟颜门学案序》,《刘师培全集》第3册,中共中央党校出版社1997年版,第562页。

第一,"北学"在学术精神上崇尚慷慨节义。自古燕赵多慷慨悲歌之士,他们前后相因,代不乏人。东汉卢植不畏董卓之淫威,对其篡权行径大加驳斥,魏一鳌慕卢之高风行义,赞其"不肯随董卓废立,方是读书人"①。有明一代,河北仗节死义者更是层出不穷。杨继盛弹劾奸臣严嵩,倍受迫害,堪为北人燕赵精神的集中体现,无怪乎孙奇逢认为"明代忠臣多矣!如公之轰烈惊天动地者,实为第一!"②时至明末,魏忠贤暴虐横行,东林党人深受其害,河北孙奇逢、鹿正、张果中冒死营救左光斗、杨涟等义士,被时人誉为"范阳三烈士"。而孙奇逢也因之成为"北学"后辈眼中的正气楷模:"吾乡尚气节而蹈道为难,先生周旋左魏诸公之难,一似慷慨之为,而卒远于祸。观其在白沟邂逅浮邱,语□□,心气和平,虽缇骑环伺,莫能乘其隙,盖心泰而诚,至物自无忤焉。然则先生之养可知矣。"③这种精神渗透于学术研究中,便体现为一种崇尚节义的风貌。如孙奇逢在《理学宗传》义例中就强调节义之重要:"是编有素推节义者。盖节义与侠气不同,学问须除侠气,而不能不本之节义。第有所以处死之道,而不外乎天,则非可与徒慕其名,而轻蹈白刃者比。"④其后孙氏辑录《畿辅人物考》,更单独安排"义节"一卷,来表彰河北慷慨忠烈,他于卷首特意对"义节"加以阐发:

义节者,孔孟所谓杀身成仁、舍生取义者也。从古圣贤豪杰,际明良之盛,庆鱼水之欢,亦何乐乎?以节义见。以节义见,则世道之不幸,亦士君子之不幸也。愿陛下使我为良臣,不愿陛下使我为忠臣。身名俱泰,皋夔蛟龙、比何乐哉?吾乡节义

---

① 魏一鳌:《卢子干先生》,《北学编》,莲池书院藏本,同治七年(1868)重刊。
② 孙奇逢:《畿辅人物考》,《孙奇逢集》中册,中州古籍出版社2003年版,第352页。
③ 尹会一:《孙征君先生》,《续北学编》,莲池书院藏本,同治七年(1868)重刊。
④ 孙奇逢:《理学宗传》,《孙奇逢集》上册,中州古籍出版社2003年版,第623页。

> 杨忠愍,震耀今昔,前乎忠愍者若而人,后乎忠愍者若而人,死之事不必同,要同归于义。义所不可而强袭节烈之名,无关君国之实,此匹夫轻生者流,不足录也。①

此可谓对"北学"之慷慨节义精神的最佳注脚。②

第二,"北学"在学术风格上强调简朴厚重。这种学术风格的形成,与河北一地的自然环境、民众风俗息息相关。梁启超在《论中国学术思想变迁之大势》中曾对此有过经典总结:

> 北地苦寒垸瘠,谋生不易,其民族销磨精神日力,以奔走衣食,维持社会,犹恐不给,无余裕以驰骛于玄妙之哲理。故其学术思想常务实际,切人事,贵力行,重经验,而修身齐家治国利群之道术最发达焉。惟然,故重家族,以族长制度为政治之本,敬老年,尊先祖,随而崇古之念重,保守之情深,排外之力强。则古昔,称先王;内其国,外夷狄;重礼文,系亲爱;守法律,畏天命:此北学之精神也。③

恶劣的自然条件促使北方民众趋于务实,日久形成质朴的民风,而在此环境与民风的熏染下,河北学者自然陶铸出追求简朴厚重,不喜求异求新的学术风格。并且此风格一旦形成,便于河北一地流衍不绝。刘师培在表述南北朝时期经学大貌时,就曾评论道:"北儒学崇实际,

---

① 孙奇逢:《畿辅人物考》,《孙奇逢集》中册,中州古籍出版社2003年版,第342页。
② 尹会一在《续北学编》中,亦秉承了这种对节义精神的重视,并于《凡例》中写道:"敦行为正学督脉,故兹编所载,重在事实,间取著述之多者,亦必生平节行,无甚可议,若言虽多名虽盛,而出处大节,未免有亏,则不敢随声滥入,致遗诟病。"
③ 梁启超:《论中国学术思想变迁之大势》,《饮冰室合集》文集之七,中华书局1989年版,第18页。

喜以训诂章句说经……盖北方大儒，抱残守缺，不尚空言，耻谈新理。"① 当然刘氏所指并不限于河北一域，但这确也体现出该地的学术风格。清初颜元崛起于河北，其学力追三代，向原始儒学复归，其言其行无不散发出"北学"所独有的厚朴特色。如在政治制度上，颜元主张恢复封建，再设井田，重开征辟；在治学上他要求士人勿耽于文墨，"人之岁月精神有限，诵说中度一日，便习行中错一日，纸墨上多一分，便身世上少一分"②，而去精研"六府、三事、三物"之学。为了让弟子拿出更多时间精力于习行上面，颜元甚至力诋诗、文、棋、画，将四者斥为"乾坤四蠹"③，体现出轻视艺术的倾向。当然，颜元的某些做法不免偏激、迂腐，但总体而言其学术恰是"北学"简朴厚重的代表。

第三，"北学"在学术宗旨上追求经世致用。注重经世致用是"北学"当中最为核心的特质。虽然经世致用历来被公认为中国学术中的普遍特征，但"北学"的经世致用传统与诸种南方之学相比，还是具有明显的地域色彩。不妨以"湘学"为例，与"北学"做一比较。"湘学"虽亦以注重经世致用而闻名于世，但其经世传统是基于浓厚的理学氛围之下，走的是以理学经世、由内圣到外王的路径。正如杨念群对近代湖南知识群体之剖析所言：

> 近代湖湘士子深受朱熹、张栻等地域化儒学大师"居敬穷理"话语规则的控驭，常常把外界的变动作为内心探寻的外在对

---

① 刘师培：《南北学派不同论》，《刘师培全集》第1册，中共中央党校出版社1997年版，第547页。
② 颜元著，王星贤、张芥尘、郭征点校：《总论诸儒讲学》，《存学编》卷一，《颜元集》上，中华书局1987年版，第42页。
③ 颜元著，王星贤、张芥尘、郭征点校：《颜习斋先生年谱》卷下，《颜元集》下，中华书局1987年版，第766页。

象和前提。明末清初思想家王夫之更是打通传统概念中的"理"、"势"关系，从而把形而上学的"理"诠释为可以把握的客体认知目标。湖湘儒生总是对外界社会政治的变动十分敏感，并有一种把内在感知对象化于政治客体的强烈欲望。受助于这种"政治思想"与话语形构规则，湖湘士子虽然崛起于内地，却首先在行动上对西方坚船利炮的物质器技层面作出反应。①

作为"湘学"经世传统的近代杰出代表，曾国藩治学以理学为宗，且不废他家："为学之术有四：曰义理，曰考据，曰辞章，曰经济。义理者，在孔门为德行之科，今世目为宋学者也。考据者，在孔门为文学之科，今世目为汉学者也。辞章者，在孔门为言语之科，从古艺文及今世制义诗赋皆是也。经济者，在孔门为政事之科，前代典礼、政书，及当世掌故皆是也。人之才智，上哲少而中下多；有生又不过数十寒暑，势不能求此四术遍现而尽取之。是以君子贵慎其所择，而先其所急。择其切于吾身心不可造次离者，则莫急于义理之学……苟通义理之学，而经济该乎其中矣。"②可见他借整合理学与经世之学，既强调了理学的事功内涵，又使经世之学不脱义理之底色。道德为本，经济为用，这便是湘学经世传统的近代形态。

与"湘学"颇为异趣的是，"北学"历来不重视内圣方面的修养之功，而是直奔外王主题、经世主旨，其实用性的色彩极为鲜明。被尹会一誉为"北地儒宗"③的董仲舒，便以荀子的现实主义和实用主义作为其思想资源，敏锐把握西汉政治之脉动，将儒家学说改造成为现

---

① 杨念群：《儒学地域化的近代形态——三大知识群体互动的比较研究》，生活•读书•新知三联书店1997年版，第85页。
② 曾国藩：《劝学篇示直隶士子》，《曾国藩全集•诗文》，岳麓书社1986年版，第442—443页。
③ 尹会一：《董江都先生》，《续北学编》，莲池书院藏本，同治七年（1868）重刊。

实政治服务的官方哲学。而后世"北学"传人亦多如此。如孙奇逢便强调儒生积极入世，注重践履外王之学，"吾儒以经世为业，可以兼二氏之长；二氏以出世为心，自不能合并吾儒为用"①。"学问之事，要得趣于日用饮食，而有裨于纲常名教。"②在孙氏看来，即使是理学亦应当突出其社会功用，士人们当"以天下为己任，区区辞章记诵，腐儒而不适于用者也。孔子志在东周，孟子志在天下，此是孔孟之学术"③。最终，内圣之学与外王之学相融为一，互为奥援，"学术之兴废，系世运之升降，前有创而后有取，人杰地灵，相需甚殷，亦后学之大幸也"④。"内圣之学，舍三纲五常无学术，外王之道，舍三纲五常无道术。"⑤此外，孙奇逢还将经世实践的范围扩展到"三礼学"领域，"以其对古礼的践履，揭开了清代复兴礼学的序幕"⑥。继孙奇逢而起的颜李学派，其实践特征更加明显。这从其强调六艺之学的言论中即可见一斑：

  孔门习行礼、乐、射、御之学，健人筋骨，和人血气，调人情性，长人仁义。一时学行，受一时之福；一日习行，受一日之福；一人体之，锡福一人；一家体之，锡福一家；一国、天下皆然。小之却一身之疾，大之措民物之安，为其动生阳和，不积痰郁气，安内悍外也。⑦

---

① 孙奇逢：《夏峰先生集》，《孙奇逢集》中册，中州古籍出版社2003年版，第283页。
② 孙奇逢：《日谱》卷八，《孙奇逢集》下册，中州古籍出版社2003年版，第288页。
③ 孙奇逢：《夏峰先生集》，《孙奇逢集》中册，中州古籍出版社2003年版，第120页。
④ 孙奇逢：《夏峰先生集》，《孙奇逢集》中册，中州古籍出版社2003年版，第120页。
⑤ 孙奇逢：《日谱》卷十四，《孙奇逢集》下册，中州古籍出版社2003年版，第594页。
⑥ 林存阳：《清初三礼学》，社会科学文献出版社2002年版，第92页。
⑦ 颜元著，王星贤、张芥尘、郭征点校：《刁过之》第十九，《颜习斋先生言行录》卷下，《颜元集》下，中华书局1987年版，第693页。

用之于个人，则强健体魄、陶冶性情；用之于社会，则可收齐家治国平天下之效，这种学即所用，用即所学的主张恰恰折射出"北学"经世致用的主旨，难怪梁启超把颜李学称之为"实践实用主义"。可以说，正是夏峰学派和颜李学派于明末清初的学术实践，使得"北学"之经世特质愈发彰著，"时北方学者有孙夏峰、李二曲，夏峰讲学百泉，持朱陆之平，不废阳明之说，从其学者多躬行实践之士……至颜、李巨儒以实学为天下倡，而幽豫之士无复以空言相尚矣。"①。

除却以上三种特质，河北省社会科学院的梁世和先生认为"北学"在治学方法上有兼收并蓄的特点。② 不过就笔者愚见，任何地域之学都是在综合多种学术流派学说的基础之上，先因后创，最终定型。故兼收并蓄实乃地域学术形成过程中的必经阶段，将之归为"北学"特质，略显牵强。

（三）千年流变

目前公认的"北学"开山鼻祖当为荀子。荀子学说在先秦诸子中最具实用和综合精神，它"奠定了北学的基础，规范了北学的发展方向，确立了北学的基本特征"③。其对外王之学的追求也成为留给"北学"后人的精神遗产。荀卿之后，董仲舒扛起扬播"北学"之大旗，秉承荀子精神，研治《春秋公羊学》，积极为现实政治提供理论支持，其"《贤良三策》实能见道之大原，而深契乎内圣外王之学，其告君必以尧舜而求其端于天，推其本于正心，尽其事于设诚，致行举其要

---

① 刘师培：《南北学派不同论》，《刘师培全集》第1册，中共中央党校出版社1997年版，第551页。
② 梁世和：《北学与燕赵文化》，《河北学刊》2004年第4期。
③ 梁世和：《北学与燕赵文化》，《河北学刊》2004年第4期。

于择吏养贤立教，更化久为艺林所传诵，故不具载，考其生平，可谓知仁谊重礼节，安处善乐循理矣。盖孔孟后继承道统之人，匪直北地儒宗也"①。

钱穆曾言"论一时代之学术者，首贵乎明其思想主潮之所在"②，两汉至南北朝时期，儒学进入经学时代，"北学"之主流亦乃是学。一时间，燕赵间经学硕儒层出不穷。东汉末年卢植"名著海内，学为儒宗，士之楷模，国之桢干也"③。魏晋南北朝时期，"天下承平，学业大盛。故燕齐赵魏之间，横经著录，不可胜数"④。中山有张吾贵，武邑有刘兰，博陵有刘献之，阜城有熊安生，熊之弟子刘焯、刘炫更是青出于蓝，"拔萃出类，学通南北，博极今古，后生钻仰"⑤，蔚为一代儒宗。这种局面一直持续至唐初，"北学"大师孔颖达撰《五经正义》兼采南北经学，自此"天下统一之后，经学亦统一，而北学从此绝矣"⑥。"北学"因之折入理学时期。

理学时期，"北学"的第一位旗帜性人物为邵雍。虽然邵氏的学术体系、治学方法、路数均迥异于之前的"北学"诸人，但其对"北学"经世宗旨的承继上与前辈并无二致。"康节先生本是经世之学，为他精《易》数，于事物之成败始终，人之祸福修短，算得来无毫发差错，却看小了他学问。"⑦其后"北学"之重镇是元儒刘因。孙奇逢对刘因推崇有加："畿辅理学以静修为开山，文章节义为有元一代大儒。嗣后，衍薪传之绪，大约皆宗静修。"⑧"先生身在运会之中，道超

---

① 尹会一：《董江都先生》，《续北学编》，莲池书院藏本，同治七年（1868）重刊。
② 钱穆：《国学概论》，商务印书馆1997年版，第163页。
③ 范晔：《后汉书》卷六十四《吴延史卢赵列传》，中华书局1965年版，第2119页。
④ 魏收：《魏书》卷八十四《儒林》，中华书局1974年版，第1842页。
⑤ 李延寿：《北史》卷八十一《儒林传上》，中华书局1974年版，第2707页。
⑥ 皮锡瑞：《经学历史》，中华书局2008年版，第196页。
⑦ 孙奇逢：《理学宗传》，《孙奇逢集》上册，中州古籍出版社2003年版，第747页。
⑧ 孙奇逢：《畿辅人物考》，《孙奇逢集》中册，中州古籍出版社2003年版，第275页。

运会之外，教授燕赵，成就英才甚多。"①由此可知刘因在传承"北学"中的重要作用。

明末清初，"北学"发展到一个高峰。其代表人物便是孙奇逢和颜元。其时，以孙奇逢为代表的"北学"，与黄宗羲的"南学"、李颙的"关学"鼎足而立。孙氏之学兼容并包，气象宏大，北方学者无不受其熏染，其弟子如汤斌、费密、耿介、王余佑、魏一鳌、申涵光、杜越、赵御众等皆名重士林，形成著名的夏峰学派，故孙氏"诚不愧当时北学之冠冕"②。颜元正是"得交苏门弟子王五修、王介祺，盖有闻于夏峰之规模而兴者"③。颜李学派更将"北学"的经世品质发挥得淋漓尽致，"先生之学以事物为归，而生平未尝以空言立教"④。其对事功之学孜孜以求的态度是"北学"经世宗旨的最佳诠释，可归为"北学"之左翼。

学术发展自有其盛衰枯荣之规律，夏峰学派和颜李学派盛极一时之际，亦正是其学术即将日过中天之刻。康熙中叶后，"北学"的两座重镇便迅即衰落，归于沉寂。夏峰学派后学多居中州，代代传承，不绝如缕，而颜李学派则后继乏人，就此中绝。"北学"也由此一蹶不振。虽然，直隶籍的清廷重臣尹会一续撰《北学编》，力图挽回河北"正学之失传久矣"⑤的尴尬局面。然而，具有讽刺意味的是，尹会一所辑的这部《续北学编》，于百余年后，居然"板久无存，吾乡鲜知有是书者"⑥。"北学"衰微之严重，实令人难以置信。

---

① 孙奇逢：《重修静修先生祠记》，《孙奇逢集》中册，中州古籍出版社2003年版，第582页。
② 钱穆：《〈清儒学案〉序》，《中国学术思想史论丛》（八），安徽教育出版社2004年版，第364页。
③ 钱穆：《〈清儒学案〉序》，《中国学术思想史论丛》（八），安徽教育出版社2004年版，第364页。
④ 尹会一：《颜习斋先生》，《续北学编》，莲池书院藏本，同治七年（1868）重刊。
⑤ 尹会一：《序》，《续北学编》，莲池书院藏本，同治七年（1868）重刊。
⑥ 陈桂：《重刻北学编跋》，《续北学编》，莲池书院藏本，同治七年（1868）重刊。

四、双重底色

颜李学之所以能于晚清重新复兴,并在民国时期成为学界热议的话题,除去时代环境的客观需求外,其自身学术思想的特殊性实为主因。不容否认,颜李学具有二重性。一方面,其学说的某些方面确有与晚清改革主张、近代西方学术相类似之处,这便构成章太炎、宋恕、刘师培、梁启超、胡适、陈登原诸人关注甚至热捧其学术的缘由。另一方面,作为儒学的一支,颜李学脱胎于传统,尤其长期浸润于宋明理学的氛围之中,自然不可能同其厘然二分,故其学说自身存在着或多或少的空疏和痼弊,与其所倡扬的崇实之学相抵触,这一点亦无须讳言。认清颜李学这两重迥然互异又杂糅一体的底色,也有助于我们理解近代学人的颜李学研究之所以呈现选择性阐释和针对性批判的状况,实与颜李学兼具现代性与传统性的特质密切相关。

(一)与现代性契合之处

作为清初的学术流派,颜李学人自然不知何为现代性,故而对颜李学所蕴含"现代性"的发现与阐释之功,则应归于晚清民国那批学者。正是他们在救亡图存的时代大背景下,基于各自的政治诉求和学术立场,对颜李学中与现代性相契合之处进行了提炼与升华。大致而言,这主要体现在教育思想、军事主张和实用主义特征三方面。

1. 教育思想

揆诸颜李学的诸多理论主张,其中最成体系亦影响深远的莫过于其教育思想。颜元、李塨师徒二人,出于传播学说和培育实才的考虑,广收门人,传道授业,故形成了一套独具特色的教育理念,涉及人性培养、教育目的、培养目标、教育内容、教育方法、师道观、性教育及体育教育等多个领域。尤为可贵的是,颜、李二人的教育思想,在不少方面是同传统教育观念大相径庭,甚至专门出于改革其弊端而提出的,故颇富革新意义。

众所周知,晚清民国时期,国人面临着救亡图存的艰巨使命。许多有志之人认为若想使国家走向独立富强,首要任务便是培育各类人才,以适应时代之需,所以必须从发展教育入手,于是一股"教育救国思潮"逐渐兴起。主张"教育救国"的这批学者,一面从西方引进先进的教育理念,同时亦不忘从祖国传统文化中寻觅素材,故颜李学的教育思想以其鲜明的特色成为学人们关注的焦点。具体说来,颜李学的教育思想中有两点最为学者所称道和借鉴。

第一,反对习静,主张习动。习静教育是宋明理学家所主要采用的学习方式和修养途径。这在颜、李看来,不啻是静坐、清谈与坐禅,援佛入儒,实背离了儒家教育学说的宗旨:

> 静极生觉,是释氏所谓至精至妙者,而其实洞照万象处,皆是镜花水月,只可虚中玩弄光景。若以之照临折戡,则不得也。[1]
>
> 朱子"半日静坐",是半日达摩也,"半日读书",是半日汉儒也。试问十二个时辰,那一刻是尧、舜、周、孔乎?宗朱者可

---

[1] 颜元著,王星贤、张芥尘、郭征点校:《性理评》,《存学编》卷二,《颜元集》上,中华书局1987年版,第69—70页。

以思矣。①

既然宋明理学家的教育模式并不足取，颜、李便通过自身实践总结出一套习动与习行相结合的育人学说。所谓习动，就是启发学生发挥主观能动性，自觉地去寻找问题，解决问题，在实践中提高自身的综合素质，按照颜元的话即：

养身莫善于习动，夙兴夜寐，振起精神，寻事去作，行之有常，并不困疲，日益精壮，但说静息将养，便日就惰弱。②

与之配套，颜元还发明了习行教育法，亦即反复磨练、学行互动，从而达到实践出真知的效果。颜元还以《论语》内容为例，指出：

孔子开章第一句，道尽学宗。思过，读过，总不如学过。一学便住也终殆，不如习过。习三两次，终不与我为一，总不如时习方能有得。③

总而言之，颜李学有关教育方法的理论，最明显的特色即习动与习行相结合，以实践为途径和归宿。这自然引起晚清民国学人的关注，为他们的教育主张提供了极佳的思路。如刘师培便指出"惟习斋先生以用为体，力追三代，教学成法，冠、婚、丧、祭必遵古制，从

---

① 颜元著，王星贤、张芥尘、郭征点校：《朱子语类评》，《颜元集》上，中华书局1987年版，第278页。
② 颜元著，王星贤、张芥尘、郭征点校：《颜习斋先生言行录》卷上，《颜元集》下，中华书局1987年版，第635页。
③ 颜元著，王星贤、张芥尘、郭征点校：《颜习斋先生言行录》卷下，《颜元集》下，中华书局1987年版，第668页。

游之士肄力六艺,旁及水、火、兵、农诸学,倡教漳南,于文事、经史外兼习武备、艺能各科,较之安定横渠固有进矣……盖先生以用为体,即以用为学,身体力行,一矫讲学空虚之习"①。梁启超亦认定"一个'习'字,便是他的学术全部精神所在"②。略晚于梁氏的李世繁则更是断定颜李的习能观念与现代科学实有相合之处,其言:

> 科学家之实验,乃包括在归纳法中,其目的则在分析事实以考证假设,而得真确之定律。故实验之目的专在假设之证明,知识之追求,与习斋所谓习能有别。习斋所谓习能与科学之实习有相合处。科学上之实习乃将所学之理论加以实地应用,而期获得精熟之技术训练。习斋所谓习能,其目的亦在精熟技之获得。所不同者,习斋在习能中尚希冀道德培养,体格之锻炼。故习能观念是习斋的学教理论,是习斋的学习法。③

第二,批判科举,提倡分科。时值清初,科举制虽依旧是朝廷抡才大典,但已是陈腐不堪。作为拥有经世关怀的士人,颜元、李塨对科举制弊端之认识非常深刻:

> 天下人之入此帖括局也,自八九岁便咿唔,十余岁便习训诂,套袭构篇,终身不晓习行礼、义之事,至老不讲致君、泽民之道,且无一人不弱不病。灭儒道,坏人才,厄世运,害殆不可

---

① 刘师培:《习斋学案序》,《刘师培全集》第 3 册,中共中央党校出版社 1997 年版,第 561 页。
② 梁启超:《颜李学派与现代教育思潮》,《饮冰室合集》文集之四十一,中华书局 1989 年版,第 6 页。
③ 李世繁:《颜李学派》,四存学会 1946 年刊本,第 102—103 页。

胜言也。①

天下尽八股,中何用乎!故八股行而天下无学术,无学术则无政事,无政事则无治功,无治功则无升平矣。故八股之害,甚于焚坑。②

面对这一现状,颜李学人提出了自己的改革方案。首先是恢复征举制,由地方向中央推荐贤才。其次,颜元、李塨从人才教育着手,力求培养文武兼备的综合性人才。用颜元所拟教条中的表述,即:

昔周公、孔子,专以艺学教人,近士子惟业八股,殊失学教本旨。凡为吾徒者,当立志学礼、乐、射、御、书、数及兵、农、钱、谷、水、火、工、虞,予虽未能,愿共学焉。③

更难能可贵的是,颜元还亲身将这套育人理念付诸实践。62岁那年,颜氏受人所聘,任教于漳南书院。他根据自己多年的教育心得,于书院中进行了颇具新意的教学改革,其蓝图如下:

今元与吾子力砥狂澜,宁粗而实,勿妄而虚。请建正庭四楹,曰"习讲堂"。东第一斋西向,牓曰"文事",课礼、乐、书、数、天文、地理等科。西第一斋东向,牓曰"武备",课黄帝、太公以及孙、吴五子兵法,并攻守、营阵、陆水诸战法,射

---

① 颜元著,王星贤、张芥尘、郭征点校:《颜习斋先生言行录》卷下,《颜元集》下,中华书局1987年版,第678页。
② 颜元著,王星贤、张芥尘、郭征点校:《颜习斋先生言行录》卷下,《颜元集》下,中华书局1987年版,第691页。
③ 颜元著,王星贤、张芥尘、郭征点校:《颜习斋先生言行录》卷下,《颜元集》下,中华书局1987年版,第743页。

御、技击等科。东第二斋西向,曰"经史",课十三经、历代史、诏制、章奏、诗文等科。西第二斋东向,曰"艺能",课水学、火学、工学、象数等科。其南相距三五丈为院门,县许公漳南书院匾,不轻改旧称也。门内直东曰"理学斋",课静坐、编著、程、朱、陆、王之学;直西曰"帖括斋",课八股举业,皆北向。以上六斋,斋有长,科有领,而统贯以智、仁、圣、义、忠、和之德,孝、友、睦、姻、任、恤之行。元将与诸子虚心延访,互相师友,庶周、孔之故道在斯,尧、舜之奏平成者,亦在斯矣。置理学、帖括北向者,见为吾道之敌对,非周、孔本学;暂收之以示吾道之广,且以应时制。俟积习正,取士之法复古,然后空二斋,左处傧价,右宿来学。①

综观颜文,其将大量自然科学知识纳入学校教育课程之中,且占有较大的比例,可谓是对传统教育的革命。② 同时,颜氏将教学内容细化为文事、武备、经史、艺能、理学、帖括六大类,这在当时是绝无仅有的大胆尝试。要之,颜元在漳南书院的教育改革,无论在形式抑或内容方面,都是对传统教育模式的一种突破,与近代西方分科体系颇有暗合之处。也正基于此,近代学人在引介西方教育理论时,常以颜氏的分科主张为例,以证明中国本来已具备这种理念的萌芽。在清末,国粹派学人便时常借颜元漳南书院兴学的事例来倡导教育革新。刘师培特别赞赏颜元在漳南书院所推行的那一套门类齐全的"学堂"制度,曾写道:

---

① 颜元著,王星贤、张芥尘、郭征点校:《漳南书院记》,《习斋记余》卷二,《颜元集》下,中华书局1987年版,第412—413页。
② 陈山榜:《颜元评传》,人民教育出版社2004年版,第224页。

学校就是学堂。中国读书人，除了做八股外，没有一件学问晓得的。颜先生是顶恨八股不过的，但他的意思，即使要废八股，也不是学着现在这样废法：把八股改了策论，不过换换名目，其实也是一个样子的了。他想的法子，是要在学校里面，设六个的讲堂：一个叫做文事斋，所教的，就是礼、乐、书、数、天文、地理等件；一个叫做武备斋，所教的，就是兵法共各种武艺；一个叫做经史斋，所教的，就是《十三经》共历代的史书，以及各种文章；一个叫做艺能斋，所教的，就是算学及格致的学问；一个叫做理学斋，所教的，就是程、朱、陆、王各家学派；一个叫做帖括斋，所教的，方才轮到八股。由这样看起来，他所想的法子，共现在外国的学堂制度，也差不多了。①

邓实更是打算仿效颜元在漳南书院的办学模式，"增益学科，设立国粹学堂，以教授国学"。以期达到"凡薄海之民，均从事于实学，使学术文章寖复乎古，则二十世纪为中国古学复兴时代"②的目的。邓实所列学科，涵盖经学、文字学、伦理学、心性学、哲学、宗教学、政法学、实业学、社会学、史学、典制学、考古学、地舆学、历数学、博物学、文章学、音乐学、图画学、书法学、译学、武事学等诸领域，实乃颜元分科教育策略的承继与发展。

即使到了民国时期，不少学人仍对颜元的这套分科方案津津乐道。如陈登原就认为"盖习斋痛洗当时一般书院讲读想之弊。故凡当世之急务，利用厚生之工器，无不包而罗之。其旨虽本于文艺，然其分门别类，则差广矣。所以近于今时之学制也"③。李世繁亦认为"习

---

① 光汉：《中国理学大家颜习斋先生的学说》，《中国白话报》第 5 期，学说，1904 年 2 月 16 日，载刘师培著，万仕国辑校：《刘申叔遗书补遗》，广陵书社 2008 年版，第 108 页。
② 邓实：《拟设国粹学堂启》，《国粹学报》1907 年第 26 期，社说。
③ 陈登原：《颜习斋哲学思想述》，中国大百科全书出版社 1989 年版，第 136 页。

斋是以学习礼乐兵农代替汉宋之读书，以实科代替文科，给我们开辟了一条新途径。我们若誉之为科学先觉者，亦不为过吧！"[1]

此外，民国时期许多学者纷纷撰文探讨颜李学的教育主张，如陈登墩的《颜习斋教育学说述评》、汪家正的《劳动教育家颜习斋》、高希裴的《大教育家颜元》、张西堂的《颜习斋学谱》等。这说明有关颜李教育思想的研究，已成为当时教育学界研讨的热点话题。

2. 军事主张

颜元虽然终生隐居，既未从政，也未从军，但他自小对兵法特别迷恋，同时又勤于习武，练就一身好功夫。因此他在军事方面也颇有涉猎，提出了一些有益的主张。

第一，"善战者加上赏"。颜元思想中有一股尚武的倾向，认为儒者不但要言兵事，而且必须善言兵事，这当然同其所处的历史环境密切相关。当有人以"兵术获罪圣门"质疑颜元时，颜氏答曰：

> 然然，否否。今使予治兵三年而后战，则孙、吴之术可黜，节制之兵可有胜而无败。若一旦命吾为帅，遽促之战，则诡道实中庸也。此阳明子所以破宸濠，擒大憝也。何也？率不择之将，以不教之民，畀之虎狼之口，覆三军，丧社稷，曰吾仁义之师，耻陷阱之术，此不惟圣门之腐儒，而天下之罪人矣！君子何取焉。[2]

可知在颜氏看来，真正的儒者必须通晓军事，从容应对变乱，否则只会袖手空谈者不仅是圣门之腐儒，更是天下之罪人。

---

[1] 李世繁：《颜李学派》，四存学会1946年刊本，第69页。
[2] 颜元著，王星贤、张芥尘、郭征点校：《颜习斋先生言行录》卷下，《颜元集》下，中华书局1987年版，第689页。

第二,"人皆兵,官皆将"。颜元 55 岁那年,他曾对好友张文升曰:

> 如天不废予,将以七字富天下:垦荒,均田,兴水利;以六字强天下:人皆兵,官皆将;以九字安天下:举人材,正大经,兴礼乐。①

其中"人皆兵,官皆将"为颜氏军事主张的另一方面,即倡导"兵农合一"的举国军事体制。按照颜氏的构想,该体制有九个要点,即:

> 一曰预养。饥骥而责千里则愚。上宜菲供膳,薄税敛,汰冗费,以足民食。
> 一曰预服。婴儿而役黄、育则怒。井之贤者为什,什之贤者为长,长之贤者为将,以平民情。
> 一曰预教。简师儒,申孝弟,崇忠义,以保民情。
> 一曰预练。农隙之时,聚之于场。时,宰士一较射艺;月,千长一较;十日,百长一较;同井习之不时。
> 一曰利兵。甲胄、弓刃精利者,官赏其半直,较艺贤者庆以器。
> 一曰养马。每井马二,公养之,仿北塞喂法。操则习射,闲则便老行,或十百长有役乘之。
> 一曰治卫。每十长,一牌刀率之于前,九人翼之于后。器战之法具《纪效新书》。
> 一曰备美。八家之中,四骑四步。供役不过各二人,余则为

---

① 颜元著,王星贤、张芥尘、郭征点校:《颜习斋先生年谱》卷下,《颜元集》下,中华书局 1987 年版,第 763 页。

羡卒，以备病、伤或居守。

　　一曰体民心。亲老无靠不卒；老弱不卒。出戍给耕，不税；伤还给耕，不税。死者官葬。①

同时，此体制若贯彻得当，便会产生九大便利：

　　一曰素练。陇亩皆阵法，民恒习之，不待教而知矣。
　　一曰亲卒。同乡之人，童友日处，声气相喻，情义相结，可共生死。
　　一曰忠上。邑宰、千百长，无事则教农、教礼、教艺，为之父母，有事则执旗、执鼓、执剑，为之将帅。其孰不亲上死长！
　　一曰无兵耗。有事则兵，无事则民，月粮不之费矣。
　　一曰应卒难。突然有事，随地即兵，无征救求援之待。
　　一曰安业。无逃亡反散之虞。
　　一曰齐勇。无老弱顶替之弊。
　　一曰靖奸。无招募异域无凭之疑。
　　一曰辑侯。无专拥重兵要上之患。②

应当说，颜元的此番构想虽然体系较为严密，但由于缺乏相应的社会经济基础，故仅能流于纸面。不过，此想法却对后世学者产生了不小的启发。清末许多知识分子倡导军国民主义，其理论来源之一便是以颜元为代表的中国传统军事思想。刘师培便指出颜元提倡军事的主张在历来崇尚文治的中国弥足珍贵，"宋儒不主用兵，并以勇德为克己，

---

① 颜元著，王星贤、张芥尘、郭征点校：《治赋》，《存治编》，《颜元集》上，中华书局1987年版，第107页。
② 颜元著，王星贤、张芥尘、郭征点校：《治赋》，《存治编》，《颜元集》上，中华书局1987年版，第107—108页。

致国势日衰,惟博野颜先生以尚武为国本,力辟宋儒之谬说,厥功甚大。非参考古代兵家之学,何以奠国家于磐石之安哉?"① 民国时期,激于日寇侵华,不少学者又开始呼吁对民众进行军事化训练,颜元的军事主张自然又成为众人拿来参考的素材。比如陈登原就对颜元"人皆兵,官皆将"的观点深为赞同,并预言"近世之言征兵者,必将有借镜于习斋强天下之论矣。盖不特欲兵之强,而欲使天下俱强,天下俱强矣,则兵匪之祸,又何以托迹于人间哉?"②

3. 实用主义特征

透过以上两方面的研讨,我们不难发现,颜李学本身具有一种鲜明的实用主义倾向。这主要包括知识论和功利论两个面相。

就知识论上而言,颜李强调"见理于事",即:

> 见理已明而不能处事者多矣,有宋诸先生便谓还是见理不明,只教人明理。孔子则只教人习事,迨见理于事,则已彻上彻下矣。③

依颜氏之意,所谓"理"并不是人先天就具备的,是必须在实践中逐步摸索获得的。易言之,知识的来源既非静坐冥思,也不是单靠书本,而来自于实际事物。进一步讲,颜元言知行,认为行要重于知,学当借助习,而习又必行。故他常说"思不如学,而学必以习",就是主张离开具体事务就得不到知识,知识的获取必须通过习行这一途径,归根结底颜氏是在强调经验的重要性。

同时,与知识论密切关联,颜元的义利观上也是偏重实用,体现

---

① 刘光汉:《周末学术史序·兵学史序》,《国粹学报》1905 年第 2 期,学篇。
② 陈登原:《颜习斋哲学思想述》,中国大百科全书出版社 1989 年版,第 158—159 页。
③ 颜元著,王星贤、张芥尘、郭征点校:《存学编》卷二,《颜元集》上,中华书局 1987 年版,第 71 页。

出浓厚的功利主义色彩。颜元身历明清鼎革之巨变，自然对那些宋明腐儒的无能举动有着深刻的感受。在他看来，正是这批"宋、元来儒者却习成妇女态，甚可羞。无事袖手谈心性，临危一死报君王，即为上品矣。岂若真学一复，户有经济，使乾坤中永享治安之泽乎？"[①]因此作为儒生，必须义利兼顾，敢于言利、逐利，追求功利效益是正当合理的。这在颜氏与郝公函的一段对话里有着很好的体现：

> 郝公函问："董子'正谊'、'明道'二句，似即'谋道不谋食'之旨，先生不取，何也？"曰："世有耕种，而不谋收获者乎？世有荷网持钩，而不计得鱼者乎？……这'不谋'、'不计'两'不'字，便是老无、释空之根……盖'正谊'便谋利，'明道'便计功，是欲速，是助长；全不谋利计功，是空寂，是腐儒。"公函问："悟矣。请问'谋道不谋食'。"曰："宋儒正从此误，后人遂不谋生，不知后儒之道全非孔门之道。孔门六艺，进可以获禄，退可以食力。"[②]

由上可知，颜李学同宋明理学在学术思想上的分歧，从某种意义上讲，就是功利论与道义论之间的交锋。也正是坚信计功谋利是儒家经典与古代圣王一以贯之的传统，颜元才由之提出了以"六府、三事、三物"为核心的事功之学。

强调实际经验和坚持功利观念，颜李学这种偏重实行实践的倾向很容易让人联想到兴盛于20世纪初期的美国实用主义思潮。这股思潮的代表人物有皮尔斯、詹姆斯和杜威，"强调行动、注重效果、提

---

① 颜元著，王星贤、张芥尘、郭征点校：《学辩一》，《存学编》卷一，《颜元集》上，中华书局1987年版，第51页。
② 颜元著，王星贤、张芥尘、郭征点校：《颜习斋先生言行录》卷下，《颜元集》下，中华书局1987年版，第671页。

倡开拓进取,这是美国实用主义哲学三个主要特点,也是它的基本精神所在"①。由此可知,两者在一些具体主张上确有类似的地方,于是民国学者以颜李学来引介美国的实用主义学说,反之再以实用主义学说来阐释颜李学,便也显得水到渠成、顺理成章。如梁启超就认为他所讲求的颜李学,并非取自詹姆士或杜威的理论,来比附本国的学说。"不过事实上既有这个学派,他们所说的话,我们读去实觉得餍心切理,其中确有一部分说在三百年前而和现在最时髦的学说相暗合。"②并断定"颜李也可以说是功利主义者"③。胡适也认为颜李"主张一种很彻底的实用主义"④。

(二)受传统束缚之处

当然,颜李学虽与近代西方学术在某些领域存在着或明或暗的近似,不过它毕竟是从中国传统里孕育而出,受其滋养,自然也因袭了其中的一些痼弊成分。况且当时宋明理学为学界主流,颜李学派尽管欲将其"一壁推倒",但两派学术"本是同根生",又岂能彻底地划清界限?是故颜李学难脱传统学术之底色,存在着自身无法克服的局限性。这亦可从三个方面来辨析。

1. 复古色彩

颜李学中的不少主张具有明显的复古主义色彩,这诚如梁启超所

---

① 王元明:《美国实用主义哲学新析》,《南开学报》1994年第5期。
② 梁启超:《颜李学派与现代教育思潮》,《饮冰室合集》文集之四十一,中华书局1989年版,第4页。
③ 梁启超:《中国近三百年学术史》,《饮冰室合集》专集之七十五,中华书局1989年版,第124页。
④ 胡适:《戴东原的哲学》,《胡适全集》第6册,安徽教育出版社2003年版,第341页。

言颜李"举朱陆汉宋诸派所凭藉者一切摧陷廓清之,对于二千年来思想界,为极猛烈极诚挚的大革命运动,其所树的旗号曰'复古',而其精神纯为'现代的'"①。不过,客观地讲,复古是柄双刃剑,既有"以复古求解放"的一面,亦会出现"因复古阻解放"之流弊,颜元所谓恢复井田、封建的想法即是明证。

在《习斋记余》中,颜元主张推行井田制,以期满足一般百姓的温饱要求:

> 如古井田,苟使民之有恒业者得遂其耕获;无恒业者能免于饥寒,家给人足焉,即谓之今日之井田可也。②

至于如何具体实施这一制度,颜氏亦有自己的规划:

> 八家为井,立井长;十井为通,有通长;十通为成,有成长。随量随授之产,不逾月可毕矣。③

颜氏主张井田制,其初衷虽好,不过实与当时的社会潮流所背逆,故不免是种空想。

此外,颜元还积极倡导恢复三代时期的封建分封制,其缘由在于认定君主专制弊端极大,当改变少数人控制天下的格局,故他对秦始皇和柳宗元大加挞伐:

---

① 梁启超:《中国近三百年学术史》,《饮冰室合集》专集之七十五,中华书局1989年版,第105页。
② 颜元著,王星贤、张芥尘、郭征点校:《送张文升佐武彤含尹盐城序》,《习斋记余》卷一,《颜元集》下,中华书局1987年版,第405页。
③ 颜元著,王星贤、张芥尘、郭征点校:《颜习斋先生言行录》卷上,《颜元集》下,中华书局1987年版,第653页。

> 秦人任智力以自雄，收万方以自私，敢于变百圣之大法，自速其年世，以遗生民气运世世无穷之大祸。祖龙之罪上通于天矣！文人如柳子厚者，乃反为"公天下自秦始"之论，是又与于不仁之甚者也。①

颜氏之论，虽然看到了秦始皇独揽大权之私心，不过却未认识到中央集权乃时代潮流，故其缺乏历史发展的眼光。

近代学人也对颜元这种复古主张提出了修正和批判。戴望在编纂《颜氏学记》时，就有意将有关恢复井田、封建的内容统统删掉。晚清学人朱一新亦持类似看法，认为诸上言论不合时宜。民国时期马克思主义学者赵纪彬对该问题也有所涉及。在赵氏看来，颜元"一方面是实用主义者，而另方面又是尊古主义者。当其排击'诵读纸墨工夫'时，系以经世致用的实用主义为唯一根据，当其提倡'六府、三事、三物、四教'时，则又系以尧舜周孔为依归，其与所批判的诸儒不同之处，仅在于诸儒言《大学》、《中庸》，而颜习斋则言'伪《尚书》'、'伪《周礼》'之一点"②。

2. 理学残留

颜元一生，学凡四变，先学道家，后转入陆王，之后再宗程朱，最终超越众说而自成一派。颜氏在对理学产生怀疑前，谨遵程朱的那一套修养方式，刻苦自修。除却每日静坐冥思之外，他还拟定类似功过格的日谱，日日借此反省自己的内心状态，进行礼仪式的自我训练：

---

① 颜元著，王星贤、张芥尘、郭征点校：《封建》，《存治编》，《颜元集》上，中华书局1987年版，第113页。
② 赵纪彬：《中国哲学史纲要》，《赵纪彬文集》第1册，河南人民出版社1985年版，第390页。

>定日记每时勘心:纯在则〇,纯不在则×,在差胜则〇中白多黑少,不在差多则黑多白少,相当则黑白均。①

34岁那年,颜元在为祖母守丧期间,"一遵《朱子家礼》,觉有违性情者,校以古礼,非是"②。此事成为颜元由理学信徒转为实学旗手的契机,自此他体悟"周公之六德、六行、六艺,孔子之四教,正学也;静坐读书,乃程、朱、陆、王为禅学、俗学所浸淫,非正务也"③。因而撰写《存学编》、《存性编》等文章,走上倡扬事功之学的道路。不过,令人倍感意外的是,颜元虽然自称视宋明理学为仇雠,但他依然对理学家那套严格而死板的礼仪化训练方式充满执着之情,不时以之反躬自检,这在其《年谱》里有不少记载,如:

>习礼、乐、射、御、书、数,读书,随时书于日记,有他功随时书。每日习恭,时思对越上帝,谨言语,肃威仪。每时心自慊则〇,否则●,以黑白多少别欺慊分数,多一言♂,过五则⌧,忿一分♂,过五则▨,中有×,邪妄也。如妄念起,不为子嗣比内,皆是。每晨为弟子试书讲书,午判仿教字,此一岁常功也。有缺必书。新为却疾求嗣计,增夜中坐功。④

颜氏这种严守礼仪化修养模式的表现,实与当时的士林风气相

---

① 颜元著,王星贤、张芥尘、郭征点校:《颜习斋先生年谱》卷上,《颜元集》下,中华书局1987年版,第723页。
② 颜元著,王星贤、张芥尘、郭征点校:《颜习斋先生年谱》卷上,《颜元集》下,中华书局1987年版,第726页。
③ 颜元著,王星贤、张芥尘、郭征点校:《颜习斋先生年谱》卷上,《颜元集》下,中华书局1987年版,第726页。
④ 颜元著,王星贤、张芥尘、郭征点校:《颜习斋先生年谱》卷下,《颜元集》下,中华书局1987年版,第763页。

关。面对明末王学末流的佚荡之风,许多士人便纷纷撰写省过日记,"藉着这些道德生活的日记,他们一方面可以更有系统地诊断自己的功过,另方面因他们对自己是否已经成圣毫无把握,故藉着计算功过,多少可以解除内心的紧张"[①]。颜元虽然从整体上排斥宋明理学的传统,但他毕竟曾经长期研习该种学问,加之他终生都对王学存有一丝依恋之情,故其学术未能完全脱离理学的范畴。这也就不难理解为何他一生以写日谱作为修养途径了。

其次,颜元还用"习恭"来代替宋儒的主静及其一系列的修养功夫。从某种程度上考察,其实颜氏的所谓"习恭"与朱熹的"主敬"颇为相似,并无实质差别。一方面,颜元讲求外在的一整套礼仪化的修养规范,即"凡冠不正,衣不舒,室不洁,物器不精肃,皆不恭也。有一于此,不得言习恭"[②]。另一方面,颜氏又从内在修为上给出一套方案:

> 古人教洒扫即洒扫主敬,教应对进退即应对进退主敬;教礼、乐、射、御、书、数即度数、音律、审固、馨控、点画、乘除莫不主敬。故曰"执事敬",故曰"敬其事",故曰"行笃敬",皆身心一致加功,无往非敬也。[③]

由外在礼仪化的训练到"身心一致加功",颜氏的"习恭"实与朱熹的"主敬"有异曲同工之妙,字眼的变化不能改变内涵的近似。所以

[①] 王汎森:《明末清初的人谱与省过会》,载陈弱水、王汎森主编:《思想与学术》,中国大百科全书出版社2005年版,第221页。
[②] 颜元著,王星贤、张芥尘、郭征点校:《颜习斋先生言行录》卷上,《颜元集》下,中华书局1987年版,第639页。
[③] 颜元著,王星贤、张芥尘、郭征点校:《性理评》,《存学编》卷四,《颜元集》上,中华书局1987年版,第91页。

颜元的这一套内外兼修的修养方式存在着明显的理学残留。

颜元与理学的这层关联引来了胡适诸人的不满。胡适研治清代学术史,一直坚持"理学反动说"这一理论预设,自然看不惯被其视为"反理学健将"的颜李学人还谨守理学的修养方法,于是便予以批判。胡适指出:

> 颜李门下人人各有日记,各有功过格,有过用黑圈记出,这都是晚明的宗教风气。颜李都反对理学家的静坐主敬,但他们都要"习恭",他们自律的戒条是"小心翼翼,昭事上帝",李塨晚年改为"小心翼翼,惧以终始"。①
>
> 颜元、李塨虽然都反对中古宗教的"无欲"说,也反对宋儒的"无欲"说,然而他们师弟都不免受了这种无欲的宗教的影响。他们都承认"形色天性也"的话,又都说他们只反对"私欲"。其实"无欲"与"无私欲"的界限很不容易划清。②

胡适弟子容肇祖也遵从师说,认为颜元"不免拘泥于礼,而他所常为的习恭,亦可说是静的工夫。他的每时勘心,自记功过,亦都是静的生活。他在教育上反对静的教育,是他的好处。可惜未有提出彻底的办法;他的实习实验的教育学说,是他的精彩,惜未脱尽旧日的头巾。故打倒了宋儒,仍不免受周、孔的束缚"③。所以他怀疑颜元"是受袁黄《四训》的影响"④。

---

① 胡适:《颜李学派的程廷祚》,《胡适全集》第 8 册,安徽教育出版社 2003 年版,第 115 页。
② 胡适:《颜李学派的程廷祚》,《胡适全集》第 8 册,安徽教育出版社 2003 年版,第 132—133 页。
③ 容肇祖:《颜元的生平及其思想》,《容肇祖集》,齐鲁书社 1989 年版,第 607 页。
④ 容肇祖:《颜元的生平及其思想》,《容肇祖集》,齐鲁书社 1989 年版,第 598 页。

要之,胡适等人对颜李学者思想深处的理学残留极为不满,因为这与其所倡导的"反理学"理论构想相冲突。也正基于此因,胡适等人在研讨颜李学时,为了保证其理论框架的完整性,对颜李学和理学关联这一点仅是轻描淡写、一笔带过。此种处理方式其实并不高明,钱穆便是认准胡氏之疏漏,从而撰文与其商榷。

3. 反智倾向

前已言及,在知识来源问题上,颜李主张只有通过实习实行才能获得真知,这种说法固然可贵,但走向极端便有流于唯经验论甚至反智识主义之虞。颜元在这方面体现得尤为明显,他的某些言论透露出贬低理性、轻视思维的倾向,如:

> 万初问明理之学。先生曰:"治世之民愚,愚正其智也;乱世之民智,智正其愚也。三代之士,习行以为事,日用而不知,功绩备举。近之儒,思、讲以名学,洞悉而大明,精粗俱废;自以为操存明理,无不知无不能焉,而实一无知能焉,可哀也。"①

这种蔑视思维的看法终致颜元得出愚民策略合理的荒谬结论。对于颜李学的这一痼弊,余英时先生曾有过颇为精到的评析:

> 颜李的基本立足点是在"用",讲"实用"一旦讲到极端便不免要流于轻视知识,尤其是理论知识。……特别强调"用"的人一般是重"行"过于重知,而且往往认为理论知识、书本知识是无用的。……颜习斋是一个最极端的致用论者,而同时他又是

---

① 颜元著,王星贤、张芥尘、郭征点校:《颜习斋先生言行录》卷下,《颜元集》下,中华书局1987年版,第694页。

一个最彻底的儒家反智识主义者。①

因此过于偏重经验的反智倾向确是颜李学自身无法克服的一大痼弊，也在很大程度上阻滞了该学派的进一步发展。对于该问题，清末学人章太炎已有清醒认识，曾指出"今颜李所治六艺云何？射御犹昔，礼乐即已疏陋，其言书数，非六书九章也。点画乘除，以为尽矣。贩夫贩妇，以是钩校计簿，何艺之可说？"②这种"以事代理"的做法自然窒碍了该学派的理论建构和哲学思辨。其后的钱穆也对颜李学的该痼弊进行过深入研析。

综上所述，现代性与传统性二者兼具，此为颜李学说的双重思想底色。近代学人在考察该学说时，由于政治诉求和文化立场的差异，有的仅推崇其与现代性相契合的一面，有的则只对其受传统束缚之痼弊大加推崇或批判，这两种做法都是失之偏颇的。唯有将颜李学的双重底色合而观之、系统辨析，才是较为全面的研究态度，也是颜李学研究走向深入、成熟的标志。

五、研讨思路

鉴于以上情形，笔者若单在纵向上梳理晚清民国颜李学的复兴与发展过程，或仅从横向上研讨近代意义上的颜李学在形成中所引发的诸多问题，都不能系统而深入地揭示本选题之主旨。故唯有以时间为

---

① 余英时：《论戴震与章学诚：清代中期学术思想史研究》，生活·读书·新知三联书店2000年版，第339—340页。
② 章绛：《与王鹤鸣书》，《国粹学报》第63期，1910年。

经，以问题为纬，宏观统括，微观剖析，才有可能就"颜李学的近代境遇"展开较有意义和深度的探讨，从而得出相对准确的结论。本书拟从如下两个层面来展开研究。

第一，从搜集、辨识、整理相关学术史研究文献入手，将戴望、孙宝瑄、刘师培、章太炎、徐世昌、梁启超、胡适、钱穆、冯友兰、陈登原、张西堂、李世繁等人相关论著逐一解读，从而厘清晚清民国颜李学研究情况之大貌。与此同时，运用传播学、社会学、知识考古学等多种方法，将颜李学逐渐被纳入现代学术制度与知识体系的过程做一剖析。这主要属于学术史研究的层面。

第二，在进行学术史梳理的基础之上，笔者将围绕与晚清民国颜李学复兴与命运紧密相关的几个问题和事件做深入剖析，以通过学术争鸣、思想阐释、政治运作及社会回应等视角来展现该问题的多元与复杂。

当然，这两个研究层面并无主次之别，而是同等重要。前者主要侧重于纵向的学术梳理，后者则强调横向的思想阐释，毕竟面对学理复杂、头绪繁多的晚清民国颜李学，只有从多角度进行研究，结合多种研究方法，方可以较透彻地探讨该问题，得出令人信服的结论。

按此思路，笔者现将"颜李学的近代境遇"的发展脉络分为四期：

第一期为"颜李学的复兴与传播"，其时限是晚清。于此阶段，学者戴望搜辑颜李遗著，编纂《颜氏学记》，此举既是其"大旨期于有用"之宗旨的体现，又含有争取学术话语权的考虑。"常州端绪"与"戴学源头"即为戴望欲打通颜李学与今文经、戴震学之间关联的尝试。《学记》问世后，学界反响不一，赞同、批评、排诋之声同时并起，颜李学的改造运动也于诸多不同评论中拉开序幕。同时，学者对颜李学的传播和阐释工作业已开始。晚清颜李学的传播，经历了由人际传播向媒介传播的递嬗。在第一阶段,永嘉后学孙锵鸣、宋恕、陈黻宸及河北学者王灏、贾恩绂等人出力尤多。到了第二阶段,国粹派成为主角。他们搜辑颜李遗著,研析其学术特色,挖掘其学说的西学因素,检讨其利弊得失,其中既有对其学说本身的挖掘与"发现",又有基于政治诉求的阐释与"发明",在这种古今沟通、中西交融之下,颜李学研究就此展开。

第二期为"颜李学研究的波折与倒退",其时限是民国初年,下限至20世纪20年代初。出于复兴"北学"、抵御新文化和加强意识形态控制之需,徐世昌等人于民初极力推崇颜李学。通过一系列的政治运作,徐世昌将颜元、李塨二人塑造为国家学术偶像,享受从祀孔庙之厚遇。同时,徐又通过设立四存学会、创办《四存月刊》、开办四存中学等措施,强化颜李学对社会的影响。当然,徐世昌的如上活动,自然是逆时代潮流之举,不过客观上也促使更多的学者来关注和研治颜李学。要之,政治与学术的复杂交织是民初颜李学研究的一大特色。

第三期为"颜李学研究走向深入",其时限是20世纪20年代至30年代初。伴随现代知识制度与学科体系的建立,颜李学研究也趋于规范与深入。梁启超无疑是该时期颜李学研究的开拓者。梁氏在"古学复兴"的学术诉求和"理学反动"的解释框架之推动下,引介杜威的实用主义学说,就颜李学的知识论、功利论、人性论及与戴震学的渊源关联等问题详做论析。胡适深受梁启超研究路径影响,继之而起,围绕颜李学是否为戴震"新哲学"源头,进行了有益的尝试。特别是他对程廷祚资料的发掘与研究,开拓出清代思想史中的新领域。梁启超、胡适二人可谓是创建了颜李学研究的新典范。与梁、胡二人颇为异趣的是,钱穆秉持"不知宋学,则无以平汉宋之是非"的清学史立场,褪去颜李学的"反理学"底色、辨析其学说瘤弊,否定其与戴震学的渊源推测,从而解构掉梁、胡之前精心构建的"反理学"谱系。质言之,梁、胡、钱三人之所以在颜李学研究上呈现如此迥异的反差,其缘由大致同学术立场、治学路径和文化观念的相异有关。

第四期为"颜李学研究的多元发展",其时限是20世纪三四十年代。其时,颜李学研究队伍较之以往愈加壮大,故相关著述随之增多,考察视角亦日趋多元,颜李学派的学术渊源、教育思想、哲学思想和政治思想成为学者们探讨的热点。尤其是马克思主义学者开始涉猎该领域,他们以马克思主义学说和方法研析颜李学,从而开拓了其研究的崭新路径,亦为新中国建立后的学术研究建立了新的典范。

尚需交代的是,学术史研究自有其内在的发展线路,其时间断限往往并非如政治史研究那般明确,马克思主义学者的颜李学研究便是如此。不少马克思主义学者在民国时期开始关注颜李学,而其作品却问世于1949年之后,故对这一新式典范的考察时限则已超出本选题所拟定范围。出于保持学术研究的准确性和研讨思路的一致性,本书暂不将第四期置入学术视野当中,即正文不涉及该时期。不过,为了给研究者提供较为完整的晚清民国颜李学的发展大貌,笔者在附录部分会单独拿出一定篇幅对该时期研究情形做简要论述。

要之,本书之写作,即遵循学术与思想纵横结合之思路,依照颜李学于晚清民国发展的四期脉络展开研讨。

第一章

绝学重光：戴望与晚清颜李学复兴

晚清学人戴望[①]于颜李学衰歇百年后整理该学派著作,并将之广为扬播。他因何认同颜李之学,并四方搜集材料,编撰《颜氏学记》一书?该著作所涵内在意蕴为何?该书问世之后,于晚清学术界究系产生怎样的回响,掀起多大的思想波澜?这三个问题,即本章撰写之缘起。因以往学人于此已有所涉及[②],故笔者详人所略,略人所详,以晚清变局下学者治学宗旨、写作初衷与著述反响三者间的内在关联为视角,来对以上问题做一检讨。

第一节　经世者之选择:戴望与《颜氏学记》

一、"不脱时代束缚之学人也":钱穆的疑问

钱穆在其清学史名著《中国近三百年学术史》中论及李塨学行

[①] 戴望(1837—1873),字子高,浙江德清人,清代学者。其著作有《戴氏论语注》二十卷、《颜氏学记》十卷、《管子校正》二十四卷及《谪麈堂遗集》四卷、补遗一卷。戴望之著作还有《证文》四卷及未完稿《古文尚书述》,皆已不存世。

[②] 如宋立卿、解成《颜元思想在近代中国的命运》(载《河北史学会通讯——全国颜元李塨学术思想讨论会专号》,河北史学会1987年版)、解成《近代中国对颜元形象的两次改造》(《河北学刊》1988年第1期)、陈居渊《略论晚清学界的尊颜与反颜之争》(《河北学刊》1997年第1期)及朱义禄《颜元、李塨评传》(南京大学出版社2006年版)第八章《颜李学派的影响及其历史地位》,都是详于探讨戴望对颜李学的阐扬及《颜氏学记》一书的社会影响,而疏于对戴之学术宗旨同《学记》之关联、《学记》编纂所隐含的内在意蕴的剖析。卢钟锋先生在《中国传统学术史》(河南人民出版社1998年版)中对《颜氏学记》的编纂体例、反理学特征及今文经学与颜李学之间的关联做了逐一分析。惜限于篇幅,卢对该问题的研讨较为简略。华东师范大学历史学系2006届硕士张利以"戴望学论"为题,对戴之学术与制行展开了比较详细的研究。其第四章《〈颜氏学记〉的编辑》就戴望对颜李学的继承、对颜李学的扬弃和成书后的影响做了一番探讨,颇具新意,但某些论断似欠妥当,尚需斟酌。要之,以往学者对该问题的研究为笔者提供了良好的学术基础,同时他们的不足之处又给笔者留下了继续研究的空间与必要。

时，曾附有如下一段按语：

> 自恕谷游浙，后百五十年，德清戴子高以十四龄童子，于其家敝麓中得恕谷赠其先五世祖所藏颜先生书，遂知爱好，后乃著《颜氏学记》，为晚清颜、李学重光之端。其事仍起于恕谷之远游，其业仍成于南方之学者，是亦一奇！①

众所周知，清初颜元崛起于北方，批判宋明理学之无用，倡导"六府、三事、三物"之学，以"习性经济"为其学说主旨。作为颜氏得意弟子，李塨秉承师说，毕生广为交游，遍质天下夙学，使得"颜李之学，数十年来，海内之士，靡然从风"②。颜李学成为一时显学。然而，"习斋之学，得恕谷而大，亦至恕谷而变"③。在传播颜学之同时，李塨不免受南方学风之熏染，渐走上考订路径，学术精神与其师已有歧异。而清统治者在其统治稳定之后，大力推崇程朱理学，考据学亦于斯时崛起于民间，加之颜李学本身缺乏理论高度、主张有失偏激、践履颇为繁难，故至李氏身后，颜李学虽仍有恽鹤生、程廷祚诸人发扬，衰歇之势已不可挽回，遂致中绝。④百余年后，颜李学再度复兴。其学说本源自博野，发扬乡贤、董理学术之重任自应由北方

---

① 钱穆：《中国近三百年学术史》上册，商务印书馆1997年版，第240页。
② 冯辰、刘调赞撰，陈祖武点校：《李塨年谱》，中华书局1988年版，第162页。
③ 钱穆：《〈清儒学案〉序》，《中国学术思想史论丛》（八），安徽教育出版社2004年版，第369页。
④ 至于颜李学由盛而衰的原因，学界已多有探讨，故本文兹不赘述。详见梁启超：《中国近三百年学术史》第十章《实践实用主义——颜习斋、李恕谷》，《饮冰室合集》专集之七十五，中华书局1989年版；钱穆：《中国近三百年学术史》上册第五章《颜习斋、李恕谷》，商务印书馆1997年版；陈登原：《颜习斋哲学思想述》第十章《颜氏学之衰颓》，中国大百科全书出版社1989年版；姜广辉：《颜李学派》第十一章第四节《颜李学派的历史命运》，中国社会科学出版社1987年版；王春阳：《颜李学的形成与传播研究》第四章第二节《颜李学传播的评价》，华中师范大学博士学位论文，2008年。

第一章 绝学重光：戴望与晚清颜李学复兴 59

学人承担，而事实上成就此业者却是南方学者戴望。故在慨叹颜李学不绝如缕之余，钱氏也对"北学南兴"这一独特的学术现象颇为不解。而钱氏的疑问又何止于此？对于戴望倡扬颜李学之原因，钱氏也心存困惑：

> 惟子高既好颜、李，又治公羊，以求微言大义为职志，而又拘拘于汉儒之章句家法，则面貌虽殊，精神犹昔，终不脱苏州惠氏汉学之牢笼矣……夫颜、李之与章句家法，此乃绝相违异之两事，子高好颜、李，由激于时病；而治公羊，则逐于时趋；治公羊而归宿于西汉之家法，则因于传统。子高智不及此，尚不能辨西汉章句家法与颜、李事物身世之乖异，而兼信并好之，则子高亦为一不脱时代束缚之学人也。①

在钱氏看来，戴望乃"常州公羊学后劲"②，但他智识不足，泛滥于公羊学与颜李学之间。二者一主微言大义，一求功利实用，本已扞格不合，且戴治公羊又尊西汉家法，故使得其学术失之驳杂，不伦不类。③ 归根结底，钱穆之困惑在于：作为一名今文经学家，戴怎会又

---

① 钱穆：《中国近三百年学术史》下册，商务印书馆1997年版，第615—616页。
② 钱穆：《中国近三百年学术史》下册，商务印书馆1997年版，第615页。
③ 更耐人寻味的是，在此论断后面，钱穆还留有一段按语："俞樾序戴氏《管子校正》（笔者按：《管子校正》序言乃潘祖荫所撰，并非俞樾，实钱氏之误），谓'子高，陈硕甫高足，实事求是，深恶空腹高心之学'。此见子高仍为乾、嘉汉学传统也。惟陈氏以家法求毛诗，犹未大失；子高欲以家法求孔子，则失之甚远耳。又李慈铭日记：'(同治十一年五月十六日)戴望子高，湖州附学生，游匄江湖，夤缘入曾湘乡偏裨之幕。尝冒军功，诡称为增广生，改其故名，求改训导。又窃军符，径下湖州学官，为其出弟子籍；学官以无其人申报，湘乡大怒，将穷治之，叩头哀启乃免。'则子高制行多可议。大抵道、咸以下学人，虽薄考据，转言义理，而其行己操心，尚颇有不逮乾嘉考据朴学诸先生者。风俗之日趋卑污，正足以证见考据朴学之流弊也。"（钱穆：《中国近三百年学术史》下册，商务印书馆1997年版，第616页）其实钱引潘氏序言和李氏日记来评判戴望学行的做法并不高明。潘祖荫之序仅是就书论书，且难免过誉，故

去研治颜李学？对该问题，钱氏似也自感无法给出完满回答，仅将之归结于戴望"不脱时代束缚"而已。

那么戴望是否真如钱穆先生所言，为一名不纯正的"常州公羊学后劲"？

二、"大旨期于有用"：戴望之学术宗旨

若想辨清戴望是否为公羊学之后劲，则当从其学术宗旨谈起。戴虽寿命不永，但其一生治学方向却几经嬗变，其友施补华曾言："君学凡三变，始好为辞章；继读博野颜氏元之书，则求颜氏学；最后至苏州谒陈先生奂，而请业焉，通知声音训诂、经师家法，复从宋先生翔凤，授公羊春秋，遂研精覃思，专志治经，君之学几有成矣。"[①] 不过施在其著作《泽雅堂文集》中则对戴之学术变化却给出了另一种总结："君之学凡三变，始为诗古文词；已而研求性理；最后至苏州谒陈先生奂，遂专力于考据训诂。"[②] 两种说法的前后不合，恰恰说明戴之学术变化之复杂，连其好友都难有确论。

而后世学人对戴望学术宗旨的认识则愈加纷纭。刘师培、梁启超

（接上页）不足以证明戴得乾嘉考据学之真髓，而李慈铭所记轶闻更是捕风捉影，厚诬戴氏，萧一山已于其《清代通史》中做出辩驳："或谓子高制行多可议，实则爱伯居京师久，远道传闻，未必尽确。既冒军功，又何须出籍耶？附生增生，其差几何？偏裨之幕，所指何人？且湘乡已卒于是年二月，若因此大怒，尤非国藩对儒生之态度。《清史稿》谓慈铭口多雌黄，服其学者好之，憎其口者恶之，知日课所记，未必忠于事实也。若曰文人无行，此盖晚清学者通病，不能纯以责之今文学者矣。"（萧一山：《清代通史》卷下，中华书局1986年版，第1810—1811页）不过若细读钱氏清学史著述，则会发现其对晚清今文经学总体评价不高，因此他对戴望为学做人的那番议论便自然在情理之中。

① 施补华：《戴君墓表》，赵之谦辑：《谪麐堂遗集》，清光绪元年（1875）刻本。
② 施补华：《戴子高墓表》，《泽雅堂文集》卷八，清光绪十九年（1893）刊本。

认为戴发扬颜李之学，自应归入颜李学派门下①；在徐世昌主持编纂的《清儒学案》里，把戴列入陈奂学案中，予以古文经学家的身份②；而钱穆则视戴为"常州公羊之后劲"，民国学人支伟成亦持此观点③。由此可见，诸多学者对戴望学派归属的看法亦不能作为认定其学术宗旨的依据。

故不妨对戴的两部学术论著（《论语注》和《管子校正》）做一简要剖析，从中来审视其学术宗旨之端倪。

《论语注》乃戴望今文经学之代表作，他在谈及该书撰写缘起时，写道：

> 后汉何劭公、郑康成皆为此经作注，而康成遗说今犹存次相半。劭公为公羊大师，其本当依《齐论》，必多七十子相传大义，而孤文碎句百不遗一，良可痛也！魏时郑冲、何晏，集包咸至王肃诸家作解。至梁皇侃，附以江熙等说，为之义疏，虽旧义略具，而诸家之书则因此亡佚矣。自后圣绪就湮，乡壁虚造之说不可殚究，遂使经义晦蚀，沦于异端，斯诚儒者之大耻也。
>
> 望尝发愤于此，幸生旧学昌明之后，不为野言所夺，乃遂博稽众家，深善刘礼部《述何》及宋先生《发微》以为欲求素王之业、太平之治，非宣究其深不可，顾其书皆曰举，大都不列章句，辄复因其义，举推广未备，依篇立注为二十卷，皆檃栝《春秋》及五经义例，庶几先汉齐学所遗，劭公所传，世有明达君子

---

① 刘师培：《近儒学案序》，《刘师培全集》第 3 册，中共中央党校出版社 1997 年版，第 560 页；梁启超：《中国近三百年学术史》，《饮冰室合集》专集之七十五，中华书局 1989 年版，第 104 页。
② 徐世昌主纂：《陈奂南园学案》，《清儒学案》卷一百四十八，知识产权出版社 2006 年版，第 15 页。
③ 支伟成编著：《清代朴学大师列传》，岳麓书社 1998 年版，第 137—138 页。

> 乐道尧舜之道者，尚冀发其旨趣，是正违失，以俟将来。如有睹为非常异义可怪之论，缘是罪我，则固无讥焉尔。①

由此知其撰写《论语注》，是欲推刘宋注本之未备，扬孔子素王之大业。不过，细细研读其书，则会发现戴并未固守今文家法，而多有突破藩篱之处。如《论语·学而》中开篇的"学而时习之，不亦说乎"一句，戴注曰：

> 学，谓学六艺。《保傅传》曰：古者年八岁，入就小学，学小艺，履小节焉。束发而就大学，学大艺，履大节焉。时，谓春诵，夏弦，秋学礼，冬读书。习，调节也。春夏顺阳气，秋冬顺阴气。以时调节，得天中和，故说也。周衰学废，孔子明王道，故首陈瞽宗，上庠教士之法。②

将"学"训为学六艺，"习"训为调节，这与颜李学的观点何其相似。颜元于《四书正误》中曾言"汉、宋来道之不明，只由'学'字误。学已误矣，有何'习'？学习俱误，又何'道'？是以满世读书把笔开坛发座之人，而求一明、亲、经济者，举世无之；求一孝弟礼义者，百里无之。尧、舜、周、孔之道亡矣。然汉、宋之儒，亦不意其祸世误民至此也，亦非有心叛故道、开新辙以为异也。但见孔子叙《书》、传《礼》、删《诗》、正《乐》、系《易》、作《春秋》，不知是裁成习行经济谱，望后人照样去做，却误认纂修文字是圣人，则我传述注解是贤人，读之熟、讲之明而会作书文者，皆圣人之徒矣，遂合二千年成一虚花无用之局，而使尧、舜、周、孔之道尽晦。人知能叙

---

① 戴望：《注论语叙》，《戴氏论语注》，清同治十年（1871）刻本。
② 戴望：《学而第一》，《戴氏论语注》，清同治十年（1871）刻本，第1页。

述删传非孔子,是孔子之不得已,是孔子习行经济谱,则学非他学,学尧、舜之三事,学周公之三物也,习之时习之,而天下乃可言有道矣"①。两相对照,可知戴望吸取了颜李学中的合理因素为己所用。② 再如《论语·阳货》"性相近,习相远也",戴注云:

> 分于道谓之命,形于一谓之性。性者,生之质也,民含五德以生其形,才万有不齐而皆可为善,是相近也。至于善不善相去倍蓰而无算者,则习为之而非性也。故君子以学为急,学则能成性矣。③

这俨然是颜李学"气质即性无恶,恶有习染引起"学说的翻版。戴望对颜李学的继承与发挥在《论语注》中历历可见。

同时,戴望虽然"厌薄宋儒"④,"嫉视宋儒有若大敌"⑤,但他并不因人废学,一并推翻,而是择其利于己说者用之,这在《论语注》中亦有体现。还是《论语·学而》篇,在注解"孝弟也者,其为仁之本与"一句时,戴写道:

---

① 颜元著,王星贤、张芥尘、郭征点校:《四书正误》,《颜元集》上,中华书局1987年版,第174—175页。
② 与此形成鲜明对比的是,戴之前辈刘逢禄在其《论语述何》中,将"学"释为"删定六经也"。"学"在《论语》义理体系中是一个包孕广阔的范畴,具有丰富的含义与能指,刘氏仅将其限定成"删定六经",显然是自设疆域,不过这亦体现其今文经学者的治学路数,较之戴望倒显得纯粹了许多。
③ 戴望:《阳货十七》,《戴氏论语注》,清同治十年(1871)刻本,第1页。
④ 谭献:《亡友记》,《复堂文续》,光绪辛丑年(1901)刻鹄斋丛书刻本,第24页。戴望对程朱理学的不满,在其另一位友人张星鑑的文集中亦有展现:"(戴望)每与星鑑札曰世事纷纭,师资道丧,原伯鲁之徒咸思袭程朱以自文其陋,一二大僚倡之于前,无知之人和之于后,势不至流入西人天主教不止,所冀吾党振而兴之,征诸古训,求之微言,贯经术政事文章于一,则救世弊而维圣教在是矣。"参见张星鑑:《戴子高传》,《仰萧楼文集》,清光绪六年(1880)刻本,第74页。
⑤ 刘师培:《戴望传》,《刘师培全集》第3册,中共中央党校出版社1997年版,第634页。

> 王者欲致太平，成仁道，由孝悌始，故曰：仁者，人也。亲亲为大，自天子达于庶人，莫不有尊尊亲亲，是以王者天大祖，诸侯不敢坏。大夫士有常宗，皆所以重本，本不立者，末必倚始，不盛者终必衰。故《易》曰：正其本，万物理失之毫厘，谬以千里。春秋之义，有正春无乱秋，有正君无乱国，始元终麟，仁道备矣。①

该种解释意在规诫帝王遵循礼法，施行仁政，警示庶民认同礼法，不可僭越。这实际上是戴望对宋明理学所宣扬的纲常名教的一种伸张，可见其并不排斥理学中有关伦理道德的主张，甚至颇为赞同，此种释义在《论语注》中不胜枚举。故戴对于理学的批判主要还是集中于其性理之说方面。

戴望的另一部著作《管子校正》，历来被学界视为清代《管子》校勘的集大成之作②，不过在校勘《管子》一书诸多篇章之余，戴望不甘于埋首训诂，间有义理发挥。在《管子·形势第二》中有"独王之国，劳而多祸"一句，王念孙认为"王"当为"壬"字之讹。戴不同意此说，写道：

> 刘云（指刘绩）：当依解作"独任之国"。王云（指王念孙）："任"字，古通作"壬"，因伪为"王"耳。望案："王"字义长，

---

① 戴望：《学而第一》，《戴氏论语注》，清同治十年（1871）刻本，第 1 页。
② 戴望一度师从陈奂研习考据之学，而陈奂曾师事高邮王念孙门下，并为王氏《读书杂志》中《管子》、《荀子》部分之校雠出力尤多。故之后陈奂"论学，必以王氏为宗，所著《毛氏传疏》与《广雅疏证》相出入。凡弟子从游者，必授以《管子》、《周礼》、《先郑注》、《丁度集韵》等书，是皆王氏家法也"。参见张星鑑：《书陈硕甫先生》，《仰萧楼文集》，清光绪六年（1880）刊本，第 81 页。戴望正是接过陈奂之衣钵，从事《管子》一书的校勘，博众家之长，积十余年之功，终撰成《管子校正》一书。

不必改字。独王者若桀纣为天子，不若一匹夫也。①

写至"不必改字"，戴望本可收笔，他却难抑个人思绪，对"独王"词义又略作发挥，表达了对暴君独裁的不满，"天下既非天子所私有，故国家之利害悉凭国民之公意而不以意与其中"。难怪刘师培认为戴氏"深得孔子立言之旨"②。王氏之训释纯为乾嘉路数，而戴已略显阐发义理倾向，实开晚清管子义理研究之先河。③

综上所述，戴之学术特色是"流质多变"，不名一家。刘师培曾言："自西汉经师以经术饰吏治，致政学合一，西京以降，旧制久湮，晚近诸儒，振兹遗绪。其能特立成一家言者，一为实用学，颜习斋、李刚主启之；一为微言大义学，庄方耕、刘申受启之。然仅得汉学之一体，惟先生（指戴望）独窥其全。故自先生之学行，而治经之儒得以窥六艺家法，不复以章句、名物为学，凡经义晦蚀者，皆一一发其旨趣，不可谓非先生学派启之也。"④虽刘之论断不无溢美之嫌，但对我们了解戴之学术宗旨确有启发：戴望之学既有汉学功底，又重微言大义，秉持家法但非拘守，且对颜李学、宋学皆有采择借鉴，实不能一家一派之学范围之。⑤诚如萧一山先生所言："子高好颜李，由激于时病；而治《公羊》，则逐于时趋。二者本有相通之道，倘能摆脱汉宋窠臼，以求周孔之真，则颜李之躬行实践，未尝不可与《公羊》大

---

① 戴望：《管子校正》卷一，《诸子集成》第5册，上海书店1986年版，第21页。
② 刘师培：《中国民约精义》，《刘师培全集》第1册，中共中央党校出版社1997年版，第596页。
③ 有关清代管子研究之详情，参见拙文《晚清管子研究述论》，《管子学刊》2009年第1期；《论清代〈管子〉校勘中的学术传承——以王念孙、陈奂、丁士涵、戴望为系谱的考察》，《管子学刊》2010年第1期。
④ 刘师培：《戴望传》，《刘师培全集》第3册，中共中央党校出版社1997年版，第634页。
⑤ 在考察戴望学术宗旨，另有一因素不得不考虑，即：戴仅得中岁，个人学术尚处于形成时期，并未定型，故套用学术研究中划分派系之习惯做法来审视戴望，略显圆凿方枘。

义合拍也。"① 一言以蔽之，戴望可谓兼采众家，流于驳杂，其宗旨终归于经世致用的社会关怀。

反观钱穆先生的论析，"激于时病"，"逐于时趋"，写至此处，他已看到戴望既尊《公羊》又采颜李的契机皆与"时"有关，距揭示戴之治学宗旨仅一步之遥。不过他却未能深究下去，而是归因于戴学识有限，终不能窥清其内心世界之关怀，为自己亦给后人留下一个未解的疑问。

走笔至此，不妨再看一段戴之好友姚谌②对其学行的评价：

> 子高幼时即穷力为文章，其立言大旨必通乎经而期适于用。已乃稍变为训故之学，已又治宋儒者言，已又习为习斋、恕谷之说。盖自始学以至于今数变易矣，而大旨期于有用。③

"大旨期于有用"，此评价似甚恰当。

三、"常州端绪"与"戴学源头"：《颜氏学记》中的两则论断

《颜氏学记》之编撰，正是戴望"大旨期于有用"宗旨的一次践履。

回顾以往学人对《颜氏学记》之研究，有一细节颇易被忽略：即戴望接触颜李书籍的时间并不连贯。戴于序言中对该问题已有交代：

---

① 萧一山：《清代通史》卷下，中华书局1986年版，第1810页。
② 姚谌，字子展，浙江归安人，素博闻强识，与戴望最善。去世时年仅三十，止存《景詹闇遗文》二卷。
③ 姚谌：《赠戴子高叙》，《景詹闇遗文》，宣统三年（1911）归安陆氏校刊本，第22页。

"望年十四,于敝簏得先五世祖又曾公所藏颜先生书"①,该书乃李塨所赠,"望读而好之,顾亟欲闻颜李本末"②。而其友程履正亦藏有颜李书,"始惊叹以为颜李之学,周公孔子之道也"③。不过此时二人所能见颜李著作,仅有《存学编》、"李先生《论语》、《大学》、《中庸传注》、《传注问》及《集》"④,故戴对颜李学之了解十分有限。加之中经丧乱,"乡所得书尽毁。履正居父丧以毁卒。每举颜李姓氏,则人无知者"⑤。戴从而失去了论学益友及相关著作,不得不将研治颜李学一事暂时搁置。这一放就是十年,"中更习为词赋家言、形声训故校雠之学。丁巳(1857年)后得从陈方正、宋大令二先生游,始治西汉儒说,由是以窥圣人之微言,七十子之大义,益叹颜先生当旧学久湮,奋然欲追复三代教学成法,比于亲见圣人,何多让焉!"⑥直到戊辰(1868年)春,其好友赵之谦于京师乔氏书目中发现颜李书籍,赵"携书归,驰传达金陵。望既复全见颜氏书,而李氏书虽颇放失,视旧藏为备。于是卒条次为书,自易直刚主外,昆绳、启生皆有遗书可考。惟李毅武以下无有,则记其名氏事实为《颜李弟子传》附其末。书成,命曰《颜氏学记》,凡十卷"⑦。易言之,戴望得以全面系统地阅读颜李著作已是1867—1868年之交。其间他的治学路径屡有更迭,不过归于实用的宗旨已确定下来。故此时戴望编撰《颜氏学记》,并非某些学者所言这仅是一部抄录性质的颜李学派资料汇编,而应是戴凭己意取其有用,弃其无用,集中体现颜李学派经世致用精神并烙有深深戴氏印记的一部学案体著作。而所谓的"戴氏印记",指戴望于书中所附的

---

① 戴望:《颜氏学记序》,《颜氏学记》,中华书局1958年版,第3页。
② 戴望:《颜氏学记序》,《颜氏学记》,中华书局1958年版,第3页。
③ 戴望:《颜氏学记序》,《颜氏学记》,中华书局1958年版,第3页。
④ 戴望:《颜氏学记序》,《颜氏学记》,中华书局1958年版,第3页。
⑤ 戴望:《颜氏学记序》,《颜氏学记》,中华书局1958年版,第3页。
⑥ 戴望:《颜氏学记序》,《颜氏学记》,中华书局1958年版,第3页。
⑦ 戴望:《颜氏学记序》,《颜氏学记》,中华书局1958年版,第3—4页。

一些论断,看似蜻蜓点水,漫不经心,却含有其独特的思考与学术意蕴。篇幅所限,仅择取最具代表性的两则,加以剖析。

一则是谈颜李学与常州今文经学之关联。在卷十《颜李弟子录》述及恽皋闻时,戴氏于最后留有这么一段话:

> 皋闻于经长《毛诗》,所著《诗说》以毛、郑为宗,不涉后儒曲说。晚归常州,为一乡祭酒,故家子弟多从之游。庄兵备柱尤重其笃行,勉其群从,必以皋闻为法。其后常州问学之盛为天下首,溯其端绪,盖自皋闻云。①

虽仅寥寥几句,戴望却道出一个观点:颜李学实乃清中后期常州今文经学之端绪。考虑到戴曾师从庄存与外甥宋翔凤研治今文经学,故其论断似并非凭空杜撰,当言之有据。而对恽皋闻之学行做一简要考察,亦能从中寻得些许线索。恽鹤生(1662—1741)②,字皋闻,晚号诚翁,常州武进人。恽早期治学,先喜禅宗,后信阳明,再尊程朱,"年四十,颇厌俗学卑陋,始有志上达"③,从友人谢野臣处知北方有

---

① 戴望:《颜氏学记序》,《颜氏学记》,中华书局 1958 年版,第 262 页。戴氏该观点在同友人书信往来中亦有体现:"保定为颜习斋、李刚主之乡。此二公在国初论学者与宋儒异趣。刚主与毗陵恽皋闻先生为莫逆交。庄侍郎之父兵备公讳柱最重皋闻学行,戒其群从必以皋闻为法。椎轮为大路之始,则毗陵之学,其渊源始自颜李。"(《能静居师友翰札·致赵烈文》)
② 关于恽之生卒年,绝大多数著作皆未提及,梁启超更是认为其"生卒年无考"(梁启超:《实践实用主义——颜习斋、李恕谷》,《中国近三百年学术史》,《饮冰室合集》专集之七十五,中华书局 1989 年版,第 135 页),不过高青莲、王竹波根据恽氏著作《大学正业》中自序及跋语,推断出恽当生于康熙元年(1662),卒于乾隆六年(1741)。参见高青莲、王竹波:《恽鹤生与颜李学派考略》,《华南师范大学学报》(社会科学版)2008 年第 6 期。笔者亦曾于中国国家图书馆读过恽氏《大学正业》一书,其自序云:"乾隆丁巳(1737 年)初秋晋陵七十五翁恽鹤生识于金坛正学堂。"跋语曰:"先生讳鹤生,字皋闻,晚号诚翁,康熙戊子举人,金坛县学教谕,寿七十有九。"(恽鹤生:《大学正业》,武进恽氏宗祠 1912 年刻本)与高、王二人所言吻合,故笔者从其说。
③ 恽鹤生:《大学正业自序》,《大学正业》,武进恽氏宗祠 1912 年刻本。

颜李之学，故心向往之。不过直到康熙五十三年（1714），恽鹤生才得以赴蠡县与李塨相见，"握手快谈三日夜，恨相见晚"①。此时颜元已殁，故恽乃颜私淑弟子。对于恽鹤生，李塨颇为看重，"天下良友，惟皋闻、灵皋（即方苞）"②，李也将传承颜李学之大业，托付于恽，"习斋之学，一传而得先生，再传而得恽皋闻。……（恽）南居，日以颜李之学告人。今天下无虑口中津津颜李之学者，王昆绳、恽皋闻二先生之倡明居多"③。

而恽鹤生南传颜李学，又以常州为主阵地。"如常州孙应榴，戊申寄其日记至，遥拜先生为师，记载省躬改过，修德习艺之功甚密，力肩圣道，而曰闻之皋闻。则皋闻传道之功伟矣。"④不过，恽晚居常州，与其日常来往最密切的当属庄氏家族。据《毗陵庄氏增修族谱》记载，恽鹤生娶庄氏第十世庄胙之次女为妻⑤，故恽氏同庄家为姻亲，亦即同庄存与之父庄柱为同辈⑥，二人之间的学术往还自然不少，庄

---

① 恽鹤生：《大学正业自序》，《大学正业》，武进恽氏宗祠1912年刻本。
② 冯辰、刘调赞撰，陈祖武点校：《李塨年谱》，中华书局1988年版，第190页。
③ 冯辰、刘调赞撰，陈祖武点校：《李塨年谱》，中华书局1988年版，第198页。
④ 冯辰、刘调赞撰，陈祖武点校：《李塨年谱》，中华书局1988年版，第198页。
⑤ "十世，胙行四，字锡公，郡庠生，入太学。……女三，长适重大儒庠生，次适恽鹤生，康熙戊子举人，金坛教谕，三适丹阳张发祖，康熙壬子举人，直隶溧县知县。生于崇祯丙子二月初二日，卒于康熙甲戌八月二十五日。"参见庄寿承等修：《毗陵庄氏增修族谱》（32卷）卷三，清光绪元年（1875）刻本，第20页。
⑥ "十一世，柱行五，字书石，号南村，康熙庚子乡魁，考授内阁中书，雍正丁未进士，翰林院庶吉士。特简顺天大兴县知县。历任浙江温州府，温处兵备道副使。诰授中宪大夫。诰赠光禄大夫、礼部左侍郎。……生于庚午十一月二十二日，卒于乾隆己卯六月初八日，寿七十。"参见庄寿承等修：《毗陵庄氏增修族谱》（32卷）卷十，清光绪元年（1875）刻本，第20页。对于庄柱生平，《武进阳湖县合志》中亦有记载："庄柱，字书石，雍正丁未进士，改翰林院庶吉士，特旨选知大兴县。京邑七年，洁廉爱民，庶事修举，羊草脚费，胥吏借以扰民，请户部移奉宸苑办理，弊遂除。其他阴德尤多。擢知温州府，平反冤狱，诘正宿讼，以恕谕属吏而严课民事，正盐筴，省鱼税，定额租，岁饥以数事请上官，首任海运官粟六万余石，又设法采买并借邻近仓谷，平粜煮赈，民赖以甦。将去任，期不十日，时值封篆，不事严鞫而伸诬良，毙命冤狱，奸徒伏法。其慈惠廉察类如此。迁海防兵备道，筑尖塔二山海口，阅四月功竣，而民不劳。练于政事，

柱"必以皋闻为法"也当在情理之中。问题在于：庄柱从皋闻处所学是否即颜李之学？以笔者目力所及，尚未见到能证明恽鹤生向庄氏提及颜李学的直接材料。① 不过，恽氏晚年南返归乡，不仅是颐养天年，更肩负着传播颜李学之重任，而庄氏作为常州望族和至友姻亲，理应成为其传播的重点对象。故依此逻辑，庄柱当从恽鹤生处对颜李学有一定了解，亦如艾尔曼先生所言："庄柱信奉程朱学说的同时，认识到颜元学说的价值。"② 作为庄柱之子，庄存与少时应能从父辈口中闻知颜李学说。

庄存与之经学，是通过对常州地区各种学术流派兼收并蓄、先因后创而成，恽氏学说只是其中一种③，而戴望认为"毗陵之学，其渊源始自颜李"，不免有夸大之嫌。不过颜李学虽与今文经学决然不同，但在批判理学迂腐、发扬经世致用方面，却有着相通甚至类似之处，故戴望有意放大颜李学在常州今文经学兴起时的作用，其目的在于为其提倡这两种学说寻求正当的学理基础。因为无论戴是站在今文经学的立场上来维护颜李学，抑或是从颜李学的角度去表彰今文经学，其

（接上页）口不言能敏，于文辞书翰不求人之名之也。年五十而引疾归，平生力学笃行，持躬如执玉，未尝蹈非正之地，谈委蹈之语，无疾言遽色，虽横逆至夷然也。"参见孙琬、王德茂修，李兆洛、周仪暐纂：《武进阳湖县合志》(36卷)卷二十四，清道光二十三年(1843)尊经阁藏版，第92—93页。

① 奇怪的是，在《武进阳湖县合志》中，恽鹤生完全是一副汉学家的面貌："恽鹤生，字皋闻，少师常熟钱陆灿，工诗古文词，后交蠡县李塨，复研究经学，其所著述，经术独多。康熙举人，官金坛学教谕，卒年七十有九。"参见孙琬、王德茂修，李兆洛、周仪暐纂：《武进阳湖县合志》(36卷)卷二十六，清道光二十三年(1843)尊经阁藏版，第35页。由此知后人对其学行已不甚了解，亦折射出颜李学在清中期无人问津的命运。

② 〔美〕艾尔曼著，赵刚译：《经学、政治和宗族——中华帝国晚期常州今文学派研究》，江苏人民出版社1998年版，第64页。

③ 王裕明先生认为："庄存与家学思想为其经学研究提供了基础，这种家学思想不仅包括庄氏，而且应当还包括与之有姻亲关系的钱氏、唐氏、恽氏等常州各种经学流派的思想。庄存与兼收并蓄形成了自己的经学思想。"(王裕明：《庄存与经学思想渊源简论》，《学海》1999年第4期）

极力打通二者间学术关联之举,既是出于宣传其学术宗旨的考虑,亦有欲凭颜李学、今文经学之联手来谋取更多学术话语权的意图。行文至此,戴之苦心孤诣似已昭然若揭了。

另一则涉及颜李学与戴震学的渊源问题。在《处士颜先生元》一文中,戴望在论述完颜元性理之说后,写道:

> 乾隆中戴吉士震作《孟子绪言》,始本先生此说言性而畅发其旨。①

就是如此短短一句,竟在民国引发了一场不小的学术公案。② 平心而论,颜李学的某些主张确有同戴震学颇为相似之处。如对"理"字的解释,李塨认为:

> 《中庸》文理,与《孟子》条理,同言道秩然有条,犹玉有脉理,地有分理也。《易》曰:"穷理尽性以至于命。"理见于事,

---

① 戴望:《处士颜先生元》,《颜氏学记》,中华书局1958年版,第4页。
② 梁启超认为:"子高说戴东原作《孟子绪言》,其论性本自习斋,最为有识。"(梁启超:《中国近三百年学术史》,《饮冰室合集》专集之七十五,中华书局1989年版,第136—137页)胡适亦持同样论调:"我深信东原的思想,有一部分是受颜李学派影响而成。"(胡适:《胡适全集》第8册,安徽教育出版社2003年版,第137页)与梁、胡形成鲜明对比,钱穆则力排此说:"梁、胡所言皆无确证。必谓东原思想渊源颜、李者,为东原攻击宋儒言理及气质之性诸端,颜、李皆已先及。然颜、李同时尚有浙东一派,其持论亦多与颜、李相通,何尝不足为戴学启元?东原论性本与阳明相近,梨洲为陈乾初一传,尤不啻戴学之缩影……"(钱穆:《国学概论》,商务印书馆1997年版,第278页)在之后的《中国近三百年学术史》中,钱氏再有发微:"今考东原思想最要者,一曰自然与必然之辨,一曰理欲之辨,此二者,虽足与颜、李之说相通,而未必为承袭。至从古训中明义理,明与习斋精神大背。若徒以两家均斥程朱,谓其渊源所自,则诬也。至辨本体,辨理气,辨性与才质异同,自明儒已多论及,东原不必定得其说于颜、李。其训'义理'、'天理'字为条理,则东原治古训,宜可自得。"(钱穆:《中国近三百年学术史》上册,商务印书馆1997年版,第392页)由于该公案牵涉颇广,诸位学者卷入其中,且与本章无直接关联,故对此问题,笔者当于第四章中详加考察。

> 性具于心，命出于天，亦条理之义也。①
>
> 夫事有条理曰理，即在事中。今曰理在事上，是理别为一物矣。天事曰天理，人事曰人理，物事曰物理。《诗曰》：有物有则。离事物何所为理乎？②

戴震曰：

> 理者，察之几微必区以别之名也；是故谓之分理；在物之质，曰肌理，曰腠理，曰文理；得其分则有条而不紊，谓之条理。③

两相比照，无论是对"理"的类别划分，抑或论"理"的内在逻辑，皆有相通之处，很难以巧合来解释。

再如对宋明理学之理欲观所造成的社会危害，颜李学、戴震学的各自论断颇给人一种前后相继之印象。颜元认为不管"朱学"还是"王学"，皆为"以学术杀人"之工具：

> 吾尝见宗王子者指朱子为门外汉，吾不与之深谈，其意中尊王而诋朱，未必不如是也。噫！果息王学而朱学独行，不杀人耶！果息朱学而独行王学，不杀人耶？今天下百里无一士，千里无一贤，朝无政事，野无善俗，生民沦丧，谁执其咎耶？吾每一思斯世斯民，辄为泪下！④

---

① 李塨：《传注问》，徐世昌主编：《颜李丛书》，四存学会 1923 年铅印本。
② 李塨：《传注问》，徐世昌主编：《颜李丛书》，四存学会 1923 年铅印本。
③ 戴震：《孟子字义疏证》卷上《理》，《戴震全书》第 6 册，黄山书社 1995 年版，第 151 页。
④ 颜元著，王星贤、张芥尘、郭征点校：《阅张氏王学质疑评》，《习斋记余》卷六，《颜元集》下，中华书局 1987 年版，第 494 页。

李塨亦秉承师说，曰：

> 自宋有道学一派，列教曰存诚明理，而其流每不诚不明，何故者？高坐而谈性天，捉风捕影，纂章句语录，而于兵农礼乐、官职地理、人事沿革诸实事，概弃掷为粗迹，惟穷理是文，离事言理，又无质据，且认理自强，遂好武断。①

戴震则径直指出，程、朱这种"存天理、灭人欲"的观念所导致的最终结果便是"以理杀人"：

> 尊者以理责卑，长者以理责幼，贵者以理责贱，虽失，谓之顺；卑者、幼者、贱者以理争之，虽得，谓之逆。于是下之人不能以天之之同情、天下所同欲达之于上；上以理责其下，而在下之罪，人人不胜指数。人死于法，犹有怜之者；死于理，其谁怜之？呜呼！②

从"以学术杀人"到"认理自强"，再至"以理杀人"，他们对宋明理学的批判逐渐深入，似有一条精神潜流在其间流淌，故若用"闭门造车，出门合辙"加以解说，颇为勉强。因此有学者指出，从思想史的角度审视，即使戴震没有直接通过颜李后学获知颜李学说，当亦通过其他渠道对其主张有所了解，并将此作为自己"新理学"的思想资源之一。③

---

① 李塨：《恽氏族谱序》，《恕谷后集》卷二，中华书局1985年版，第19页。
② 戴震：《孟子字义疏证》卷上，《戴震全书》第6册，黄山书社1995年版，第161页。
③ 台湾学者丘为君先生认为，"戴东原的'哲学'，是一种融合了颜李学派的'新哲学'和顾炎武'新方法'的产物"(丘为君：《戴震学的形成——知识论述在近代中国的诞生》，新星出版社2006年版，第146页)。

当然，戴望本人对戴震学甚为推崇，这一点亦至关重要。如《论语·宪问》中"冉求之艺，文之以礼乐，亦可以为成人矣"一句，戴注曰："文之，犹言经纬之。经以礼，纬以乐。人受性于天，不可变易，才以性殊，则德殊。圣人制礼乐，使人各尽其才，就其德，以善其性。故子大叔曰：人之能自曲直，以赴礼者谓之成人，成者，德就不可易也。"① 这同戴震以孟子性善论为阐发人性基调的做法，十分近似，可视为其对戴震"新理学"的继承。著书立说之外，戴望还同友人就戴震之义理学进行反复辩难，这在谭献《复堂日记》中多有记录：

> 子高前日有一书与予，争东原为本朝儒者第一。予不答。此事非一人私言，予故品东原为第二流之高者。②

> 迩日与子高辩。东原虽博大，不得为第一流，而子高顾笃信其《原善》、《孟子字义疏证》，附和前哲，必推为集大成之贤。其与升朱熹为十哲之见相去几何？③

> 阅《汉学师承记》。予尝取《学海堂经解》别择为《国朝经义表》，暇更当撰《国朝经师别传》以正其失，在阮伯元、江藩之后出者皆在焉。憾此事无可商定，中白、子高皆奉戴震为圭臬者，与予异趣，其它更无论矣。④

谭献本有其学术立场，戴望强与之辩，自然是不欢而散。⑤ 不过透过

---

① 戴望：《宪问十四》，《戴氏论语注》，清同治十年（1871）刻本，第2页。
② 谭献：《复堂日记》，河北教育出版社2000年版，第4页。
③ 谭献：《复堂日记》，河北教育出版社2000年版，第214页。
④ 谭献：《复堂日记》，河北教育出版社2000年版，第216页。
⑤ 谭献曾据个人的学术观点草拟《师儒表》一篇，对清代诸儒一一归类排序，仅将戴震置入经师（江慎修先生，一传：戴东原氏，再传：段懋堂氏、金檠之[斋]氏，三传：陈硕父氏，四传：戴望子高，同学：胡竹村氏、胡曼庄氏，别出：凌仲子氏、程让堂氏）和声韵之学（开山：顾亭林先生，大宗：江慎修先生，一传：戴东原氏，再传：段懋堂氏，别出：罗台山氏，段学：严鼎臣徐卿，正宗：孔㧑约先生、刘申受先生、姚文

这些记载，亦可看出戴望对戴震学服膺之深。

要之，戴望认为戴震学本自颜李之学，虽无确凿证据，但就学术思想内在理路的递嬗而言，确有其合理性，这恰是戴别具只眼之处。当然，毋庸讳言的是，戴望强调戴震学与颜李学之间的学术渊源，是因他认识到二者皆与宋明理学旨趣迥异且深排诋之，正符合其革除时弊、改良学风的目的，故对两种学说深入开凿，梳理出彼此的源流关系。由此看来，戴望既借此争学术正统，又希望能宣传经世主张，此举之意图颇深，只惜并未在《学记》中充分展开，显得多少有些隐晦。①

毕竟戴望身处内忧益剧，外患日亟的晚清社会，他选择以"大旨期于有用"为治学宗旨，自然不可能对颜李学全盘吸收，而是有所扬弃。除去挖掘颜李学与其他经世学说之间的渊源之外，戴望还按个人

[接上页] 儁公，集成：龙翰臣氏）中，戴望阅后甚为不满，致函谭氏，为戴震辩诬，其中有云："东原之学，虽出江氏，而未尝师事。……至其《原善》及《孟子微言》，天人之故，经之大训萃焉。是以段大令、孔检讨、洪舍人、江徵君推之于前，焦孝廉宗之于后。汪拔贡亦言国朝儒者顾、阎、梅、胡、惠、江接二千年沉沦之绪，而东原集其大成，为定大儒七人，通人十九，以诏来学，东原与焉。段大令则称其学贯天人；孔检讨则憾其崇阐汉学，而不终其志而殁；洪舍人则谓欲明察于人论庶物之理，必自戴氏始；江徵君则以能卫东原者为卫道之儒；焦孝廉则谓其疏性道天命之名，如昏得朗。诸君子皆非漫然无学术者，而交口称之，且再三称之。足下何见乃欲置之第二流，而以慎修为过之。江戴相等，犹之可也；乃使之一居上上，一居上中，岂以其名高而有意抑之乎？其意见可谓重矣。"（张舜徽：《谭献友朋书札》，《爱晚庐随笔》，华中师范大学出版社2005年版，第212—213页）这不啻为戴望的《申戴篇》。

① 在《处士颜先生元》一文的末尾，戴望有一段议论，颇能体现其对程朱理学的看法："夫不究其言之始终，而唯震于程朱之名，囿于元明以来之功令，并孔孟之言而反之，则其所诋者非诋先生，乃诋圣言也。且群经教学成法，昭昭具在，亦何尝教人以性为先，以静坐读书为学功哉！而后人以习行为难，且于古经之稍近奥赜者亦不欲读，惟曰奉《小学》、《近思录》、《章句》、《集注》、《纲目》、《语类》等书，齐之《六经》之列，童而习之，先入为主，莫知其非。其视先生之学，欲复圣门旧章，则相顾和走而不前者其宜矣。彼伪言伪行诡薄儒伎之徒，相率冒为程朱之学，而无识者从而和之，使程朱生于今日，其许之乎？其必黜夫伪言伪行，而许先生为诤友，可断断无疑也。"（戴望：《处士颜先生元》，《颜氏学记》，中华书局1958年版，第5页）这说明戴并不完全排斥程朱理学，而是不满后世对其学说的误解弯曲所造成的流弊。

意愿对颜李学派的著作进行了删改。颜元之政治构想,是复封建、行井田,回归到三代理想社会,其复古色彩极为浓厚。戴望对此类主张不能苟同。在他看来,"寓封建之意于郡县"实际上"是不度乎今古之宜而言之也","故井田坏而封建之制不可行,郡县分而世之官不可设,大法非合数圣人之才不能易,大弊非合数贤人之议不能除"。①也基于该观点,戴氏对颜氏著作中相关复古主张大加删改。如删去了颜元《存治编》中的《王道》、《井田》、《治赋》、《八阵图说》、《学校》、《封建》、《宫刑》诸篇,又将《存学编》中《明亲》篇的"张子教人以礼而期行井田,虽未举用而其志可尚矣"一句删掉。还将李塨《存治编·书后》中"桴亭《封建传贤不传子》,盖郡县久任也,似有当"一句中的"似有当"三字删掉。另外,在《存学编·性理评》中有"惟横渠之志行井田,教人以礼,为得孔孟正宗"一句,戴氏改作"惟横渠为近孔门学教"。

同时,戴望还就颜元反对著书作文的看法提出异议,他认为:

> 昔颜习斋氏谓诗、文、字、画为天下四蠹,其徒李刚主尝述以告学者。予谓习斋殆亦有为言之字与画,诚不足用士。不能诗文,则操翰不足以达意,鄙倍之害中之矣。能为之而不陷溺乎,是乃大勇耳。世人苟简目不知书者,相率效五七字,吟哦以为执业,复有一二巨子为之簧鼓,浮薄之俗,高自标置,以为吾诗人也。呜呼!岂知天下民心风俗之坏皆若辈,为诗人兆之乎。此习斋虽欲不谓之蠹不可得也。予自束发出游,遇人以诗篇充苞雁之投者,盈千累万,辄弃去不欲视以为俗习之一,乃今观于贞甫之诗则不然。贞甫固将家子,具文武才,能左右射,技击营陈,靡

---

① 戴望:《顾职方〈郡县论〉驳议》,《谪麐堂遗集》卷一,清光绪元年(1875)刻本,第7—8页。

不习，而于天文、律吕、历象及太乙、壬遁诸术尤精。贞甫固为有用之学者，诗盖其余事。故其造语命意。有勃然不可遏之气行乎其间，非犹夫世俗士之为诗矣。①

较之颜元，戴望对于著述持相对客观的态度。也正因此，戴氏将颜元行文中的"训诂"一词统统改成"章句"。

由上可知，戴望对颜李著作的删改并非任意为之，实乃时代环境使然。为了更好地达到倡导经世致用之效果，戴氏必须对颜李学进行一番改造，择其适者，去其不适者。

第二节 赞同、批评与排诋：《颜氏学记》之回响

一、赞同：对颜李学之认可与改造

晚清学人们因学术立场与政治诉求之不同，对颜李学的看法亦随之引发较大歧异与争论。以往研究者将该现象称为"尊颜与反颜之争"②，即对于颜李学，尊奉者过分推崇，反对者则彻底否定，故晚清学人间对颜李学的评价呈现出难以调和折中的态势。应当说，以上说

---

① 戴望：《书杨贞甫诗卷》，《谪麐堂遗集》卷二，清光绪元年（1875）刻本，第21—22页。
② 相关研究可参见宋立卿、解成：《颜元思想在近代中国的命运》（载《河北史学会通讯——全国颜元李塨学术思想讨论会专号》，河北史学会1987年版）、解成：《近代中国对颜元形象的两次改造》（《河北学刊》1988年第1期）、陈居渊：《略论晚清学术界的尊颜与反颜之争》（《河北学刊》1997年第1期）、朱义禄：《颜元、李塨评传》（南京大学出版社2006年版）第八章《颜李学派的影响及其历史地位》及崔文翰：《晚清士人对颜李学派的评价：以程朝仪〈颜学辩〉为例》（载胡春惠、彭明辉主编："近代中国与世界的变迁"学术研讨会议论文集》，香港珠海书院2006年版）。

法几乎已成为目前学界对于晚清颜李学复兴情形的一种共识。用"尊颜"与"反颜"的二元对立分析模式来研究晚清颜李学,确能清晰揭示出对立与争议的一面,然而,这种模式自有其弊端所在:一是于"尊颜"与"反颜"之外,其实当时还有一些看法相对较为平允,并未流于偏激,但在二元对立分析模式之下,常易被人忽略;二是以往学人在探讨"尊颜"与"反颜"时,常常因人分派,将某某置于"尊"或"反"阵营当中。然而学人对于颜李学的看法,有的既有认可又有批评,有的因学术立场的转换和时代背景的更迭而改变,所以这种划分法似不妥。要之,"尊颜"与"反颜"的分析模式不免有牵强之处。笔者综合考察晚清学人对颜李学的诸多评论,大致分为赞同、批评与排诋三种态度。

赞同,顾名思义,即学人对《颜氏学记》及颜李学持认同的态度。究其原因,又可分为如下三种情形。一是站立今文经学立场上表彰颜李学,批判宋明理学。这以戴望好友谭献最为典型。谭献学宗常州庄氏,认为庄存与"文事深醇古厚,直接荀、董"[1],庄氏著作《味经斋遗书》"闳深博大,卒不能得其涯涘。大贤识之,又高出诸经师上矣"[2]。谭从友人孙诒让那里看到《颜氏学记》后,认为颜李学在批判宋明理学方面与今文经学颇有相契之处,故对其大加褒扬,指出"遗民如梨洲、亭林,故是祥麟威凤,惟袭宋人余唾,亦多无用之言,有门户之习;不若颜习斋、李刚主实践朴学,折衷六艺,为命世之儒也。王昆绳、刘继庄推究世用,足为羽翼"[3]。颜李学派的著作"视宋人语录纯用方言里语者,已绝胜矣。圣绪茫茫,无用之言日出,晦盲否塞,谁为夜行之烛?颜先生射以枉矢,力破群迷,恕谷、或庵羽翼

---

[1] 谭献:《复堂日记》,河北教育出版社 2000 年版,第 3 页。
[2] 谭献:《复堂日记》,河北教育出版社 2000 年版,第 44 页。
[3] 谭献:《复堂日记》,河北教育出版社 2000 年版,第 18 页。

之。抑亦百世不惑者已！"① 二是认为颜李所提倡的习行实学可视作力挽社会危机之资源，并能成为沟通中西学术的桥梁。该情况在晚清学人中很是普遍。如叶德辉在重刊《颜氏学记》的跋语中写道："习斋颜先生生明季水火之世，灼然见尧舜周孔之道，一一藏于事物，于是率其弟子行孝弟存忠信，以讲习乎六艺之事，于汉儒所谓实事求是者，洵乎无愧。虽其再传末流，或仍不免为风气所囿，而先生立教之初，心则固不可一世矣。今天下士气窳惰而撰述之盛乃过于汉唐，识者谓有周末文胜之患，吾友李君雒才……复刊是书以告多士君之志。盖欲以颜氏此书救今日之时弊，以挽一世之风气。"② 维新思想家宋恕认为"明季颜习斋先生，伤愤立教，复孔旧章，戒空勉实，六艺是课，许、郑、朱、王，咸被贬议，虽或过当，良多中病。存礼出入百氏，不守一先生言，然心以颜氏教术最合洙泗。今西方诸国，竞修政教，美举时闻，新学日辟，遂使六书之用，让广于右行，三氏之化，避灵于天主，术士推其运隆，壮夫引为己耻。然观其学校之制，于颜先生之意为近"③。宋之友人孙宝瑄断定颜李实学与西方科学实则相通，"习斋以为，世间真学问，不外天文、律历、兵农、水火、礼乐诸有实用济民事。盖已窥见今日泰西学校之本。吾不意国初时竟有此种人物"④。而刘师培更进一步，认定颜李之实学即西方自然科学，对此刘有专门论述：

    习斋先生生长博野，地迩燕京，吾意先生壮年必亲炙西士之门，备闻绪论。事虽失传，然证以先生所学，则礼、乐、射、

---

① 谭献：《复堂日记》，河北教育出版社 2000 年版，第 91 页。
② 叶德辉：《颜氏学记跋》，李雒才辑：《颜氏学记》，湖南龙山白岩书院光绪二十年（1894）版。
③ 宋恕：《宋恕集》上，中华书局 1993 年版，第 186 页。
④ 孙宝瑄：《忘山庐日记》上，上海古籍出版社 1983 年版，第 74 页。

御、书、数外，并及水、火、工、虞。夫水、火、工、虞，取名虽本于虞廷，引绪实基于暂种。水学之用在于审势辨形，徐氏著《水利新书》，其嚆矢也；火学之用主于制器辅攻，南氏进红衣之炮，其实证也；工学者备物利用之学也，今大秦遗墟工执艺事奇技竞兴，固未艾也；虞学者入山刊木之名也，今扶桑三岛森林一科学列专门，犹可考也。先生生明代鼎革时，崇此四科，默契西法。用则施世，舍则传徒，律以古代学术，则道艺并重，近墨远儒。①

三是出于反满革命之需，将颜元、戴望塑造成前明遗民，抗清先驱。章太炎、刘师培乃其中代表。在章太炎看来，颜元"折竹为刀，以胜剑客，磐控驰射，中六的也；当明室颠覆，东胡入帝，而不仕宦，盖不忘乎光复者"②。刘师培则将颜元、戴望二人一并涂上反清前驱的色彩。刘认为颜元肆力六艺及水火兵农诸学，一个重要原因是"建夷宅夏非尚武、不克树勋，思以武健之风转易民俗，其旨与暂种藉民为兵同"③。对于戴望，刘断定其早有反清之志，"盖先生眷怀胜国，有明季遗民之风，慨冠带之沉沦，昭阳秋之直笔。尤嫉视湘军诸将帅，方张汶祥刺马新贻，先生适居金陵，闻其报，拍案称善，目汶祥为英杰。呜呼！此可以观先生之志矣！"④要之，诸位学人虽赞同颜李学，但皆基于自身学术或政治需要，对其进行了选择性的倡扬与改造，故他们所言的颜李学，同该学说本身已有相当距离，这点不应忽视。

---

① 刘师培：《并青雍豫颜门学案序》，《刘师培全集》第3册，中共中央党校出版社1997年版，第563页。
② 章太炎：《颜学》，《訄书》重订本第十一，《章太炎全集》第3册，上海人民出版社1984年版，第151页。
③ 刘师培：《习斋学案序》，《刘师培全集》第3册，中共中央党校出版社1997年版，第561页。
④ 刘师培：《戴望传》，《刘师培全集》第3册，中共中央党校出版社1997年版，第634页。

二、批评：对颜李学之学术检讨

较之于赞同诸说，对颜李学的批评意见则相对客观。晚清时期能从学术角度对颜李学做出评骘的，当属朱一新。他认为：

> 颜习斋以宋儒为空虚无用，而欲以六府、三事，六德、六行、六艺矫之。动称水火工虞，兵农礼乐，聆其名甚美，按其实则皆非也。《论语》一书为六经之管辖，多言道而不言艺，论治道者备矣，而不甚言制度。盖道者，千古莫易，制度则当随时损益。艺亦古今不同，唐虞之世，以水火工虞命官者，水土初平，草昧未启，烈山泽，驯鸟兽，皆圣人所有事，夏商即不闻以是为教。时不同也。……《论语》言治国之道，敬信节爱，而何以敬，何以信，何以节用，何以爱人，条目亦不备详。其他言治道者，大抵类此。此随时变通之事，心知其意则千条万辙，途径不同而同归于敬信节爱之旨。儒者之学所以可贵，宋儒穷理之所以不可废，否则，后世胥吏之天下而已。①

朱一新对颜李学之批评大致可概括为三：一是"复古"立意虽高，但不切实用；二是"道"不可变而"艺"随时损益；三是宋明理学不可废弃。由此可知朱是站在宋明理学立场上审视颜李学，自然有维护理学的考虑，不过他认为颜李借复古以倡习行的做法并不高明，确是直中其要害。当然，朱亦认为颜李有其可取之处："至如颜、李之学，

---

① 朱一新：《答某生》，《佩弦斋杂存》卷上，顺德龙氏葆真堂光绪二十二年（1896）刻本。

虽多偏驳……而气象博大，皆非后来所及。"① 对于唐鉴《国朝学案小识》未收颜李二人的做法，朱认为值得商榷："故欲为学案，则当仿《国史儒林传》之例。汉学宋学各以类从。无论习斋、恕谷不当遗弃……涂径既分，得失自见也。"② 亦可见朱之评论较为持允，并非意气用事。同时，对于《颜氏学记》一书，朱认为"第颜、李之书未见元本，今本乃戴子高所订，恐未免以己意为去取耳"③。说明他已察觉《颜氏学记》中多有戴望删改之处。④

此外，笔者于中国国家图书馆古籍部发现两部手批本冶城山馆版《颜氏学记》，颇能体现当时一般士人对颜李学之认识。一本批点人为吴履刚，江苏金山人，清末举人。对于研读《颜氏学记》之缘起，吴于扉页处记道："阅《先正事略》及《学案小识》二书，知国初有颜李之学，恨觅其书不得。庚寅（1890）见于包子舟司训斋□读数十条，而爱之。辛卯（1891）秋托阮子寅□相觅于金陵，蒙购二部以赠，乃分其一赠顾复斋同年。九月二十日识。"⑤ 总体而言，吴氏对于颜李学还是颇为欣赏，如他读罢《由道》、《明亲》二篇，不禁叹曰："以上二篇实足发明圣门正学，学者允宜深信而力行之。"⑥ 不过吴履刚毕竟是深受宋明理学熏染的士人，故其对颜李学中部分激烈批判程朱的言论，自然无法苟同，他的这种反应很具代表性。在扉页处吴就认为颜李二人"以乡三物解大学格物之物，以习事解论语首章，时习

---

① 朱一新：《无邪堂答问》，中华书局2000年版，第209页。
② 朱一新：《〈国朝学案小识〉书后》，《无邪堂答问》，中华书局2000年版，第5页。
③ 朱一新：《无邪堂答问》，中华书局2000年版，第209页。
④ 无独有偶，谭献也感到戴望凭己意意编辑《颜氏学记》，"习斋先生命世大儒，遗书散失，子高所辑亦多空论。窃意先生当日于六艺行习实迹必有第规制，当日考订必阔疏。若得大凡，而采近代疏通证明之言以裨益之，岂非不朽之盛事？惜乎，其不传也！"（谭献：《复堂日记》，河北教育出版社2000年版，第91页）
⑤ 吴履刚：《颜氏学记》吴批本，光绪十七年（1891），中国国家图书馆馆藏。
⑥ 吴履刚：《颜氏学记》吴批本，光绪十七年（1891），中国国家图书馆馆藏。

二者为圣学正传无疑,然以此补救程朱则可,若因而攻击则非矣"①。颜元曾认为程颐"之理近佛",他"于此徒叹学者之流于异端,而不知由己失孔子之教,亦不自反矣"。②吴则指出颜"奚落宋儒未免太甚,然不去宋儒之说之非,安见孔门之教之是,颜先生固亦出于不得已也。虽然程朱之立教洵稍异乎孔门,若其德行则固无可议也。安可轻视乎哉?"③颜元还曾断定宋元两代由于理学笼罩,故无实用人才。吴针锋相对地反驳:"试思元明二代皆尊崇程朱者,谓二代无一人材,可乎?"④程朱理学并非一无是处:"以周礼之乡三物注《大学》之格物,可谓得当。不解朱子亦曾采入小学,而注《大学》反忘之也。果能以此为学,以此教人于以还孔门之道法而复三代之郅隆,岂不快哉?"⑤而对于《存治篇》的主张,吴更是感觉不合时宜,写道:"《存性》诸条以引蔽习染易程门气质二字,使孔子性近习远,孟子性无不善二说如一鼻孔出气,洵属不刊。惟《存治》仅采重征举、靖异端二条,已觉窒碍难行,其未采若干篇必更迂阔可知。若果施诸政事,扰民何疑。窃谓如先生者,宜任以安定先生之任,使之处于太学课士数年,成就人材必有可观,若任他职,恐非所宜。"⑥也正是基于此学术态度,吴认为应将颜元著述做如下修改:

此卷可名《颜先生年谱纂要》,鄙意《四存编》亦宜如此,名《四存编纂要》,其《言行录》、《辟异录》中有与《四存》相发明者,可别作附录一笔,而得罪程朱语必须多删为是。⑦

---

① 吴履刚:《颜氏学记》吴批本,光绪十七年(1891),中国国家图书馆馆藏。
② 戴望编纂:《颜氏学记》,金陵冶城山馆同治十年(1871)本,第16页。
③ 吴履刚:《颜氏学记》吴批本,光绪十七年(1891),中国国家图书馆馆藏。
④ 吴履刚:《颜氏学记》吴批本,光绪十七年(1891),中国国家图书馆馆藏。
⑤ 吴履刚:《颜氏学记》吴批本,光绪十七年(1891),中国国家图书馆馆藏。
⑥ 吴履刚:《颜氏学记》吴批本,光绪十七年(1891),中国国家图书馆馆藏。
⑦ 吴履刚:《颜氏学记》吴批本,光绪十七年(1891),中国国家图书馆馆藏。

与朱一新的判断一致，吴履刚也意识到《颜氏学记》并非颜李学说之单纯摘录，必定经过戴望的删改，故他在戴氏序言后写道：

> 戴君既全见颜氏书，何不各刻其原本，乃急急焉纂辑此书，刻以问世，从此颜氏之原书永不可见，亦后学之憾也。
>
> 序中言履正得《存学编》，慨然有开物成务之志，则《存学编》原本必然详审精当，可以动人兴趣之心，今何以只选《由道》、《明亲》二篇，使天下后世从此不见其全，吾不能无憾于戴君。①

在《颜氏学记》最后，吴履刚还对李塨遭受好友方苞诋毁的这段学术公案提出看法，对李塨之遭遇深表同情："颜李之学实接孔孟真传，有王者作取而颁诸学宫，三代之教可复也。窃意程朱复生，当亦许为诤友，视宗陆王以攻程朱者，奚啻霄壤，望溪之必不肯从或亦束于功令耳。乃必阻其教。胄修史之征，果何意与且为作墓志而诬以书，改师传，刘用可诋为欺其死友，使望溪闻之，将何词以自解？"②

另一批本作者名为希古淡人，生平暂不可考。其对研读《颜氏学记》之缘起亦有记载："青龙辛丑（1901年）秋，由金陵旋荆谒墓录，出鄂渚，遇泸水石府李孝廉，性爽朗，能读□，有奇气，与言投恊，遂定金兰交。嘱余购读此记。及返梓白下时，已深秋矣。亟求是书而未果。得嗣经多日偶过书坊，始即获之。出青蚨七千买以归。嘉平中旬希古淡人识于姑胥中丞节署。"③希古淡人对颜李学之评价与吴履刚多类似，即肯定其经世意义，认为书中不少观点"至为切实中肯，深

---

① 吴履刚：《颜氏学记》吴批本，光绪十七年（1891），中国国家图书馆馆藏。
② 吴履刚：《颜氏学记》吴批本，光绪十七年（1891），中国国家图书馆馆藏。
③ 希古淡人：《颜氏学记》希古淡人批本，光绪二十七年（1901），中国国家图书馆馆藏。

可鞭辟士人",同时对其批判理学的主张提出辩解。如希古淡人认为"《读书纂注》有功于世,实非浅鲜,切不可以章句之微一概抹倒,无极太极理自精微,更不能以二氏目之也"①。由此可知其学术立场仍根植于理学之中。

对颜李学持另一种批评态度的则以章太炎为代表,他认为颜李学理论高度不足,未能与西方哲学并驾齐驱。西方哲学提倡形而上的理论思辨,而中国自古缺乏这种哲学思维习惯。章太炎以颜李学为例,"独恨其学在物,物物习之,而概念抽象之用少"②。虽然颜李学派对程朱理学的批判有其时代价值与意义,但在哲学思辨上却远远不及程朱等人。究其根源,即在于"滞于有形,而概念抽象之用少也"③。章还特意比照西方,强调哲学思辨的价值:

> 观今西方之哲学,不斋万物为当年效用,和以天倪,上酌其言,而民亦沐浴膏泽。虽玄言理学,至于浮屠,未其无云补也。用其不能实事求是,而鳃理絭纷者多,又人人习为是言,方什伯于三物,是故文实颠偾,国以削弱。今即有百人从事于三物,其一二则以爱智为空言,言必求是,人之齐量,学之同律,既得矣!虽无用者,方以冥冥膏泽人事,何滞迹之有?④

是故颜元当时仅仅看到明末清初士林学风浮躁,文辞靡靡,于是倡导三事三物之习性经济,却忽视了对自身学说体系的理论建构,原因就

---

① 希古淡人:《颜氏学记》希古淡人批本,光绪二十七年(1901),中国国家图书馆藏。
② 章太炎:《颜学》,《訄书》重订本第十一,《章太炎全集》第3册,上海人民出版社1984年版,第151页。
③ 章太炎:《颜学》,《訄书》重订本第十一,《章太炎全集》第3册,上海人民出版社1984年版,第152页。
④ 章太炎:《颜学》,《訄书》重订本第十一,《章太炎全集》第3册,上海人民出版社1984年版,第153页。

在于"不知概念抽象则然也"①。或许也正出于此因，章太炎本来将颜元视作与荀子同等的大儒②，辛亥革命之后，便不再坚持此说法③。

三、排诋：对颜李学之仇视与攻击

如果说赞同、批评两种态度还基本属于学术争鸣范畴，那持排诋态度者的看法则完全囿于门户之见，对颜李学进行恶毒攻击，程朝仪④的《颜学辩》即其中之代表作⑤。《颜学辩》共四册八卷，一至三卷述颜元，四至七卷谈李塨，第八卷评颜李学派的其余弟子。全书仿照《颜氏学记》学案体的编纂方式，对其内容一一进行驳斥。对于该书撰写之缘起，程氏言：

> 国初有颜元者，阳托周礼乡三物之说以立教，而阴祖王氏学以诋宋儒，其心术至不可问。幸其老死牖下，未获出而祸斯民。近有戴望者，取其说及其流派之书，合刻为颜学十记（笔者按：应为《颜氏学记》）以售世，学者不知而误入焉。鲜不为人心世道之忧者。……且元生而微贱，甲申之岁一童骏驰耳，何所眷眷

---

① 章太炎：《颜学》，《訄书》重订本第十一，《章太炎全集》第 3 册，上海人民出版社 1984 年版，第 153 页。
② 章太炎在《颜学》中写道："自荀卿而后，颜氏则可谓大儒矣。"（章太炎：《颜学》，《訄书》重订本第十一，《章太炎全集》第 3 册，上海人民出版社 1984 年版，第 153 页）
③ 翻检刊布于 1914 年的《检论》中的《正颜》篇，则会发现章已删掉了先前《颜学》中的说法。
④ 程朝仪（1833—1909），字仲威，号抑斋，安徽黟县人。曾主讲于安徽六安赓飚书院、存古学堂。著有《颜学辩》八卷、《四书改错改》四十卷、《论孟杂说辨》四卷、《逸士吟》一卷、《抑斋劄记》二卷及《槐窗随笔》二卷等。
⑤ 由于香港中文大学的崔文翰博士已有专文对该书进行研究，故本文不再展开详论，仅就程氏的编撰动机、论说特点做一简述。

于胜朝而言论间苦为故明抱无穷之憾？盖非是无以甚东林之罪，而又藉以结豪侠而深其阴险之谋，此非特吾道之蠹，实本朝之蟊贼，已蒙既非其学，重恶其人，辄就被说之尤悖者，条辨之，间附吾友汤南田（作霖）说，阅岁而毕，即名之曰《颜学辩》。岂敢以辟邪自任，亦庶几不背圣人之徒云尔。①

程氏信笃程朱理学，自然视颜李学如大敌，不过程却不具备朱一新那样的学术涵养，未能以学术立场来考量颜李学，而是逞一时意气，其言论多流于谩骂与污蔑。如谈到颜李学之渊源，程认为"元之学名崇六艺，实重射御，盖阴宗王安石之说，而缘饰以《周礼》，其意亦同。第自诧为开辟来之一人，故隐祖之而阳讳之"②。而在程眼中，王氏新学不啻是歪理邪说，颜元"其学术隐祖王安石，而其心术则狗彘之不若者，儒其名而猾其实，学者慎毋为所愚可也"③。既然颜元隐宗王氏学，那其目的何在？程氏竟毫无根据地认定：

元学宗安石，此下数段专诋龟山，益知其意主攻东林，盖自蔡京等以继述为名挟安石以排元祐党人，立王氏学，封之为舒王，配享孔子庙，经龟山疏论而安石遂降从祀，理宗时并停从祀。其端自龟山发之，史称龟山论列之大为。辟王氏经学，排靖康和议，使邪说不得作。而元乃肆情丑诋，一为其辟王学，一则以龟山解官南旋侨寓于东林，与诸贤讲学者十有八年，是龟山者，东林之主也。故攻之不遗余力，意以吾能伺机其宗祖，则其后之善继善述者，皆在一网打尽中，其立意甚深，其用心甚险，

---

① 程朝仪：《叙言》，《颜学辩》，安徽官纸印刷局光绪十年（1884）铅印本，第1—2页。
② 程朝仪：《颜学辩》卷一，安徽官纸印刷局光绪十年（1884）铅印本，第15页。
③ 程朝仪：《颜学辩》卷一，安徽官纸印刷局光绪十年（1884）铅印本，第44页。

此真小人之尤者，使生天启崇祯时，为魏阉辈之爪牙，不知如何搏噬，吁可畏哉！①

实际上只要翻检颜元著作，就会发现他虽然同情王安石之遭遇，但并未对王氏新学多做发挥。而对于东林党人，颜元更是钦佩他们之为人和气节，虽就其空谈浮夸的学风颇有微词，但尚不至"肆情仇诋"，欲"一网打尽"的程度，故程朝仪的诸多言论皆为捕风捉影的不实之词。

综观三种态度，可知赞同者提倡颜李习行实学，并非如颜李弟子那般真心崇信，全盘接受，他们"不专宗颜"②，仅"以颜氏之说为用"③，对其进行选择性的吸收、改造，以期有资于社会变革；批评者中不乏对颜李学赞同之人，只是他们认识到其间有失偏颇、与时代主题扞格不合之处，特意进行商榷、修正；而排诋者则完全基于门户之见，感情胜过理智，敌视大过了解，故其论断非但无助于学说间的良性交流与发展，反而只会激化彼此间的分歧。

小　结

晚清戴望编撰《颜氏学记》，使得颜李学自此复兴。本来，戴氏表彰颜李学之初衷是借颜李批判程朱，以博得学术话语权；同时秉着"大旨期于有用"的目标来发挥颜李学中追求实用的内容，以期能挽

---

① 程朝仪:《颜学辩》卷一，安徽官纸印刷局光绪十年（1884）铅印本，第19页。
② 宋恕:《宋恕集》上，中华书局1993年版，第117页。
③ 宋恕:《宋恕集》上，中华书局1993年版，第117页。

救社会危机。孰料一石激起千层浪，《颜氏学记》问世之后，各种声音此起彼伏，无论赞同、批评，还是排诋，他们都参与到这场对颜李学的扬弃运动当中，从而使其离学说的本来面目越来越远，拉开了近代以来改造颜李学的大幕。是故颜李学自其复兴之始，便不纯然为一学术问题，其间所隐含的诸多意蕴在之后的发展过程中渐趋明显。

第二章
传播与阐释：晚清学人与颜李学研究的展开

戴望之《颜氏学记》，虽使颜李学于百年后重现人间，但就晚清该学说复兴之全程而言，戴氏此举仅可视为端绪。毕竟颜李学之复兴，牵扯甚多，是一个颇为复杂的过程。以往学界在研究该问题时，多从学者评价、社会反响及文献整理等角度入手剖析，而缺乏全景式的考察。其实颜李学在晚清的复兴，亦可看成是该学说再度传播之过程，究系是哪些知识群体在传播颜李学？颜李学在晚清的传播地域分布情形怎样？晚清颜李学之传播主要依靠何种途径？其传播效果较之清前中期颜李学派有何变化？在此传播过程中，颜李学中哪些主张得到强调与关注，颜元形象又因之产生了怎样的变化？回顾学界研究现状，以上问题皆尚未得到较好的解答[1]，故本章拟以学术传播与阐释为视角，对颜李学在晚清的复兴状况做一考察。

第一节 永嘉后学与颜李学之传播

晚清颜李学之复兴，虽颇为错综复杂，但并非无迹可寻，近代学人宋恕曾在赠予友人的诗作注释中写道："博野学说仅惟吾浙东浙西有一线之传"[2]，关于晚清颜李学是否真如宋恕所言仅在浙江一带传播[3]，可暂且不议。不过宋氏之说却揭示出一个情况：晚清浙江地区当

---

[1] 华中师范大学2008届博士生王春阳在其博士论文《颜李学的形成与传播研究》中，以一章的篇幅（第四章《颜李学的传播》）对颜李学派传播思想、传播方法与技巧、传播对象与范围、传播效果、传播中断等诸方面做了较为细致详尽的探讨，很有启发意义，惜其考察时段主要限于清前期，即颜李学派自身的传播过程，对晚清的传播仅从文献整理角度略做梳理，并不系统。故尚有继续研究之必要。
[2] 宋恕：《寿盐山贾星垣八十生日》，《宋恕集》下，中华书局1993年版，第881页。
[3] 宋恕为浙江平阳县人，从学术空间上而言属于浙东学派领域；而《颜氏学记》作者戴望为浙江德清人，则应归入浙西学派阵营。

为颜李学传播的重要区域。那崛起于北方的颜李之学缘何于晚清得以在浙江地区传播？这当从永嘉学派与颜李学派的学术取向上讲起。

一、同为事功之学

众所周知，永嘉学派是一个地域特征非常鲜明的学术派别[①]，其成员俱为温籍人士，主张事功之学，在南宋思想界独树一帜。按照学界较为公认的说法，开创永嘉事功之学的为薛季宣，"永嘉之学统远矣，其以程门袁氏之传为别派者，自艮斋薛文宪公始。艮斋之父，学于武夷，而艮斋又自成一家，亦人门之盛也。其学主礼乐制度，以求见之事功"[②]。薛氏之学"又得陈傅良继之，其徒益盛，此亦一时灿然学问之区也。然为考亭之徒所不喜，目之为功利之学"[③]。

薛、陈之后，叶适继起，他一面清算前辈学人学说中之道学残余，一面把永嘉事功之学发扬光大，全祖望曾评曰：

> 水心较止斋又稍晚出，其学始同而终异。永嘉功利之说，至水心始一洗之。然水心天资高，放言砭古人多过情，其自曾子、子思而下皆不免，不仅如象山之诋伊川也。要亦有卓然不经人道者，未可以方隅之见弃之。干、淳诸老既殁，学术之会，总为

[①] 永嘉学派并非一个纯粹的地域概念，而是一个学术称谓，不是所有永嘉地区的学者都可归为永嘉学派旗下。"永嘉学派"与"永嘉之学"自有其区别之处。前者专指以薛季宣、陈傅良、叶适为代表的事功之学，后者则泛指北宋以来所有永嘉籍学者的学说。
[②] 全祖望：《艮斋学案》，《宋元学案》卷五十二，沈善洪主编：《黄宗羲全集》第5册，浙江古籍出版社2005年版，第50页。
[③] 黄百家：《艮斋学案》，《宋元学案》卷五十二，沈善洪主编：《黄宗羲全集》第5册，浙江古籍出版社2005年版，第51页。

朱、陆两派，而水心龂龂其间，遂称鼎足。①

全氏之论，指出叶之学术与薛、陈二人"始同而终异"，可谓慧眼独具。不过由此认定"永嘉功利之说，至水心始一洗之"，则颇显武断。其实叶适并不排斥功利之学，反而正是他将事功之学系统化，为其提供了更为扎实深刻的理论基础，故叶实为永嘉学派之集大成者。

当然，本书既无意于对永嘉学派之来龙去脉做全盘追溯，亦不打算深入剖析其代表人物之学说。之所以对永嘉学派略做介绍，是要说明在学术取向上，该学派同以"三事三物"为核心的颜李学派多有类似之处，其学皆"以事功为首"②。尤其是叶适的诸多言论，同颜、李二人的不少主张甚为一致，不妨再用些笔墨，略做比较。

首先，二者皆对理学持批判态度。唐末以来，佛教与儒家之间的融合日益密切，不少学者虽力主排佛，但同时又不自觉地援佛入儒。时值南宋，佛教思想已深深渗透于儒家思想当中。对此，叶适有着清醒的认识，在批评二程的易学著述时，叶指出："余尝患浮屠氏之学至中国，而中国之人皆以其意立言，非其学能与中国相乱，而中国之人实自乱之也。今《传》之言《易》如此，则何以责夫异端者乎？"③理学人士思想实与佛老学说相通，确无资格指责对方为异端。叶适进而批评道：

　　按程氏（指程颢——笔者按）答张载论定性……皆老佛庄列常语也。程张攻斥老佛至深，然尽用其学而不自知者……嗟夫！未有自坐佛老病处，而揭其号曰"我固辨佛老以明圣人之

---

① 全祖望：《水心学案上》，《宋元学案》卷五十四，沈善洪主编：《黄宗羲全集》第5册，浙江古籍出版社2005年版，第106页。
② 张伯行：《论学》，《正谊堂文集》卷九，中华书局1985年版。
③ 叶适：《周易四》，《习学记言序目》卷四，中华书局1977年版，第46页。

道者"也。①

降至清初，理学诸弊端愈加明显，颜、李师徒二人对其之清算亦愈加深刻。在颜元看来，理学家所倡导的"主敬"或"主静"，实乃"假吾儒虚字面，做释氏实工夫"②，亦即"儒名实释"。对此现象，颜元曾有专论：

> 学佛者只是说，"不曾就身上做工夫，至伊川方教人身上做工夫"，所以谓"伊川偷佛说为己使"。吾尝谓"宋儒儒名而释实"，今观伊川真做佛家工夫，朱子真有"伊川偷佛说"之言，元幸不诬人矣；宋儒之灭孔道，非宋儒能灭孔道，实佛灭之。元之言又幸不诬道矣！③

其次，二者皆主张义利统一，反对重义轻利。义利之辨历来是我国古代思想史中的重要议题。叶适身为永嘉事功之学的代表，其观点自然与道学家相异，他在该问题上一贯主张："崇义以养利，隆礼以致力。"以此为基点，叶适对以下极端做法提出批评：

> 义理之是非在目前者常又不能守，而每以利害为去就，盖自古而然；而又有庸人执以为义理之所在非圣人不能择者，亦自古而然；二端，学者不可不谨察也。④

---

① 叶适：《皇朝文鉴四》，《习学记言序目》卷五十，中华书局1977年版，第751—752页。
② 颜元著，王星贤、张芥尘、郭征点校：《朱子语类评》，《颜元集》上，中华书局1987年版，第255页。
③ 颜元著，王星贤、张芥尘、郭征点校：《朱子语类评》，《颜元集》上，中华书局1987年版，第289—290页。
④ 叶适：《论语》，《习学记言序目》卷十三，中华书局1977年版，第184—185页。

趋利忘义，重义轻利，此二者皆不能将义与利统一起来。在叶看来，义利关系并非"自古而然"，人类社会经历了一个由野蛮到文明的过程，"天地之初，皆夷狄也，相攘相杀，以力自雄"。待圣人出现，"以身为德，感而化物，远近丕变，功成治定，择贤退处，不为己有，而忠信礼让之俗成矣"。因而"先人后己，徙义远利，必出于心之自然而明于理之不可悖"①。也正基于这种理想境界，叶适认为在古时义利是统一的："古人之称曰：'利，义之和'；其次曰：'义，利之本'；其后曰：'何必曰利？'然则虽和义犹不害其为纯义也；虽废利犹不害其为专利也，此古今之分也。"②可见，叶将义利二分的原因归咎于后世陋儒，其中董仲舒首当其冲：

"仁人正谊不谋利，明道不计功"，此语初看极好，细看全疏阔。古人以利与人而不自居其功，故道义光明。后世儒者行仲舒之论，既无功利，则道义者乃无用之虚语尔；然举者不能胜，行者不能至，而反以为诟于天下矣。③

将董仲舒和后世道学家的言论一并斥为"无用之虚语"，叶适可谓一语中的。

如果说叶适这种借古言今的手法略显温和、含蓄的话，那颜、李二人的主张则直面现实，毫不讳言其对功利的向往。对于被儒生奉为圭臬的"正其谊不谋其利，明其道不计其功"说，颜元极不赞同，写道：

---

① 叶适：《周书》，《习学记言序目》卷三十五，中华书局1977年版，第528页。
② 叶适：《左传二》，《习学记言序目》卷十一，中华书局1977年版，第155页。
③ 叶适：《汉书三》，《习学记言序目》卷二十三，中华书局1977年版，第324页。

> 以义为利，圣贤平正道理也。尧、舜"利用"，《尚书》明与"正德"、"厚生"并为三事。利贞，利用安身，利用刑人，无不利。利者，义之和也。《易》之言"利"更多。孟子极驳"利"字，恶夫掊克聚敛者耳。其实，义中之利，君子所贵也。后儒乃云"正其谊，不谋其利"，过矣！宋人喜道之，以文其空疏无用之学。予尝矫其偏，改云："正其谊以谋其利，明其道而计其功。"①

好一个"正其谊以谋其利，明其道而计其功"！将颜元义利统一的主张彰显无遗。

再次，对于科举制度，二者也皆不吝批判之词。叶适所生活的时代，科举制度尚处于其上升期，不过弊端已逐渐呈现出来。"科举之常法，不足以得天下之才，其偶然得之者，幸也。"② 这是他对科举制的总体评价。具体而言，叶适认为科举之法流弊有四：一是诱导士人专攻程文，因之文笔不佳；二是士人读书仅为获取功名，"力足以勉强于三日课试之文，则嚣嚣乎青紫之望盈其前，父兄以此督责，朋友以此劝励"③，致使他们陷入科举牢笼之中难以自拔；三是南宋科考制度规定各地有一定的"解额"，浙闽地区人才荟萃，名额紧张，相反江淮地区地旷人稀，名额宽松。为了提高命中率，许多浙闽士人不惜"奔走四方，或求门客，或冒亲戚，或趁籴纳"，长此以往，士风随之败坏，"假冒干请，无所不为"；四是按照规定，考中之后方可做官，但"本朝之法不然，其乡贡也，一取之而已；一取而不复弃其

---

① 颜元著，王星贤、张芥尘、郭征点校：《四书正误》卷一，《颜元集》上，中华书局1987年版，第163页。
② 叶适：《制科》，《叶适集》第3册，中华书局1961年版，第801页。
③ 叶适：《制科》，《叶适集》第3册，中华书局1961年版，第802页。

人,三十年之后,怜其无成,而亦命之官"①。于是官员愈来愈多,实乃"冗官冗员"问题之根源所在。

到了颜元那个时代,科举制已进入暮年,其弊端愈发显得严重。按颜所言:

> 天下人之入此帖括局也,自八九岁便咿唔,十余岁便习训诂,套袭构篇,终身不晓习行礼、义之事,至老不讲致君、泽民之道,且无一人不弱不病。灭儒道,坏人才,厄世运,害殆不可胜言也。②

> 天下尽八股,中何用乎? 故八股行而天下无学术,无学术则无政事,无政事则无治功,无治功则无升平矣。故八股之害,甚于焚坑。③

虽然洞悉科举之弊,颜元却已无法给出彻底解决的方案,仅是参考汉代察举与征辟制度,希望通过自下而上的层层推荐和渐次升擢,凭借官民共同考察的方式,以期获得真正的人才。颜元的想法虽好,但在当时的时代条件下,是无法推广实施的。

综上三点,可知以叶适为代表的永嘉学派的诸多学术主张同以颜元、李塨为首的颜李学派十分相近④,二者间有着继承与发展的内在关

---

① 叶适:《科举》,《叶适集》第3册,中华书局1961年版,第798页。
② 颜元著,王星贤、张芥尘、郭征点校:《颜习斋先生言行录》卷下第十五,《颜元集》下,中华书局1987年版,第678页。
③ 颜元著,王星贤、张芥尘、郭征点校:《颜习斋先生言行录》卷下第十九,《颜元集》下,中华书局1987年版,第691页。
④ 由于所处时代环境、个人知识结构、社会地位等方面差别,永嘉学派与颜李学派在一些问题上尚存在较大歧异,如何看待"封建"、王安石变法等方面,限于篇幅,不再赘述。

联①，无怪乎近代藏书家刘承干断定"宋薛艮斋先生以礼乐制度求见于事功，为朱子之徒所不喜，目为功利之学，即习斋之学所自出"②。这种追求事功的共同取向为晚清时期两种学术的融合提供了必要的学理基础。

二、存续永嘉与传播颜李

与颜李学的发展轨迹类似，永嘉学派亦经历了一个由盛至衰的过程。叶适之后，永嘉事功之学渐趋式微，"自元、明都燕，取士法陋，温复僻荒，至皇朝荒益甚"③。进入清代，其学更是晦而不彰，几近中绝。

---

① 颜元在其著作中，多有替永嘉、永康学者辩诬之处，如在《朱子语类评》中，朱熹批评永嘉诸公"多喜文中子，然只是小；他自知做孔子不得，见小家便悦而趋之"。颜元反驳道："咳！圣道之亡，只为先生辈贪大局，说大话，灭尽有用之学，而举世无一真德、真才矣。试问先生是学孔子乎？孔子岂是'半日静坐'、'半日读书'乎？"（颜元著，王星贤、张芥尘、郭征点校：《朱子语类评》，《颜元集》上，中华书局1987年版，第262页）朱熹曾批评吕祖谦、陈亮、陈傅良三家"打成一片"为"可怪"，颜元指出："三家打成一片，不惟有宋社稷生民之幸，亦五百年乾坤之幸矣。奈渠原是以禅宗为根本，以章句为工夫，以著述为事业，全不是帝、皇、王、霸路上人……宜乎致其师弟断绝，欲杀之，而并罪伯恭也。"（同上书，第265页）对于陆九渊等人，朱熹尚能容忍，"子静是禅，却成一个门户"。而对于永嘉学派，朱则径直视为异端："如叶正则说，只是要教人都晓不得，尝自一书来，言'世间有一般魁伟底道理，自不乱于三纲五常'，却是个甚么物事？也是乱道，也不说破。"颜元批曰："龙川、正则使碎心肺，朱子全不晓是甚么物事，予素况之'与夏虫语冰'，不益信乎？"（同上书，第266页）朱熹接着说："正则之说最误人，世间呆人都被他瞒。"颜元反戈一击道："仆谓人再呆不过你，被你瞒者更呆。元亦呆了三十年，方从你瓶中出得半头，略见得帝、皇、王、霸世界，尧、舜、周、孔派头，一回想在呆局中，几度推胸堕泪。"（同上）亦可知颜元对永嘉学派的学术思想并不陌生。较之叶适，颜元更为推崇陈亮，称其为"大圣贤"。这主要由于颜元性格豪迈，陈亮亦生性豪爽，言理慷慨激昂，极易于颜元心中产生共鸣。
② 刘承干：《颜氏学记后跋》，《吴兴丛书》，民国年间刻本。
③ 宋恕：《外舅孙止庵师学行略述》，《宋恕集》上，中华书局1993年版，第325页。

第二章　传播与阐释：晚清学人与颜李学研究的展开

道咸之际，内忧益剧，外患日亟，经世思潮涌动，士人们开始反思汉宋学术之流弊，寻求逆转颓势之道。作为永嘉学派发源地的温州，以孙衣言①、孙锵鸣②、孙诒让③、宋恕④等为代表的永嘉后学开始整理先贤文献，倡扬事功之学，以期借助复兴永嘉学术来平汉宋之畛域，挽清廷之危局。对此，孙衣言有过明确表述：

> 今国家功德之隆，施泽之厚，度越汉唐，远非宋氏所及，独学术缴绕褊隘，似有逊焉。咸丰、同治以来，削平大盗，抚纳远人，一时材能之士因事会以就功名，遽欲任其私智以治天下，其意以为古人之法不可复施于今，顾反诔于奇邪怪诞之术，趋和风靡，举世骚然，未知所届。而言六艺者乃徒鹜于文字之末、器数之微，从自弊其聪明材力之所能为，一旦试之于事，则所谓是非得失之切于一身者犹未能决其所从，又何以与于天下之事哉？故尝谓今日之务以学术为急，尤以胡氏为切要，而永嘉之学实于胡氏为一家言。⑤

---

① 孙衣言（1814—1894），字劭闻，号琴西，晚号逊坡、逊学老人。道光三十年（1850）进士，翰林院编修，历任上书房侍讲、安徽按察使、江宁布政使等职。晚年居乡授徒，倡导永嘉经制之学。
② 孙锵鸣（1817—1901），衣言弟，字韶甫，号蕖田，晚号止庵。道光二十一年（1841）进士，翰林院编修，历任广西学政、侍读左右庶子、侍读学士等职。任官期间，孙忧国忧民，曾上书弹劾庸臣穆彰阿，后因遭人诬陷，被"勒令致仕"。卸职后，孙锵鸣先是四处讲学，后回归名梓，与其兄一道致力于复兴永嘉学。
③ 孙诒让（1848—1908），衣言子，字仲容，号籀庼居士。同治六年（1867）举人，光绪元年（1875）官刑部主事，甫五月，即辞官归，家居三十余载，潜心撰述，著作等身，乃晚清朴学宗师，也是戊戌时期的维新人物。
④ 宋恕（1862—1910），原名存礼，字燕生，后改名恕，字平子，号六斋，晚年复改名衡，浙江平阳人。近代著名启蒙思想家。著有《六字课斋津谈》《六字课斋卑议》《国粹论》等。
⑤ 孙衣言撰，张如元校笺：《瓯海轶闻》上，上海社会科学院出版社2005年版，第2页。

正是怀此初衷,孙氏兄弟与膝下门生们一道"务求为有体有用之学"①,"欲综汉宋之长而通其区畛"②。不过,彼时之学界,无论是汉学,还是宋学,依然拥有强大的话语权,永嘉学术同二者旨趣不同,自然倍受漠视与排挤,故复兴前景并不乐观。宋恕指出:

> 至国朝嘉、道间,而我外舅止庵先生与先外伯舅琴西先生起瑞安孙氏学。经史百家师陈、叶,为文雄秀朴茂,语不后宋。识者谓逼陈、叶。然世方惑邪阮李,崇浮徐庾,束《左》、《马》,外《孟》、《庄》;或圣方、姚,哲管、梅,谓陈、叶不入茅《选》,桐城不道永嘉。势应利求,党同伐异,交抑二先生,使名勿赫。③

那如何才能突出汉宋学垄断之重围,将事功之学发扬光大?反复思虑斟酌后,孙氏兄弟开始从明清之际思想家的著作中寻求资源,以作为其复兴永嘉学的补充与奥援。尤其是孙锵鸣,他"寻往哲之坠绪,质当代之通儒,以史学为己任而充之于事功,卓乎不可及……其教人也,因质施术,不强一途。四十年间所掌书院曰姑苏之正谊,曰金陵之钟山、惜阴,曰沪渎之龙门、求志。先生仰承黄万,旁及颜李,不袭理学之陈言,不蹈训诂之剿说,至其为教,并及西书,而种痘缠足之积习,遍于闾阎,风俗为之小变。仍是永嘉之学派,小用则小效也"④。颜李学因之进入孙的视野之中。

---

① 孙锵鸣:《〈钟山书院课艺〉序》,《孙锵鸣集》上,上海社会科学院出版社2003年版,第31页。
② 孙诒让:《艮斋〈浪语集〉后叙》,张宪文辑:《孙诒让遗文辑存》,浙江人民出版社1990年版,第33页。
③ 宋恕:《外舅夫子瑞安孙止庵先生八十寿诗序》,《宋恕集》上,中华书局1993年版,第245页。
④ 缪荃孙:《清故侍郎衔翰林院侍读学士孙先生墓碑》,《艺风堂文漫存》乙丁稿卷二,第1—2页。

饶有趣味的是，孙氏兄弟得以一睹颜李学之大概，乃是通过戴望引介。1864 年，"官军复湖州，君（指戴望——笔者按）来省其祖父之墓，复与相见。已而旅食苏州。至江宁寓屋火猝发，墙圮，幸不死。曾文正公闻其名，悯之，始延之校所刻书"①。此后数年，戴望始终于书局任职，直至病故。时值孙衣言在金陵任职，其子孙诒让亦随父于此问学，遂与戴结识，并往来甚密。② 这在《张文虎日记》中多有体现：

> 同治九年二月四日（1870 年 3 月 5 日）　孙琴西招夜饮，同席唐端甫、刘叔俛、戴子高、汪仲仪、陈绍先。
> 十二月廿三日（1871 年 2 月 12 日）　孙琴老、薛慰老以东坡生日诗来，用翁覃溪题像七律韵，因与端甫、季梅、子高同和之。

---

① 施补华：《戴君墓表》，戴望著，江西赵之谦辑：《谪麐堂遗集》，光绪元年（1875）刻本，第 2 页。
② 据《孙衣言孙诒让父子年谱》载，同治七年（1868）十一月，"诒让由家乡去金陵，随侍乃父衣言。时江宁设有官书局，于冶城山之东北隅修葺'飞霞阁'，为勘书之庐，与其事者皆四方硕彦之士，若张啸山、戴子高、仪征刘北山及其子恭甫、宝应刘叔俛、海宁唐端夫辈，朱墨之余咸耽文咏。而周缦云、莫子偲及武昌张濂亭亦来客金陵。江宁宿儒汪梅岑方自鄂归，授徒讲学。衣言官事之余，偕诒让从诸先生游，相与议论为文章，或宴饮歌诗为笑乐，诒让因得识诸先生。子高之学得其外祖郑堂周先生之传，又尝请业于陈硕甫先生，从宋于庭先生受《公羊春秋》……"（孙延钊撰，徐和雍、周立人整理：《孙衣言孙诒让父子年谱》，《温州文献丛书》第 1 辑，上海社会科学院出版社 2003 年版，第 84—85 页）而另据宋恕所记，孙诒让俨然为金陵文人圈中之耀眼明星："当是时，大学士曾国藩以勋爵镇金陵，雅好文学，甫息兵则设书局，罗海内名流，赋校刊之禄，士多归之。逊学先生夙负重望，复出曾门，而同声相应如欧阳、苏氏，故士之愿识曾公者皆兼识先生。居士弱龄驰斐然誉，故士之愿识逊学先生者兼愿兼识居士，居士因得广识海内名流。当是时，海内治《诗》者有陈先生奂，治《礼》者有黄先生以周，治《春秋》者有戴先生望，治数术者有李先生善兰……诸先生大抵于居士以父执行，年长远甚，其中一二为夷行，然年亦皆长于居士。诸先生意气皆不可一世，或不读唐以后书，或惓惓于宋、明季之文献，或兼嗜《内典》，或锐欲输入西洋政法，其学派亦不甚同源，然多折节与居士为忘年交。其一二未得识者往往自憾也。"（宋恕：《籀廎居士行年六十寿诗序》，《宋恕集》上，中华书局 1993 年版，第 418—419 页）以上二说是否有过誉之嫌，可抛开不谈，至少孙氏父子同戴望的交往是不争的事实。

同治十一年正月廿日（1872年2月28日）孙琴老招同汪梅岑、杨朴庵、赵季梅、吴莘农、薛叔芸、戴子高、唐端甫、庄守斋、刘恭甫集莫愁湖妙岩庵祝白太傅生日。①
……

戴望毕生追求经世致用，自然对孙氏父子所宣扬的永嘉事功之学颇有好感。戴曾致信孙衣言，称："望意以为南宋儒者，实推永嘉为最，上不淆于心性之空言，下不杂以永康之功利，非建安、金溪所得而盖之也。项先生傅霖云：'永嘉之学，超于宋而不为空谈，方之汉而少其附会。'知言哉！敬述所闻，以质长者。"②孙衣言自然将戴引为知音："子高极推重永嘉学人，大可感。某欲略考永嘉学派，苦于俭陋，幸属子高为一搜讨，晚宋、元、明以来，有非永嘉人而私淑郑、陈、蔡、薛者，尤可贵也。"③正因彼此旨趣相近，孙氏父子对戴望编辑《颜氏学记》一事亦颇为关注。逮是书刻成后，戴将《学记》赠予二人应是在情理之中。后孙锵鸣又于切磋辩难时从其兄处得窥该书，看后甚是服膺，于是颜李学在永嘉后学中的传播由此展开。

较之孙衣言，孙锵鸣传播颜李学的力度更大。他将《学记》作为其开馆授徒的必读书目之一，详加论说。"先生伤废史之祸烈，慨然独寻黄、万、邵、章、全之坠绪，以永嘉往哲之旨为归……其于群经诸子，亦以治史余力兼治。……初，德清戴子高先生最好黄余姚之《待访录》及北方颜李学说，先生亦最慕余姚，曾求《待访录》椠本

---

① 张文虎著，陈大康整理：《张文虎日记》，上海书店出版社2001年版，第212、243、269页。
② 孙延钊撰，徐和雍、周立人整理：《孙衣言孙诒让父子年谱》，《温州文献丛书》第1辑，上海社会科学院出版社2003年版，第64页。
③ 孙延钊撰，徐和雍、周立人整理：《孙衣言孙诒让父子年谱》，《温州文献丛书》第1辑，上海社会科学院出版社2003年版，第64页。

不可得，则多方转假，手自精写，置于家塾，《待访录》入温自此始。又曾授恕以戴先生所编之《颜氏学记》。其他如吴顾氏绛、冯氏桂芬、湘王夫之、魏氏源等之著亦时时称道……"①在孙的教诲之下，其弟子宋恕、陈黻宸、陈虬诸辈颇受颜李学之浸染，成为传播该学说的生力军。他们通过访学、任教等途径，使颜李学传往他地，不再限于温州一带。如宋恕在沪上结识钱恂②、孙宝瑄③、贵林④等人，向其极力推荐《颜氏学记》一书。孙读后很是叹服，认为颜氏之学"洞知本原"⑤。光绪三十一年（1905），宋恕出任山东学务处议员，他不仅在当地表彰颜李学，并拟重刻《颜氏学记》，他上书时任山东巡抚的杨士骧："咨请两江、四川督宪采送刊本来京，发局翻印多部，通饬全省官幕绅士及各学堂管理员、教员购阅，以广流传而邮粹化，则学界幸甚！中国幸甚！"⑥而永嘉后学的另一代表人物陈黻宸则经常在外出讲学时对颜李学大加赞扬。1908年，黄节邀请陈黻宸讲学于广东南武公学，在此次讲学期间，陈对颜李学做了重点评介，并向数百名听众号召"今之世倡颜氏之学尤亟"⑦。此外，有"朴学殿军"之称的孙诒让，也不忘于交游之余向同道推荐《颜氏学记》。如谭献虽为戴望生前友人，却

---

① 宋恕：《外舅孙止庵师学行略述》，《宋恕集》上，中华书局1993年版，第326页。
② 宋恕曾致函钱恂，言："恕论国朝人著述，以黄梨洲《明夷待访录》为最，颜习斋《四存编》次之。近德清戴子高极力表章颜氏，撰有《颜氏学记》刊行，惜坊间流传不盛。颜氏之说未能搥碎三代，然其抉汉、宋俗儒祸民之弊，可谓痛切十分。原板闻在金陵，望先生力为流传，以继乡里前哲之志，至嘱至嘱！"（宋恕：《致钱念劬书》，《宋恕集》上，中华书局1993年版，第536—537页）
③ 据孙宝瑄回忆："乙未之春，宝瑄自燕移家于吴滨海之春申浦，始获与平阳宋先生相遇。"（孙宝瑄：《〈六斋有韵文集〉序》，《宋恕集》下，中华书局1993年版，第1078页）
④ 宋恕与贵林曾在书信中多次讨论颜李学诸问题，如宋致贵信，称："《万国史记》、《颜氏学记》皆是极好书。阁下能不厌百回读，见解自必日新月异矣！"（宋恕：《致贵翰香书》，《宋恕集》上，中华书局1993年版，第539页）
⑤ 孙宝瑄：《忘山庐日记》上，上海古籍出版社1983年版，第73页。
⑥ 宋恕：《表章〈潜书〉等先哲晦著禀》，《宋恕集》上，中华书局1993年版，第403页。
⑦ 陈黻宸：《南武书院讲学录》，《陈黻宸集》上，中华书局1995年版，第641页。

无缘拜读颜李著作。1880年暮春,"孙仲容同年以亡友戴子高所辑《颜氏学记》见赠"①。谭终于得以系统了解颜李学,发出"习斋先生命世大儒"②的感慨。

在传播内容上,宋恕等人也与孙锵鸣有了明显不同。他们将颜李学融入个人的学说主张之中,并利用所了解的西学知识来阐释颜李学。如在批判宋明理学方面,永嘉后学对颜李学说多有借鉴。在宋恕看来,程、朱"好为高论。夫精疲于虚,则虑疏于实,故治心之语,诚极渊微,而经世之谈,率多窒碍"。唯有"习斋颜氏,援古深讥,虽或过当,良具特识"③。陈黻宸亦认为"颜易直于程朱之学亦几深恶痛疾,贬斥至无余地矣"④。由于他们对西学已有一定了解,故亦用西学来比附解释颜李学。宋恕即认定"今西方诸国,竞修政教,美举时闻,新学日辟,遂使六书之用,让广于右行,三氏之化,避灵于天主,术士推其运隆,壮夫引为己耻。然观其学校之制,于颜先生之意为近"⑤。孙宝瑄亦感觉颜元之意"已窥见今日泰西学校之本"⑥。由此可见,较之前辈,宋恕等人对颜李学的认识有了进一步的发展,颜李学的学术内涵亦随之发生衍变与增值。

不过,作为永嘉后学,宋恕等人虽然推崇颜李学,但他们仍以复兴永嘉学术、宣扬启蒙思想为己任,对颜李学的态度尚未如颜李及其门人那般信奉,他们更多是从研究的角度来考察颜李学,诚如宋恕所言:"宋恕年十九,受大儒颜习斋氏之书于外舅止庵先生。止庵先生

---

① 谭献:《复堂日记》,河北教育出版社2000年版,第89页。
② 谭献:《复堂日记》,河北教育出版社2000年版,第91页。
③ 宋恕:《宋学章第八》,《六字课斋卑议(初稿)·才难篇》,《宋恕集》上,中华书局1993年版,第10—11页。
④ 陈黻宸:《南武书院讲学录》,《陈黻宸集》上,中华书局1995年版,第644页。
⑤ 宋恕:《莫非师也斋六字课言》,《宋恕集》上,中华书局1993年版,第186页。
⑥ 孙宝瑄:《忘山庐日记》上,上海古籍出版社1983年版,第74页。

第二章 传播与阐释：晚清学人与颜李学研究的展开

兼治百氏，不专宗颜，宋恕亦兼治百氏，不专宗颜。"① 故他们能够较为客观全面地看待颜李学说，并对其不足提出各自看法。宋恕便十分含蓄地指出颜元将汉宋学一并批倒的做法"或过当"②，"未窥洙泗微言"③。陈黻宸则一针见血地指出颜李学"弊在废书"。并进而论道："夫自今圣人不作，师门无口耳之传，独存此残篇短幅以留于后，以遗诸人，而三代之下，有志之士往往格于当世之禁网，温温无所试于世，因托诸书以传之。空谷荒江，古人可作，此岂得以空言无用为其人咎欤？抑令世运代迁，人亡书绝，后死者不得闻其一言，见其一行，今人不读《虞书》，则不知古有六府三事之说，不读《周礼》，则不知古之有乡三物之教，抑不读易直氏之书，并不知有为唐虞六府三事、《周礼》乡三物之说之有颜氏矣。……读书且未足为学，况不读书乎！"④

总体而言，永嘉后学对于颜李学之传播，主要属于人际传播的类型。人际传播是指"个人与个人之间互通信息、交流思想感情的社会行为"⑤。它主要借助面对面的交谈、讨论等直接途径和一方寄给一方信函、著作等间接途径来完成。人际传播的优势在于可用双重手段使受众的全部感官得到刺激，并且其信息交流性强，反馈也快速便捷；然而其劣势亦很明显，即单靠个人传播的方式毕竟覆盖面较窄，局限了学术传播的广度与深度。永嘉后学在传播颜李学中便存在该问题，虽然宋恕、陈黻宸、孙诒让等人将颜李学说带到了上海、山东、广东、福建等地，但毕竟影响力有限，只有同其当面接触或有信牍往来

---

① 宋恕：《自叙印行缘起》，《六字课斋卑议（印本）》，《宋恕集》上，中华书局1993年版，第117页。
② 宋恕：《莫非师也斋六字课言》，《宋恕集》上，中华书局1993年版，第186页。
③ 宋恕：《六字课斋津谈·九流百氏类第十一》，《宋恕集》上，中华书局1993年版，第88—89页。
④ 陈黻宸：《南武书院讲学录》，《陈黻宸集》上，中华书局1995年版，第650—651页。
⑤ 戴元光、金冠军主编：《传播学通论》，上海交通大学出版社2000年版，第66页。

者能了解到颜李学的情况，并不能对广大知识阶层产生太大影响。不过，永嘉后学的传播行为毕竟使得颜李学为更多的士人所知，对今后的传播提供了很好的条件。为了更直观地反映这一传播过程，笔者特做一简图加以呈现：

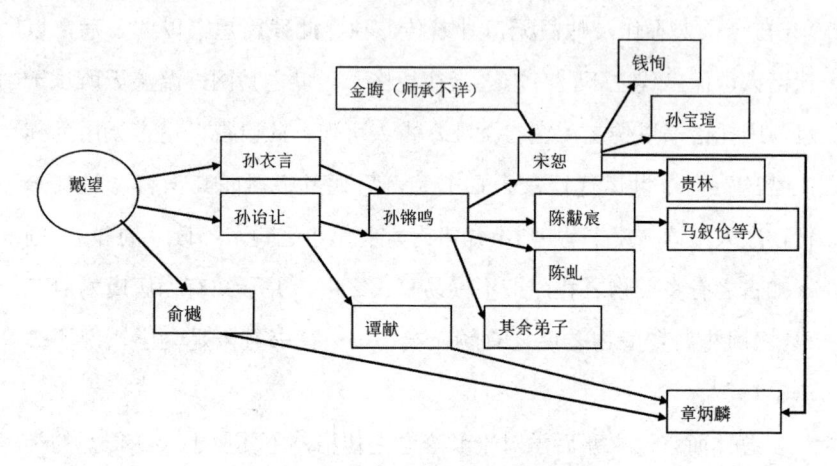

图 2—1　永嘉后学传播颜李学简图

注 1：戴望是传播源头。

注 2：俞樾同戴望在金陵学术往还甚频①，其对戴所宣传的颜李学当有了解。

注 3：金晦，原名金明昌，字稚莲，晚年改名晦，字遯斋。在宋恕师从孙锵鸣之前，曾告知宋关于颜李学的内容。②

注 4：章炳麟则相对复杂一些。他先师从俞樾，后又曾赴谭献处求学，在沪上与宋恕往来密切，故他对颜李学的了解应与这三人有关。

---

① 在题记戴望《梦隐图》时，俞樾曾提及"子高茂才博闻强识，古训是式，余著《群经平议》，每与商定，甚有裨益"（《戴子高梦隐图》，《神州国光社集外增刊》之三十二，上海神州国光社宣统元年［1909］己酉三月初五日出版），可见二人交情甚笃。

② 宋恕年值"十七，识同郡金遯斋先生，识知有所谓颜习斋氏、顾亭林氏之学"。参见宋恕：《六字课斋卑议（初稿）自叙》，《宋恕集》上，中华书局 1993 年版，第 39 页。

第二节　整理与扬弃：河北地区的颜李学传播

在南方永嘉后学逐渐将颜李学传播开来的同时，作为其学说发源地的河北地区，有无学者也已开始倡扬此学呢？细数当今学界研究状况，学人们大多沿用清末民初刘师培、梁启超等人的结论，一致将复兴颜李学的殊荣授予戴望及后来的一批南方学人，如张舜徽指出"戴氏本着阐幽表微的心意，将颜李遗言择要摘抄一遍，介绍给全社会，这在当时，是一件极有意义的工作。后来学者们知道重视颜李之学，大都是从戴氏书中受到启示的"[1]。陈居渊亦认为"戴望率先编撰《颜氏学记》，表彰清初学者颜元的学术思想，企图为当时学者提供值得效法的前辈楷模"[2]。是否真如学者所论，晚清北方学界对颜李之学依旧不闻不问？笔者曾于本章开篇提及宋恕的一首诗做注释，其实并未引用完整，全文如下：

> 博野学说近惟吾浙东西有一线之传。衡甫至历下，即笺请开府泗州杨公力任表章，方以得请为斯道庆，不意贾子乃能寻其乡先哲之坠绪，河朔于是复有人矣！[3]

宋恕于此又提供一条线索：河北地区有"贾子"能承接绝学。此"贾子"便是近代著名方志学家贾恩绂。那贾恩绂所研读的颜李著作又从

---

[1] 张舜徽：《清儒学记》（自序），华中师范大学出版社2005年版，第3页。
[2] 陈居渊：《略论晚清学术界的尊颜与反颜之争》，《河北学刊》1997年第1期。
[3] 宋恕：《寿盐山贾星垣八十生日》，《宋恕集》下，中华书局1993年版，第881页。诗作全文为："百年博野师传绝，河朔何图复有人！白发高堂乐奚似？佳儿著论足千春！"

何而来？这当从王灏的《畿辅丛书》谈起。

一、王灏与《颜李遗书》

王灏（1820—1880），字文泉，号坦圃，河北定州西关人。他"躯干魁梧，性英迈开敏，读书不事章句，尤笃嗜宋元明清儒者之书，以身体力行为主。咸丰二年举于乡，一再赴礼部试，辄弃去，以时文帖括不足为世用，益研究明体达用之学，以宏济生民为己任。灏故豪于赀，拯人之急，一如己事，全州之人倚若长城。三年粤匪出山西，逼近临洺关，出家财治团练。贼东北踞深州，灏率骁卒御诸 城之濠庄镇，获贼手刃之。直隶总督讷尔经额过定州，见之叹曰：'有灏在，冀南吾无虑也！'"[①]王氏家境殷实，故"轻财好义，能为人所不能为，而尤喜收集书籍，己所无，必求之，不较值。人以异书至，酬之辄过当。闻有善本，使人赍重金，不远千里必得而后已"[②]。经过多年的辛勤搜辑，他所藏四部之书，"都万二百十八种，悉标题板本及校刻年月注于各目之下。善本以锦为帙，其尤者制以箧笥置密室，余则丛插架上，堂室皆满。又搜辑名人字迹，金石拓本千余种"[③]。

幽冀地区自古为人文荟萃之地，然而"由秦汉迄今，代有作者而高文鸿册往往散佚不传"，"其书或佚或存，而见于四库总目者，固班班可考，四库未收及出于乾嘉以后者又屡见，顾以时局艰难，士溺科

---

① 徐世昌主纂：《王灏》，师儒第六，《大清畿辅先哲传》第十五卷，天津徐氏刊印，中国国家图书馆馆藏，第31—32页。
② 徐世昌主纂：《王灏》，师儒第六，《大清畿辅先哲传》第十五卷，天津徐氏刊印，中国国家图书馆馆藏，第32—33页。
③ 徐世昌主纂：《王灏》，师儒第六，《大清畿辅先哲传》第十五卷，天津徐氏刊印，中国国家图书馆馆藏，第33页。

第二章　传播与阐释：晚清学人与颜李学研究的展开

举，习尚日靡，古籍沦亡，非有人焉荟萃而刊布之，不惟前人述作渐至失传，后有学者将何所资以见道？"① 于是王灏欲仿效明清藏书名家汲古阁毛氏、知不足斋鲍氏，决心刊刻《畿辅丛书》。据《定县志》载，王灏"穷搜境以内二千余载名贤遗籍，博延方闻缀学之士，校雠编订，汇为一编，其零篇碎牍，不能成书者，更为《畿辅文征》，以附其后。历十余年，费金百万，合肥相国李鸿章以'畿南文献'榜其门，一时学者仰之如泰斗"②。缪荃孙称是丛书"实为有功先贤，嘉惠后学"，"格既清朗，字少讹夺，与钱塘丁氏所刻武进掌故丛编，往哲遗书相□，北地更为罕见矣！"③

因王灏"好谈义理，不喜词章考据之学"④，同时又"无门户之见，尝谓自汉宋之学既分，后世学者或专执一说，笃守而不易，而宋学之末，又分为程朱陆王之学，入主出奴，互相庇诟，自博野颜习斋先生出，乃蔑弃一切，一返之躬行实践，至蠡县李恕谷益昌言之，直欲跻之尼山之次，然揆诸往者，数家之说厥弊维均，惟实事求是可以救末流之弊，亦吾乡豪杰之士也"⑤。所以他对颜李学派著作竭力搜讨，精心编修，"故甄采其书独多于他籍。盖欲以挽当时学者空虚无用之弊而返之实行也"⑥。综合《畿辅丛书初编》和《畿辅丛书目录》二书，王灏收集颜李学派著作共计二十种，详目如表2—1：

---

① 黄彭年：《序》，王灏编：《畿辅丛书目录》，清末刻本，中国国家图书馆馆藏，第1页。
② 《名绩·王灏》，《文献志人物篇》卷十三，何其章修，贾恩绂主纂：《定县志》，1934年版，第24页。
③ 缪荃孙：《序》，王灏编：《畿辅丛书初编》，1913年版，第1页。
④ 王树楠：《陶庐老人随年录》，中华书局2007年版，第24页。不过由于王树楠治学乃纯粹乾嘉路径，故对王灏的编纂方法颇有微词，认为"应刊之书若通州雷氏父子、河间苗先簏未刻诸作，皆束之高阁，而人所习见《春秋繁露》、《广雅》、《大戴礼》诸书，既非古本而首先付梓，可谓不善择矣"。
⑤ 徐世昌主纂：《王灏》，师儒第六，《大清畿辅先哲传》第十五卷，天津徐氏刊印，中国国家图书馆馆藏，第33页。
⑥ 《名绩·王灏》，《文献志人物篇》卷十三，何其章修，贾恩绂主纂：《定县志》，1934年版，第25页。

表 2—1　王灝收集颜李学派著作表

书名	作者	卷数	备注
《习斋记余》	颜元	十卷	有目　乾隆十五年钟錂序
《存人编》	颜元	四卷	
《存性编》	颜元	二卷	
《存治编》	颜元	一卷	蠡县李塨序
《存学编》	颜元	四卷	有目　康熙丙子北平郭金城序
《言行录》	颜元	二卷	钟錂纂　有凡例叙略目录
《辟异录》	颜元	二卷	钟錂纂　有序目
《年谱》	颜元	二卷	李塨纂王源订　有凡例 康熙丁亥张璋跋又郑知芳跋
《圣经学规纂》	李塨	二卷	有自序目录
《论学》	李塨	二卷	
《小学稽业》	李塨	五卷	有自序目录
《大学辨业》	李塨	四卷	有自序题词凡例目录
《学礼》	李塨	五卷	
《学射录》	李塨	二卷	
《阅史郤视》	李塨	四卷续一卷	德州孙勷跋石门吴涵跋
《拟太平策》	李塨	七卷	有自序
《恕谷后集》	李塨	十三卷	雍正丙午阎镐序有目　光绪七年王灝跋
《评乙古文》	李塨	一卷	有自序
《平书订》	李塨	十四卷	有目录
《居业堂文集》	王源	二十卷	叙传一卷

《丛书》共收颜元著作八种二十七卷，李塨著作十一种六十四卷，王源著作一种二十卷，共计一百一十一卷。后来定州王氏又将颜李二人著作拿出，合为一书，单独出版，即《颜李遗书》。

与《颜氏学记》学案体的编纂方式不同，王灝所编纂的《颜李遗书》规模宏大，搜罗齐全，对颜李著作几无删改，故保留了其学说之原貌。此举应可视作近代以来第一次对颜李文献的系统整理。并且从时间上来看，《颜李遗书》编纂时间与《颜氏学记》大致同步，所以若将戴望视为南方整理颜李学著作之发起人，那北方的发起人非王灝莫属。

也正是这套大部头的《颜李遗书》，使得彼时河北学人得以再次看到颜李事功之学的作品，为他们研究、阐发乡贤之学提供了资料来源。同时亦为民国年间以徐世昌为首的四存学会诸人尊崇颜李学准备了文献基础。

二、贾恩绂与《定武学记》

王灏所编《颜李遗书》刊布后，河北学人逐渐开始关注先贤颜元、李塨的学行，于是颜李学在畿辅地区传播开来。由于史料所限，晚清颜李学在北方的传播大貌尚不清楚，但确有一批学者已开始研究颜李学术，并择其精华，纳入己之学说当中。其中比较有代表性的学人与著作便属贾恩绂和他的《定武学记》。

贾恩绂（1866—1948），字佩卿，号河北男子，河北盐山人，近代著名方志学家。贾恩绂于1890年入保定莲池书院读书，师事桐城派学者吴汝纶。贾恩绂后于1893年中光绪癸巳恩科举人。1898年康有为在京联合各地举子公车上书，贾恩绂是签名者之一。贾恩绂曾先后主讲于梗阳书院、定武书院及贵胄学堂，并担任过直隶通志局总纂、北京政府财政部盐法志总纂、临时政府顾问、东方文化事业总委员会委员等职。贾著述颇丰，已刊行者有《直隶通志》《导河一得》《盐山新志》《心灵探源》《定县志》《定武学记》《水经注纠谬》《南宫县志》等。另外贾尚有未刊诗集、文集、日记、年谱等著作17种，40册，名为《思易草庐诗稿》《思易草庐文稿》《思易草庐日记》和《思易草庐年谱》，现存于河北省图书馆。[①] 至于《定武学记》，其

---

① 关于贾恩绂生平更为详尽的介绍，可参看河北师范大学文学学院吴秀华老师的《贾恩绂〈年谱〉》一文（吴秀华：《贾恩绂〈年谱〉》，安徽省桐城派研究会主办：《桐城派研究》2007年第9、10期合刊，第107—112页）。

实是贾恩绂"于前清光绪壬寅年（1902）主讲定武中学时之一部分讲演词也"①。由其弟子米逢吉整理，分上下两篇，上篇题为"说学"，共17节②，下篇题为"说行"，共9节③。此书先于1906年由山东官印书局付印，后由米逢吉于1928年重刊，即本文所据版本。

细检《定武学记》一书，贾恩绂在继承前贤思想和吸收西学知识的基础之上，融会贯通，形成了自己的一套经世学说④，主要包括四个方面。第一，"即学即行，即行即学，二者未尝分途"。知行关系一直是儒家学者们关注的重点。宋明以来，程朱理学主张知先于行，其结果便是不务躬行；王阳明则强调知行合一，但其学说易导致混知为行，故王门后学多流于袖手空谈。知行之辩到颜元时有了新的发展，他提出了"见理于事"、"寓知于行"的知行观，强调实践的重要性，指出"见理已明而不能处事者多矣，有宋诸先生便谓还是见理不明，只教人明理。孔子则只教人习事，迨见理于事，则已彻上彻下矣。此

---

① 米逢吉：《〈定武学记〉跋》，《定武学记》，中华报社1928年刻本。
② "说学"各节具体名称为：一、亘古学问径涂不外经世，其余尽为枝叶；二、孔子为修己以救世之教，曾子独得修己一派，而救世之学迄今尚晦；三、本朝最尚之汉学多无用，专为窃取声闻之具；四、凡讲性命之微者皆曾学，而非孔学，为孔学之支流；五、汉学又为理学之骈枝，而流派反与宋学为对峙；六、戒惧慎独为曾学，非孔子所授，在孔门为小乘；七、《论语》为专重修己之书，后世儒家流弊多源此书；八、词章之学为世之宝玩，在学问中为美术；九、汉学词章学亦不宜抹杀，适用处当采；十、曾卜学术适为秦汉后专制政体利用之资，故其传弥盛；十一、四子六经号为道理渊海而不能综贯，若为教科而设，似宜另为编订；十二、中史无利用善本；十三、学问除求知外别无工夫；十四、进化哲理不可不通；十五、计学为兴国第一智慧；十六、西学以物质诸科学为最亟，政治学次之；十七、初学以节录类辑各手册为入门根柢。
③ "说行"各节具体名称为：一、人生除利己利人外别无他道；二、利己为人人分内应为之事，修己家分利义为对待，令人莫敢言利，而风俗益偷，是为大谬；三、修己家以黄老无为之道为儒教正宗，是为大谬；四、益世之外无圣贤；五、独善其身是人生第一大罪恶；六、穷达皆足益世，有大小之判耳；七、希望冒险进取为万事根基，无之必殃及君国；八、读书者在生计学中为分利之人，当求益世以赎分利蠹世之咎；九、欲为圣贤豪杰，当以破除习染为下手工夫。
④ 宋恕并认为贾恩绂《学记》中的不少观点"实多得前哲深处"。参见贾恩绂：《贾恩绂来书》，载宋恕：《宋恕集》上，中华书局1993年版，第626页。

孔子之学与程、朱之学所由分也"①。虽然颜氏的知行观不免有经验主义的倾向，但对人们认识宋明理学之弊端起到很好的指示作用。贾恩绂正是深感颜李学在知行观上的积极意义，在开篇绪言中即对学界"学行分途"的现象提出尖锐批评：

> 吾人读书不外学行两端，此尽人所知也。虽然古之所为学行实与今异，古人即学即行，即行即学，二者未尝分途，观《周礼》以三物为宾兴，六艺即其学，六德六行即其行，不接一物安所得仁义中和之名？不任万事安得有睦姻任恤之号？所谓礼乐非德育乎？所谓射御非体育乎？所谓书数非智育乎？舍此三物安得更有读书乎？吾乡颜习斋、李刚主之徒独标三物之说，一扫宋儒静敬等说，真千年一见之豪杰也。斯文不幸，为方望溪等所摧锄净尽……盖自曾卜传统而学行分途之风以基，宋儒出而自了汉之道德愈倡而愈尊，其致用遂愈狭而愈谬，驯至今日，其说已深渍于人心，以办事为非分，以不办事为高尚，遇有慷慨自任者出，不惟莫慰其劳，反为世所讪笑。劳而受谤，其孰不奉为殷鉴，趋避恐后，然则凡世之号为君子者，皆畏事矣。天下事将安归乎？其舍小人而他无可归，无疑也。……噫！学术沿为风俗，至养成此不公不群之世界，已可哀已。而又不幸与讲公讲群者遇，相形见绌，至不得不为之牛马，为之奴隶，其可哀更何如也？深究其故，实以学行分途为受祸之始。夫学本为行而设，行而未能故先学焉，一而二，二而一者也，故欲正今日之人心风俗，必先正夫学术，欲正学术先破学行分途之谬见……②

---

① 颜元著，王星贤、张芥尘、郭征点校：《存学编》卷二，《颜元集》上，中华书局1987年版，第71页。
② 贾恩绂：《定武学记》，中华报社1928年刻本，第1—2页。

贾把"学行分途"、"不求致用"的后果提升到风俗窳败、学术虚浮以致国家衰亡的境地,这是颜李学派所未曾达到的。这反映出身处清末民族危亡、更迭频仍的大变局中,贾恩绂所面临的现实较之颜李更为严峻,故他的看法因之愈加深刻。

那如何才能纠正"学行分途"的谬误？这就涉及贾的第二个学术主张:"利人外别无利己。"在贾恩绂看来,宋明理学诸多谬误中,最巨者莫过于"讳言利己是也"①。追求利益本是人之天性,然而儒家的那一套说教却迫使人们讳言利,"卒使人人不敢以真利己自居,至群趋于作伪之一途,故率天下而为小人者,皆此讳言利己之说阶之厉也"②。此说大行其道的结局便是儒者"阳为夷齐而阴为盗跖"。深究下去,人们之所以讳言逐利,其根源还在于对义利关系的认识上。贾指出,"中国学术之误,误于义利分途,以故世人皆视义为害利之事,利为害义之端,二者为反比例"③。追求事功,获取利益本无可厚非,毕竟"人也者,原为求生而生,非为求义而生者也,不利则害生,不义则害名,名虚而生实,孰肯骛虚名而受实裯哉？……藉令义利不使分途,而以义为利,以不义为害,号召天下后世,至理名言,家喻户晓,久之风俗可成,必能与今日所见效果为相反,此凡有识者所公认不疑者也"④。然而那些所谓的"圣贤"们却见不及此,大倡逐利害义、义利分途,贾恩绂对此深恶痛绝:

> 不曰利在义中,而曰义利相反。夫欲其为义而先不以利惧之,岂非北其辙而令适越乎？董生云:正其谊不谋其利,明其道不计其功。此二语在吾国几于妇孺皆知,范围人之思想势力亦最

---

① 贾恩绂:《定武学记》,中华报社 1928 年刻本,第 16 页。
② 贾恩绂:《定武学记》,中华报社 1928 年刻本,第 16 页。
③ 贾恩绂:《定武学记》,中华报社 1928 年刻本,第 18 页。
④ 贾恩绂:《定武学记》,中华报社 1928 年刻本,第 19 页。

大。然吾谓最害事者即此语也。人人诵其语，则人人知义利不并容矣。不惟小人不肯为道谊，即中人亦畏难而苟安，纵谆谆告诫，孰肯为无利无功之道谊哉？今为正之曰：非正谊不能谋利，非明道不能计功。谊道为功利之原因，而功利乃谊利之结果，如是言之，人纵不乐为义，独不为利计乎？则天下安有小人哉？①

"非正谊不能谋利，非明道不能计功"，这与颜元的"正其谊以谋其利，明其道而计其功"何其相似！由此可知贾恩绂之义利观具有强烈的事功色彩。其"利在义中"与颜李学派"义利合一"的内在相似性，说明该观点乃晚清时期河北学人对颜李学派义利观的承继与发展。

既然强调学行合一、义在利中，那作为学者，自当"以专务经世为宗"，按照贾恩绂的话讲，即"亘古学问径途不外经世"，这亦是他的第三个主张。其实早在戊戌维新时期，贾的经世思想便有所展现。当时他致书康有为，对其所创办的保国会提出个人看法。在他看来，康有为设立保国会，"纵极剀痛，亦犹之空言耳"。因为"聪颖者自能取中西之书而博通之，无待会讲，而庸流无识者，纵闻言欣悦，亦不堪世用，况讪讥笑骂徒取其辱，又何为哉？"②这实际上既无补于国家危亡，亦不能实现保国保种保教之初衷。贾的建议是："莫若闇淡其声华，变保国会为学会，并立农商格致等公司，实事求是，日进一日，将来推行渐广，则国教种不求保而自保。以察秋毫者导人明，以正六律者导人聪，其与夫斤斤于聋瞽之场以自炫者，必有闲矣。"③在《定武学记》里，贾的经世主张愈加成熟。回顾三代时期，"学问所学

---

① 贾恩绂：《定武学记》，中华报社1928年刻本，第19页。
② 贾恩绂：《与康有为书》，吴闿生编：《吴门弟子集》卷五，河北保定莲池书院1930年刊本，第14页。
③ 贾恩绂：《与康有为书》，吴闿生编：《吴门弟子集》卷五，河北保定莲池书院1930年刊本，第15页。

即所用，以六艺为应世课程，以六德六行为修身课程，与今日德育、智育、体育之论若合符节（体育即该六艺中），且不惟学用一贯更能知行并进，礼于古所该最广，一切事功均括其中，吉凶军宾嘉典章制度文为凡应世之端悉属之，即今日之政治法律哲学等目是也"。而今日之人以"读书为学"，"以读书为学之全功是由实入虚之大关键，今骤语人以读书不为实学，在今日几视为奇谈，然试问读书之与经世与六艺之与经世，其距离孰为远近？有识者当不辨而自明"。[1] 当然贾所处时代，西学大量涌入，新的学科、知识的引介使他认识到单靠所谓的"三事三物"之学不足以挽救中国之现状，必须向西方学习，为我所用。首先当引进的就是计学。计学亦即经济学，晚清严复翻译西方经济学著作时将经济学译为"计学"，贾恩绂当是受严之影响，将经济学视作一国兴衰之命脉。计学之可贵，在于"其所见者远，所利者溥"，故贾认为"他种西学犹可从缓，而计学则兴国之第一智慧也"。[2] 其次，对于大多数人而言，应该以"动植、理化诸普通科学为一切应用根基"，因为"物质科学中所具智慧浅者，皆人生日用所需，深者皆营业勤学所必备，故不明政治学，不过不足以治人，不明物质诸科学，并不足被治于人"。[3] 贾认为由于自古我国就未能建立一套完整的自然科学学科体系，所以文明不得不迟于西方。好在"西人于各种科学皆日精一日，编入教科，条理秩然，于以助成文明之发达，斯不谓食西哲之赐不可得也"[4]。可见贾恩绂对西学颇有涉猎。贾虽然提倡事功，认为"吾国多一读书人，反多一蠹贼"[5]。但他在对待读书的态度上，并非像颜元那般偏激绝对，将读书视为无用，"诵说中度一日，

---

[1] 贾恩绂：《定武学记》，中华报社1928年刻本，第2页。
[2] 贾恩绂：《定武学记》，中华报社1928年刻本，第13—14页。
[3] 贾恩绂：《定武学记》，中华报社1928年刻本，第14页。
[4] 贾恩绂：《定武学记》，中华报社1928年刻本，第14页。
[5] 贾恩绂：《定武学记》，中华报社1928年刻本，第24页。

便习行中错一日；纸墨上多一分，便身世上少一分"①。贾恩绂所反对的读书态度，是以读书为学问，而忽略了实践的重要性，故他并不否定读书乃求知的渠道。因此他对于书本知识持较为开明的态度。如当有人"藐视词章之学为不值一钱"时，贾没有同声附和，而是为词章之学辩护道：词章"虽不足尽中学之大要，自是中国第一美术，在我国文明发生界实国粹可宝之一端。今学校中见外人有音乐科，相与仿效宝重之，词章之益及学术者独不在音乐上乎？"②不过，贾将词章之学比作"中国第一美术"，则似有拔高之嫌，这或与他的知识背景有关。贾曾师从桐城派名宿吴汝纶，"治《仪礼》，有家法"③。故贾亦被视为晚清桐城派在北方的代表人物之一。④若从此层关系上来考察，便易于理解他为何看重词章之学。

除却倡导事功之学外，贾对儒家经典的质疑和评骘汉宋学也颇具特色。对于被历代儒生奉为经典的《论语》，贾认为该书"多失圣人之真，于悲悯救世之大端，几付阙如，但于容貌、辞气、谨言、慎行诸事，详之又详，藉令综合全书之精神以为孔子写真，一学究足以当之而无愧，安见其为生民未有之大圣哉？世之人顾以此为孔道之真，是真不信孔子而信《论语》也"⑤。经过贾之考证，他断定《论语》必成于后世众穷儒之手，"流弊直与孔道相反"。所以他主张"宁信孔子而不尽信《论语》"，"吾之不信《论语》，适将以尊孔也"。⑥贾的观点

---

① 颜元著，王星贤、张芥尘、郭征点校：《总论诸儒讲学》，《存学编》卷一，《颜元集》上，中华书局1987年版，第42页。
② 贾恩绂：《定武学记》，中华报社1928年刻本，第8页。
③ 吴汝纶：《盐山贾先生八十寿序》，施培毅、徐寿凯校点：《吴汝纶全集》第1册，黄山书社2002年版，第172页。
④ 参见吴秀华：《燕地贾恩绂手稿中所见桐城派学者资料》，《文献》2003年第4期；吴秀华：《略谈桐城派在北方的传播》，《燕赵学术》2007年春之卷。
⑤ 贾恩绂：《定武学记》，中华报社1928年刻本，第6—7页。
⑥ 贾恩绂：《定武学记》，中华报社1928年刻本，第7页。

招来了严复的商榷。① 严在回信中认为《论语》"博施济众"章"似可补前义之未足",并就贾对《论语》的批判略做辩解,指出"《论语》自今日观之,诚有一二不合用者,然言各有当,安知其说行于孔子之世非无以易者乎?"② 贾恩绂对四子六经亦不甚满意:

> 总之,六经不足览孔子道之全,《礼记》、《周易》差胜矣,而亦非本末综贯、源流详该之体裁,《春秋》虽专明政见,而其道已古,此六经之大旨也。四子中《大学》、《中庸》出自《礼记》,又纯为曾子之绪余,无论矣。《论语》与《礼记》上下相距不出数十年,亦曾卜门徒传信传疑之作。此外独《孟子》为佳,以其多出己手也。而体例事理并载,有似日记,与他子篇题亦不类衰周诸子多标篇目类载,孟子则否,亦非综贯条理之作。以故四子六经虽成道理渊海,求其由根而干而枝而叶,本末完全者,竟无一也。③

是故贾希望学习西方学科编排模式,将四子六经"分别部居,囊括众说而条理之,亦大观也"④。这种主张学术分科的见解,在清末还是颇具有远见的。"桐城尊宋学","好治文辞"⑤,贾师承桐城殿军吴汝纶,自然在评价汉宋学术时有其倾向性。对于乾嘉汉学,贾恩绂之评价颇低。在他看来,汉学有两大谬误:"训诂以托体六经而始尊。而六经之所以足尊者,在不可磨灭之道理,道理无事于训诂也。其有事训诂者,惟名物典制六经之粗迹耳。以研求粗迹代身心之学,其误一。又

---

① 严复收到贾恩绂寄来的《定武学记》后,曾回信一封,对贾著略作点评。贾恩绂将此信命名为《严几道先生来书》,置于《定武学记》正文之前,以作为该书序言,可见贾对严复来信颇为看重。另据笔者考证,此信当为严复的一篇佚文,颇有研究之价值。
② 严复:《严几道先生来书》,《定武学记》,中华报社1928年刻本。
③ 贾恩绂:《定武学记》,中华报社1928年刻本,第10—11页。
④ 贾恩绂:《定武学记》,中华报社1928年刻本,第11页。
⑤ 邓实:《国学今论》,《国粹学报》1905年第5期,广陵书社2006年版,第71页。

进而求之三代普通之学守之,学官者为六艺,礼乐射御书数是也,决非后世学官之六经,以六经冒六艺,实始于汉儒。六经虽尊而但就切近人事论之,实远逊于古之六艺,专穷经犹未必致用,况专穷经之粗迹乎?其误二。"① 其结果便是"匆论古今"却"无当于经世"。对于理学,贾恩绂之态度明显有所保留。他认为汉学仅是理学的一个分支,"当世学人不曰宋,即曰汉,且互相主奴,宋学往往为汉学所凌驾。而不知沿流溯源,则汉儒所据地位去宋儒尚隔一级,理学虽腐而究为正干,汉学虽博而终属旁支,学者所当严其流别,勿徒为耳食之论也"②。贾毕竟深受理学熏染,其不能完全跳出学派观念来看待汉宋学术,故有些观点未必精确。

刘师培曾于《幽蓟颜门学案序》中对"北学"特征有过经典总结:

> 燕赵之地……地土垆瘠,民风重厚而朴质,故士之产其间者,率治趋实之学,与南学浮华无根者迥殊。颜学之兴,亦其地势使然欤。③

自然地理环境对学术风格之塑造的影响究竟多大,可姑且不论。至少说明实学思想当为"北学"之主流,颜李学即其杰出代表。时值风云激荡的晚清,河北虽非全国学术之核心区域,但当地学人并未放弃对事功实学的追求。贾恩绂的经世学说便是例证。他在对颜李学进行扬弃的基础上,倡导"学行合一"、"义在利中"等主张,体现出燕赵地区实学思想在晚清发展的新阶段。当然,颜李学派虽为贾之乡贤前辈,但贾并未过分尊崇,而是取其精华、弃其糟粕,"颜李之说不

---

① 贾恩绂:《定武学记》,中华报社1928年刻本,第4页。
② 贾恩绂:《定武学记》,中华报社1928年刻本,第6页。
③ 刘师培:《幽蓟颜门学案序》,《刘师培全集》第3册,中共中央党校出版社1997年版,第562页。

兴无足惜"[1]，但其经世精神当代代相传。故他对颜李学持较为客观的态度。由于贾恩绂于晚清民国学界声名不彰，且学术话语权一直掌握在南方学者手中，故总体而言，北方地区颜李学之传播主要限于河北一域，影响亦不及永嘉后学。

第三节　书刊宣传与近代阐释

一、20世纪初叶颜李学传播之大貌

无论是永嘉后学对颜李学的吸取与倡扬，还是河北学人对乡贤学术著作的整理与扬弃，其对颜李学的传播都拘于人际传播类型，受众面窄，辐射区域因之较小，故效果并不理想。20世纪初叶，报刊业日趋繁荣，其中不少报刊探研中国传统学术，以期能借古学来挽救危局，从而推动了学术史研究于清末民初的勃兴[2]，这亦为颜李学向更深层的传播提供了重要契机。

较之人际传播，以书籍、杂志和报纸为组成部分的文字传播有其得天独厚的优势。它借助印刷媒介，可以"大规模地复制和传递信息"，从而"高效率地传播文化"。[3] 而作为大众传播媒介的报纸，其特点愈加突出：第一，报纸"成本低廉，制作方便"，该种优势，是书刊所无法比拟的；第二，报纸"承载的信息量大，且能传递深度信息"；第三，报纸"信息获取的选择性强，且易于保存"，就受众而言，

---

[1] 贾恩绂：《绪言》，《定武学记》，中华报社1928年刻本，第1页。
[2] 详见李帆：《清末民初学术史勃兴潮流述论》，《吉林大学学报》（社会科学版）2005年第5期。
[3] 参见戴元光、金冠军主编：《传播学通论》，上海交通大学出版社2000年版，第312页。

第二章 传播与阐释：晚清学人与颜李学研究的展开

报纸由于印刷在纸上，故读者可以据个人需要控制阅读速度，选择阅读时间、地点和内容，人人可以本着自己的习惯、兴趣和能力去加以选择。① 因此，一种学说若想迅速传播、让大众了解其内容主旨，报纸无疑是最佳的一种途径。颜李学在清末的传播过程中，正借报刊业兴盛之东风，故其学说宣传较为便利，进入更多人的视野当中。笔者参考《中国近代期刊编目汇录》、《国粹学报》、《民报》等材料，对20世纪初年（截至辛亥年）书刊文章中涉及颜李学的篇目做一初步统计，详见表2—2：

表2—2　20世纪初年涉及颜李学书刊统计表

编号	书名或篇名	作者署名	书籍或报刊	日期或卷号
1	《中国理学大家颜习斋先生的学说》	光汉	《中国白话报》	第5期，1904年2月16日，学说
2	《中国民约精义》	刘光汉、林獬	不详	1904年5月②
3	《兵制》	无署名	《中国白话报》	第11期，1904年5月15日，历史
4	《习斋学案序》	光汉	《政艺通报》	1904年第21号
5	《幽蓟颜门学案序》	光汉	《政艺通报》	1904年第21号
6	《并青雍豫颜门学案序》	光汉	《政艺通报》	1904年第21号
7	《颜学》	章炳麟	《訄书》重订本	日本东京翔鸾社1904年铅印本
8	《国学今论》	邓实	《国粹学报》	第1卷第4期，1905年5月23日，社说
9	《咏明末四大儒》	刘光汉	《国粹学报》	第1卷第4期，1905年5月23日，文篇

---

① 参见戴元光、金冠军主编：《传播学通论》，上海交通大学出版社2000年版，第311—312页。
② 参见李帆：《刘师培与中西学术——以其中西交融之学和学术史研究为核心》，北京师范大学出版社2003年版，第204页。

续表

编号	书名或篇名	作者署名	书籍或报刊	日期或卷号
10	《颜李二先生传》	刘光汉	《国粹学报》	第1卷 第12期,1906年1月14日,史篇
11	《戴望传》	刘光汉	《国粹学报》	第14期,1906年3月14日,史篇
12	《明末四先生学说》	邓实	《国粹学报》	第15期,1906年4月13日,社说
13	《王昆绳刘处士墓表附识》	邓实	《国粹学报》	第18期,1906年7月11日,撰录
14	《李恕谷瘳忘编自序》、《恽鹤生李恕谷先生年谱题辞附识》	邓实	《国粹学报》	第25期,1907年2月2日,撰录
15	《李恕谷颜先生存学编序》、《李恕谷颜先生存性编序》、《李恕谷颜先生存治编序》、《李恕谷颜先生存治编后》、《李恕谷颜先生存人编序》、《李恕谷大学辨业自序》、《王昆绳平书自序》、《王昆绳大学辨业序附识》	邓实	《国粹学报》	第26期,1907年3月4日,撰录
16	《悲前戴》、《哀后戴》	太炎	《民报》	第9号,1906年11月15日
17	《戴子高汪仲伊握奇图解序》、《戴子高记明地山人琴》、《戴子高陈先生焕行状》、《戴子高顾职方画赞》、《戴子高国朝师儒表序》附识	邓实	《国粹学报》	第27期,1907年4月2日,撰录
18	《近儒学术统系论》	刘师培	《国粹学报》	第27期,1907年5月2日,社说

续表

编号	书名或篇名	作者署名	书籍或报刊	日期或卷号
19	《明遗民录叙》	陈去病	《国粹学报》	第28期,1907年5月2日,史篇
20	《明遗民录·刁王颜先生传第二》	陈去病	《国粹学报》	第28期,1907年5月2日,史篇
21	《颜元斥土地不均之害》	叔时	《天义》	第2卷,1907年6月25日,杂记
22	《非六子论》	申叔	《天义》	第8至10册合刊,1907年10月30日,论说
23	《论欲救中国当表章颜习斋学说》	不详	《东方杂志》转载于《神州日报》1907年11月22日	第12期,1908年1月28日
24	《颜氏学派重艺学考》	刘师培	《政艺通报》	1908年3月17日第7年第2号,上编·政学文编
25	《颜氏学记》跋	黄节	《国粹学报》	第43期,1908年7月18日,绍介遗书
26	《李恕谷年谱》跋	黄节	《国粹学报》	第45期,1908年9月15日,绍介遗书
27	《王昆绳廖柴舟墓志铭》	无	《国粹学报》	第46期,1908年10月14日,撰录
28	《与王鹤鸣书》	章绛	《国粹学报》	第63期,1910年3月1日,通论

二、国粹派学人的颜李学研究

由表2—2可知,20世纪初年,学界对颜李学之关注并未降温,且呈现日渐深入之势。同时细考以上文章作者,不难发现绝大多数乃国粹派学人①，他们对颜李学的检讨研究，颇能代表当时新式学人的看法，故本节拟以国粹派学人对颜李学的探研为例，来探讨其在清末的发展态势。

首先，国粹派搜辑、刊刻颜李著作。这在《国粹学报》上体现得尤为明显。邓实、黄节、刘师培诸同仁皆为搜集颜李学派著作出力良多。如刘师培对颜元高足王源之学行颇为推崇，但因王氏著作流传不广，故刘"求其遗书已久，未之得。闻《平书》原本尚存，惟主者秘藏之，不愿公于世"②。其友邓实亦"深恐其学术将归漂没，拟撰《颜习斋先生学说》之后附载昆绳先生传略学说一二。而于明末四先生学说撰成时当另撰《刘继庄先生学说》一篇……刘王二先生之学术行谊庶可考见云"③。同时，邓还于《国粹学报》上公开征集明末学者著作，希望社会贤达惠赐藏书。不久，邓实便从杭州丁氏善本书屋抄得刘继庄的《广阳杂记》一书，又从丰顺丁叔雅处觅得其藏《瘳忘编》、《李恕谷年谱》二书。此外，邓"久闻杨氏藏有王昆绳《平书》，今又得张君书，云有《平书》、《颜习斋年谱》二书，寄赠国学保存会，得此而颜氏之学当益昌矣"④。王氏之《平书》亦由此重见天日。搜辑遗书之目的并非个人把玩，孤芳自赏，而是尽量使其广为流播，以资

---

① 关于"晚清国粹派"，郑师渠有过精辟的定义："国粹派是革命派队伍中的一个派别。他们多是一些具有传统学术根柢的资产阶级小资产阶级知识分子，不仅主张从中国的历史与文化中汲取精灵，以增强排满革命宣传的魅力；而且强调在效法西方改革中国政治的同时，必须立足于复兴中国固有文化。所以，他们一身二任：既是激烈的排满革命派，又是热衷于重新整理和研究传统学术、推动其近代化著名的国学大家。他们追求中国社会的民主化，但更关切传统文化的命运，孜孜以复兴中国文化自任，也惟其如此，他们倡言的国粹思潮不是独立的思潮，而是民主革命思潮的一部分；只是因经受中国历史文化更多的折光，而呈现出古色古香独异的色彩罢了。"（郑师渠：《晚清国粹派——文化思想研究》，北京师范大学出版社1997年版，第8—9页）
② 邓实：《〈王昆绳刘处士墓表〉附识》，《国粹学报》第18期，1906年7月11日，撰录。
③ 邓实：《〈王昆绳刘处士墓表〉附识》，《国粹学报》第18期，1906年7月11日，撰录。
④ 邓实：《〈李恕谷瘳忘编自序〉、〈恽鹤生李恕谷先生年谱题辞〉附识》，《国粹学报》第25期，1907年2月2日，撰录。

世用。故国粹派同仁主要通过三种方式达此目的。一是专辟"撰录"一门,"搜罗我国佚书遗籍,征采海内名儒伟著皆得之家藏手抄未曾刊行者"①。邓实等人把收集而来的散见于各类典籍中的颜李及其后学佚文整理刊布于"撰录"当中,具体篇章详见表2—2。二是将卷帙较大的著作单独编辑成书,"刊为《国粹丛书》,以发扬幽微"②。国学保存会先后出版了《颜氏学记》、《颜习斋年谱》、《李刚主年谱》、《李刚主瘳忘编》、《王昆绳平书》五种颜李遗著③,并设立"绍介遗书"专栏,对其中的一些作品进行点评。如黄节就先后为《颜氏学记》和《颜习斋年谱》撰写跋语,对颜元、李塨二人的学术旨趣做一论述。希望"慕颜氏者人镂一版焉,则其传广矣"④。三是开设藏书楼⑤,将颜李著作供人借阅。正是通过以上三方面之努力,颜李学被更多的人所熟知。

其次,国粹派肯定颜李学在清学史中的位置,对其学术特色进行研讨。对于颜元在明末清初学术界中之地位,国粹派给予了充分肯定,这在诸儒排位中颇有体现。邓实在《国学今论》一文中,将明末清初的学界代表性人物总结为六人:"黄梨洲、顾亭林、王船山三先生兴于南,孙夏峰、李二曲、颜习斋三先生兴于北。梨洲集王学之大成,亭林以关学为依归,船山奉关学为标准,夏峰、二曲融合朱陆,习斋则上追周孔,此六先生学术之派别也。"⑥虽然六先生学派不同,

---

① 《国粹学报略例》,《国粹学报》第1年第1期,1905年2月23日。
② 《1906年国学保存会第五号报告》,《国粹学报》第2年第12期,1907年1月4日,附录。
③ 《1906年国学保存会第五号报告》,《国粹学报》第2年第12期,1907年1月4日,附录。
④ 黄节:《〈颜氏学记〉跋》,《国粹学报》第43期,1908年7月18日,绍介遗书。
⑤ 邓实在《国学保存会藏书志前言》中写道:"独念其中孤本、钞本,往往而有,为海内所未见者,远方同志不克登楼以观,仅读目录则语焉不详,故复为本会藏书志,仿《郡斋读书志》、《直斋书录解题》例,条其源流篇目,间录原书序跋,另成一编,使异书佳帙,不必人人得读,而人人无不知有是书,或因是编之绍介,而益以搜求而遍读焉。"(《国学保存会藏书志》,《国粹学报》第4年第1期,1908年2月21日)
⑥ 邓实:《国学今论》,《国粹学报》第4期,1905年,社说。

但"其以经世有用实学为宗则同,其读书通大义,不分汉宋则同,其怀抱国仇,痛心种族,至死不悔则同"①。可见颜氏在邓实心中之地位。无独有偶,刘师培也将颜元推为明末四大儒之殿军,其余三位便是今人耳熟能详的顾、黄、王三人,刘氏还赋诗一首,表达对此四人的崇敬之情:

壮怀久慕祖士雅,田牧甘随马伏波。精卫非无填海志,也应巧避北山罗。顾亭林

精心西浙非王土,伺籍东林作党人。毕竟坚贞成大节,晦明无复九畴陈。黄梨洲

井中心史郑思肖,泽畔哀吟屈大夫。甄别华戎垂信史,麟经大义昭天衢。王船山

自古儒文嗤武侠,纷纷经术惜迂疏。先王教法师周孔,六艺昭垂耻著书。颜习斋,先生以格物即周礼,三物乃六艺也。②

而作为国粹派的主帅人物,章太炎虽未对诸位大儒之先后座次加以论列,但其对颜元的评价相当之高。在他看来,揆诸儒学之发展,

---

① 邓实:《国学今论》,《国粹学报》第 4 期,1905 年,社说。
② 刘光汉:《咏明末四大儒》,《国粹学报》第 4 期,1905 年,文篇。当然,同样于《国粹学报》中,也有人对明末诸儒的排位给出了另外的看法,如署名"宪子"的作者则在《咏明末诸儒》中认为六大儒当为黄、顾、孙、王、李、傅,其诗如下:
手挽神州起陆沉,少年原自逞雄心。天教老去成名士,一卷明夷直到今。(黄梨洲)
生平足迹半天下,著述余闲且力耕。风雨故陵经十谒,孤臣涕泪自纵横。(顾亭林)
修堞完城御外兵,高风亮节最知名。平生得力多忧患,晚近苏门善证成。(孙夏峰)
窜伏穷山未许知,怡荼席棘老须眉。孤臣无限伤心事,晚出遗书晚更悲。(王船山)
生我名兮杀我躯,关中转恨有名儒。悲凉土室今何世?理学羞称魏象枢。(李二曲)
沉沦侠骨意凄然,草履黄冠老蘖禅。埋血千年碧不灭,霜红龛里做霜天。(傅青主)
参见宪子:《咏明末诸儒》,《国粹学报》第 10 期,1905 年,文篇。

"自荀卿而后，颜氏则可谓大儒矣"①。其对颜元之推崇可见一斑。②

国粹派学人并未仅仅停留在赞赏颜氏学行的层面之上，而是本着求真的态度就颜李学的诸多问题展开研讨。颜李学究系如何产生，其后传播大势怎样？这自然是学术史研究首当解决的问题。国粹派学人从各自角度对该问题进行了解释。邓实指出，"二千年来神州之学术，其最盛者有三期：一曰周秦诸子，一曰永嘉诸子，一曰明末四先生（黄、顾、王、颜）。三期之学其学风相似，其规模盛大相似，而永嘉一期之学派，则固上继周秦（周秦诸子之书均言实用），下开明末四先生之学统者也（顾炎武《日知录》多采叶适语，颜元倡事物之实用，与永嘉学派合，黄宗羲浙人于浙学有渊源）"③。这说明邓实认为颜李学与永嘉学术之间有着渊源关联。刘师培则侧重地理环境同学术发展之间的关系，他写道："燕赵之地，古称多感慨悲歌之士，读高达夫《燕歌行》，振武之风自昔已著。又地土硗瘠，民风重厚而朴质，故士之产其间者，率治趋实之学，与南学浮华无根者迥殊。颜学之兴，亦其地势使然欤……燕、蓟素无学术，北学之兴始自习斋……"④把一种学术的出现完全归因于地理环境，自然有失偏颇，不过刘师培这种将"地势"与学术结合起来考察的思路，在当时堪称耳目一新，颇值借鉴。与邓、刘二人略有不同，章太炎更强调明末学风之弊对颜氏的刺激作用，在他看来，"明之衰，为程、朱者痿弛而不用，为

---

① 章太炎：《颜学》，《訄书》重订本第十一，《章太炎全集》第3册，上海人民出版社1984年版，第153页。
② 此外，梁启超在1904年发表的《论中国学术思想变迁之大势》一文有关《近世之学术》部分中，亦将明末清初"开新旧学派之过渡者"列为五人：顾、黄、王、颜、刘（献廷）。说明颜氏在梁氏的学术大儒名单中亦占重要一席。至于梁启超对颜李学的研究，本书于第四章将有专门篇幅加以探讨，故暂于此略去不表。
③ 邓实：《永嘉学派述》，《国粹学报》第11期，1905年，社说。
④ 刘师培：《幽蓟颜门学案序》，《刘师培全集》第3册，中共中央党校出版社1997年版，第562页。

陆、王者奇觚而不恒。诵数冥坐与致良知者既不可任，故颜元返道于地官"①。综上而言，邓、刘、章三人的看法皆有可取之处，若合而观之，似乎便可较为全面地了解颜李学于清初兴起的缘由。对于颜李学的流衍与中衰的过程，国粹派诸人的看法则趋于一致。该学术盛极一时，但知名弟子并不多，"惟李刚主、王昆绳为著"，故至清中叶便急速衰落，几成绝学。"后二百年，颜学始由北而南。德清戴望，承其绝学，编《颜氏学记》，而余姚章氏亦推为荀卿后之大儒。盖颜学与王（船山）学，皆及今而大显云。"②邓实对颜李学于有清一代兴衰历程的勾勒大体不差，只是其认为直到戴望编纂《颜氏学记》时，颜李学方才流播于南方，此说法有待商榷。其实颜之弟子李塨已多次南游传播，并收恽鹤生、程廷祚诸人于门下，故早在李塨之时，南方学人对颜李学已颇有听闻。只是其影响不及北方显著，诚如刘师培所言："即江浙之士，亦间宗其学。然一传以后其学骤衰，惟江宁程廷祚私淑颜李，近人德清戴望亦表彰颜李之书，舍其传其学者鲜矣。"③此外，刘氏还特意撰写《习斋学案序》、《幽蓟颜门学案序》、《并青雍豫颜门学案序》三文，对颜李学于清初的发展形势做一论述，尤其对颜李二人传播学说过程的考察，甚是细致：

> 及颜先生南游许、汴，李先生西入秦关，雍、豫儒生造门请业，旁及齐、晋，士多兴起，各探其性之所近，以一艺自鸣，由是次亭（上蔡王延祐）、颍生（鄢陵刘从先）肄习礼经，圣居（邹县鲁登阙）、介石（深泽李柱）登歌合乐，瑞生（西安蔡麟）、心衡（山东刘心衡）潜心射御，以及季荣（华州古葵）肄书，野

---

① 章太炎：《颜学》，《訄书》重订本第十一，《章太炎全集》第3册，上海人民出版社1984年版，第151页。
② 邓实：《国学今论》，《国粹学报》第4期，1905年，社说。
③ 刘师培：《近儒学术统系论》，《国粹学报》第27期，1907年，社说。

臣（河南谢在修）通数，而代州冯氏敬南精谙众数，饰材辨器媲美白民，是岂可以奇技淫巧目之者哉？盖南学蹈虚，北学崇实，蹈虚者多浮词，崇实者多实效。观南人肄颜学者，舍义理而外，惟知掇拾礼经，而六艺正传必归北人。岂非北人学术导绪西书，固与南人所学不同与？①

透过刘氏这段文字，不仅可以了解颜、李二人传播学说的范围及弟子所习六艺之分工，同时亦可知颜李学之所以在南方不甚发达，在于南方学人受考据学兴起的影响，对颜李学的采择多集中于经学层面，故刘氏认为他们"惟知掇拾礼经"，未得颜李学之真。这恰恰反映出南北学风之不同和学术趋向之嬗变。

当然，最为国粹派所瞩目和倡扬的当是颜李学追求实用的学术宗旨。颜元讲学，主张"复尧、舜、周孔、六府、三事、三物、四教之旧，以事物为归，以躬行为主，不尚空言。其教学者习礼、乐、射、御、书、数、兵、农、水、火诸学，倡教漳南，于文事、经史外，兼习武备、艺能各科"，故邓实指出："盖先生之学，以用为体，即以用为学。实学实用，即体即用者也。此习斋之学也。"②刘师培亦认为"惟习斋先生以用为体，力追三代，教学成法，冠、婚、丧、祭必遵古制，从游之士，肆力六艺，旁及水、火、兵、农诸学，倡教漳南，于文事、经史外兼习武备、艺能各科，较之安定横渠固有进矣……盖先生以用为体，即以用为学，身体力行，一矫讲学空虚之习"③。不过，刘比邓实认识更深刻之处，在于他看到颜李提倡实学背后蕴含的经世

---

① 刘师培：《并青雍豫颜门学案序》，《刘师培全集》第3册，中共中央党校出版社1997年版，第563页。
② 邓实：《国学今论》，《国粹学报》第4期，1905年，社说。
③ 刘师培：《习斋学案序》，《刘师培全集》第3册，中共中央党校出版社1997年版，第561页。

精神。有些学者认为颜李学与程朱理学有别之处是因为它以"习艺备用为余力",刘则批评这种看法是本末倒置。颜李之学"本旨在于用时,时不可为,乃以遏欲勤身自见,是备用为本,守身特其末耳"①。可见颜李提倡实学之目的是为了经世致用,只是因为生不逢时,所以才不得已强调个人修炼。归根结底,颜李学的本质"总在那经世上面。除了经世,便没有别的事情了"②。刘对这种主次关系的阐释对人们理解颜李学之实质十分有益。章太炎亦赞叹颜李学这种实用精神"辅世则小大可用,不用而气志亦日以奘驱,安用冥求哉?"③

与以上诸人不同,对于这种追求事功的学问,黄节提出了一丝隐忧。在他看来,"习斋之学,以事物为归,原其所为教,则仕学合一,此古训也,非习斋创之。《说文》仕学也,若膺云:训仕为入官,今义也;古义宦训仕,仕训学,《毛诗》传五言士事也。而文王有声传亦言仕事也。是仕与士皆事其事之谓。学者觉悟也,事其事则日就于觉悟也"。颜氏之学以事物为归,实际上所为"仕事也"。一言以蔽之,"原其所为教,则仕学合一"。观其弟子李恕谷所著《瘳忘篇》,王昆绳所著《平书》及张文升的《存治异编》,"大抵切于事功者为之。再传而有杨慎修、叶维一,以吏治闻。盖其所为教,收效若此已"。故黄节所担心的就在于"习斋教人以事,而未尝教人以仕,虽然原其所为教,吾惧不为之别,必有以事功为急,而事于仕者。则读是书者所不可不思也"。④颜李学教人追求事功,却未尝教人为官之道,若不加辨识,往往会使人误入歧途,沦为权力场的牺牲品。黄对功

---

① 刘师培:《习斋学案序》,《刘师培全集》第3册,中共中央党校出版社1997年版,第561页。
② 光汉:《中国理学大家颜习斋先生的学说》,《中国白话报》第5期,1904年2月16日,学说,万仕国辑校:《刘申叔遗书补遗》,广陵书社2008年版,第107页。
③ 章太炎:《颜学》,《訄书》重订本第十一,《章太炎全集》第3册,上海人民出版社1984年版,第151页。
④ 参见黄节:《〈颜氏学记〉跋》,《国粹学报》第43期,1908年7月18日,绍介遗书。

利主义流弊的认识可谓胜同侪一筹。

在研讨颜李学中所蕴含的古学意蕴的同时,国粹派还努力挖掘其中的西学因素,认为颜李"默契西法",对西方学术多有借鉴。持该观点者以刘师培最为典型。明清之际是我国史上一次思想大解放时期,梁启超曾誉之为"启蒙运动","其动机及其内容,皆与欧洲之'文艺复兴'绝相类"。① 明末清初的思想家们在反思宋明理学之弊端的同时,亦表现出对西方文明的向往与认可,颜李概莫能外。他们崇尚艺能,追求事功,在导源三代之学的基础之上,也对西方自然科学知识有所汲取。如颜元11岁时就曾向乡贤文辅学习天文、六壬数。②43岁那年,颜元结识计公,其人"安平诸生,知兵,能技击,精西洋数学"③。五年后,颜元又在弟子国公玉之引介下,与衡水魏纯嘏相交,从他处学得天文之学。④ 李塨更进一步,主张古今融合,中西贯通。他曾写道:"吾之翻阅,亦为学也。与先生所见,微有不同。吾人行习六艺,必考古准今。礼残乐阙,当考古而准以今者也。射、御、书有其仿佛,宜准今而稽之古者也。数本于古,而可参以近日西洋诸法者也。"⑤ 他又在天文历象方面有所实践,对西方日食、月食成果颇为肯定:

> 西洋人曰日食必朔,以日高月下合,朔而同度同道,则月掩日光,掩一分,食一分;掩一分,食二分。月食必望,以月借日

---

① 梁启超:《清代学术概论》,《饮冰室合集》专集之三十四,中华书局1989年版,第3页。
② 参见颜元著,王星贤、张芥尘、郭征点校:《颜习斋先生年谱》卷上,《颜元集》下,中华书局1987年版,第722页。
③ 颜元著,王星贤、张芥尘、郭征点校:《颜习斋先生年谱》卷上,《颜元集》下,中华书局1987年版,第747页。
④ 参见颜元著,王星贤、张芥尘、郭征点校:《颜习斋先生年谱》卷上,《颜元集》下,中华书局1987年版,第754页。
⑤ 冯辰、刘调赞撰,陈祖武点校:《李塨年谱》,中华书局1988年版,第96页。

以为光，望而东西相望，若同道同度，中间之地遮之，遮一分，食一分；遮二分，食二分。其言胜于古之推日、月食者。①

刘师培敏锐地观察到颜李学中的西学因素，指出"习斋先生生长博野，地迩燕京，吾意先生壮年必亲炙西士之门，备闻绪论，事虽失传，然证以先生所学，则礼、乐、射、御、书、数外，并及水、火、工、虞。夫水、火、工、虞，取名虽本于虞廷，引绪实基于皙种"②。不过，刘在"发现"颜李学中西学成分的同时，又开始对其学说多有"发明"，出现过度阐释之嫌。首先刘认为"习斋居近辈毂，必曾问业于西人"③。此为刘氏颇为武断的一种推测。毕竟翻检现有史料，没有直接证据说明颜元曾与西人接触。且颜元身处较为偏僻的博野，加之其一生出游次数不多，故很难结识西方人士。其次，刘氏将六艺同西方科学强加比附，如他认为"六艺之旨所该甚博，今新学亦不能出六艺之范围。知礼之当学，即知睦邻交际，从宜从俗，实为新王之礼制；知乐之当学，即知音乐设科，琴歌互答，不背古代之乐经；知射之当学，即知操演武器，崇尚兵操，为当今之急务；知御之当学，即知驾驶舟车，谙明汽学，为致用之实功；知书之当学，则佉庐之字、大秦之书，在所不废矣；知数之当学，则测量之法、代数之术，在所不遗矣"④。应当说该种做法并不可取。再次，在刘氏看来，"夫水火、工虞，于中土久为绝学"，所以他径直断定"今习斋以之施教，盖用

---

① 李塨：《天道偶测》，《颜李丛书》，四存学会 1923 年铅印本。
② 刘师培：《并青雍豫颜门学案序》，《刘师培全集》第 3 册，中共中央党校出版社 1997 年版，第 563 页。
③ 刘师培：《颜氏学派重艺学考》，《政艺通报》第 7 年戊申第 2 号，1908 年 3 月 17 日，万仕国辑校：《刘申叔遗书补遗》，广陵书社 2008 年版，第 567 页。
④ 刘师培：《并青雍豫颜门学案序》，《刘师培全集》第 3 册，中共中央党校出版社 1997 年版，第 563 页。

西人之学,而饰以中土之名"。①颜李学乃产于中国本土的一种崇尚事功的学术思想体系,西学因素在其中所占比例十分有限。刘师培有意夸大颜李学的西学色彩,当有其宣传中西学术交融的目的,不过此做法毕竟有失求真的学术准则,颇不足取。

此外,刘师培与章太炎在颜李学的学术特征问题上存有分歧。晚清以降,墨学复兴,许多学者投身于墨子研究。在研究过程中,不少人发现颜李学遏欲勤身,崇尚工艺,同墨学多有近似之处,孙诒让即持该观点。刘师培对此颇为认同:"近儒瑞安孙氏谓颜学近于墨子,其说颇得。"刘氏进而详加论述,提出了颜李学"近墨远儒"说:

> 考《庄子·天下篇》谓墨翟、禽滑厘以绳墨自矫,备世之急,宋钘、尹文愿天下安宁,以活民命,人我之养毕足,而止以此白心(《荀子·非十二子》篇谓:陈仲、史鳅忍情性,綦谿利跂亦墨学之派)。大抵皆墨学派别,颜李学行多与之符,而《墨子》、《备城门》、《经说》诸篇,多言工学兵学,与习斋趋重武事技能者相符合,谓颜学近于墨家,要亦近是。然颜氏生当明清之交,士鲜特立,非缘饰经说无由自立,故又特托成周教学成法,以自隆其书。然即颜学之立说观之,殆古人所谓成一家言,言之成理者欤。合于儒术不足为益,即背于儒术亦不足为轻。明于此义,庶可以读先生之书矣。②

> 古代之学,其有道艺并重者,厥惟墨翟。自明季,欧西艺学,输入中邦,若徐光启、王征之流,渐殚精象数,旁及制器之学。厥后,孙兰、梅文鼎之徒,咸深造有得。然舍道而言艺,未

---

① 刘师培:《颜氏学派重艺学考》,《政艺通报》第 7 年戊申第 2 号,1908 年 3 月 17 日,万仕国辑校:《刘申叔遗书补遗》,广陵书社 2008 年版,第 567 页。
② 刘师培:《习斋学案序》,《刘师培全集》第 3 册,中共中央党校出版社 1997 年版,第 562 页。

> 尝道艺并崇。若道艺并崇,则自颜氏学派始。习斋谓:《大学》所格之物,即《周礼》之三物。其徒李塨、王源,又谓:孔门弟子通六艺者七十二人,系指礼、乐、射、御、书、数言。立说均前无所承,未免强经就己。然其树实学以为标,使人人不以艺事为轻,则固自颜门始也。吾尝谓:颜氏之学,近墨远儒。①

将以上两段论述合而观之,可知刘氏不仅认为颜李学与墨学在讲求工艺兵法上面趋于一致,而且指出二者皆是"道艺并重",亦即二者学说都内含更为宏大的抱负与关怀。颜李学之所以体现出近墨远儒的特征,在刘氏看来,是由于颜李所处的时代,单凭儒学既不能挽救时弊,亦不能自成一派,故颜李缘饰经说,"托成周教学成法以自隆","立说均前无所承,未免强经就己"。是故颜李学亦不能仅以儒学所范围之。

与刘师培看法相左,章太炎则认为颜李学始终未脱儒学底色。从修养方式上看,颜李及其弟子们"然外勑九容、九思,持之一跬步而不敢堕《曲礼》;自记言行,不欺晦冥"②,完全按照儒家的那套方法约束自身;从所讲求艺能而言,颜李学与墨学亦有不同,"苦形为艺,以纾民难;其至孝恻怆,至奔走保塞,求亡父丘墓以归;讲室列弦匏弓矢,肆乐而不与众为戮;斯所以异于墨子也"③。应当说章氏这一点把握甚准,因为墨家是不主张练习、欣赏音乐的,章认为墨家"戾于王度者,非乐为大。彼苦身劳形以忧天下,以若自戮,终以自堕者,

---

① 刘师培:《颜氏学派重艺学考》,《政艺通报》第7年戊申第2号,1908年3月17日,万仕国辑校:《刘申叔遗书补遗》,广陵书社2008年版,第567页。
② 章太炎:《颜学》,《訄书》重订本第十一,《章太炎全集》第3册,上海人民出版社1984年版,第151页。
③ 章太炎:《颜学》,《訄书》重订本第十一,《章太炎全集》第3册,上海人民出版社1984年版,第151页。

亦非乐为大"①。而颜李学是提倡学习音乐的。颜元所主张的六艺中，即包括乐，其在主持漳南书院时，设立"文事"斋，"课礼、乐、书、数、天文、地理等科"②，故他鼓励弟子学习音乐，以恢复三代时之《乐经》。李塨拜师毛奇龄学乐，进步神速，毛奇龄都赞叹曰："以讲求古乐一事，千里命驾，已堪骇世。况两日而业已卒，岂汉、唐后竖儒小生所能到者？直千秋一人而已！"③可见颜李对习乐之重视，这恰是其与墨家相异之所在。另外，颜元对墨家素无好感，因他始终以儒家正宗自居，故将非儒学派视为异端，一并排斥，曾曰："自圣学不明，邪说肆行，周末之杨、墨，今日之仙、佛，及愚民之焚香聚会，各色门头，皆世道之蟊蠹，圣教之罪人也。"④由上可知，颜李学虽然在某些主张和习行方面与墨家类似，但其本质上仍属于儒家一支，故章氏之论断较刘氏更符合事实。

再次，揆诸国粹派对颜李学的研究，其重点强调的是其教育思想和军事思想。颜李学中蕴含着独具一格的教育思想，在教育方法上他们批判宋明以来的习静教育、书本教育，倡导习动教育、习行教育；在教育内容方面他们反对经书训诂、背诵语录，主张代之以"六艺"为核心的实学；在培养目标上，他们指出以往那些只会读圣贤书的白面书生误国殃民，应当培养经世人才。这些主张自然引起了国粹派同仁的重视。唯有培养真正的人才，方可挽救清末危局，使民族走向复兴，于是颜李学有关教育的内容被国粹派拿来借鉴。如刘师培特别赞同颜元在漳南书院所推行的那一套门类齐全的"学堂"制度：

---

① 章太炎：《颜学》，《訄书》重订本第三，《章太炎全集》第3册，上海人民出版社1984年版，第136页。
② 颜元著，王星贤、张芥尘、郭征点校：《漳南书院记》，《习斋记余》卷二，《颜元集》下，中华书局1987年版，第413页。
③ 冯辰、刘调赞撰，陈祖武点校：《李塨年谱》，中华书局1988年版，第66页。
④ 颜元著，王星贤、张芥尘、郭征点校：《颜习斋先生年谱》卷上，《颜元集》下，中华书局1987年版，第742页。

学校就是学堂。中国读书人，除了做八股外，没有一件学问晓得的。颜先生是顶恨八股不过的，但他的意思，即使要废八股，也不是学着现在这样废法：把八股改了策论，不过换换名目，其实也是一个样子的了。他想的法子，是要在学校里面，设六个的讲堂：一个叫做文事斋，所教的，就是礼、乐、书、数、天文、地理等件；一个叫做武备斋，所教的，就是兵法共各种武艺；一个叫做经史斋，所教的，就是《十三经》共历代的史书，以及各种文章；一个叫做艺能斋，所教的，就是算学及格致的学问；一个叫做理学斋，所教的，就是程、朱、陆、王各家学派；一个叫做帖括斋，所教的，方才轮到八股。由这样看起来，他所想的法子，共现在外国的学堂制度，也差不多了。[1]

邓实更是打算仿效颜元在漳南书院的办学模式，"增益学科，设立国粹学堂，以教授国学"。以期达到"凡薄海之民，均从事于实学，使学术文章寖复乎古，则二十世纪为中国古学复兴时代"[2]的目的。邓实所列学科，涵盖经学、文字学、伦理学、心性学、哲学、宗教学、政法学、实业学、社会学、史学、典制学、考古学、地舆学、历数学、博物学、文章学、音乐学、图画学、书法学、译学、武事学等诸领域，实乃颜元分科教育策略的承继与发展。

颜李对军事亦特别重视，他们反思前代重文轻武的偏见，主张兵农合一，寓兵于农，"间论王道，见古圣人之精意良法，万善皆备。一学校也，教文即以教武，一井田也，治农即以治兵"[3]。同时，颜李

---

[1] 光汉：《中国理学大家颜习斋先生的学说》，《中国白话报》第5期，1904年2月16日，学说，万仕国辑校：《刘申叔遗书补遗》，广陵书社2008年版，第108页。
[2] 邓实：《拟设国粹学堂启》，《国粹学报》第26期，1907年，社说。
[3] 颜元著，王星贤、张芥尘、郭征点校：《存治编》，《颜元集》上，中华书局1987年版，第107页。

等人还亲力亲为，带领弟子学习兵法知识，并曾颇为自信地宣称："今使予治兵三年而后战，则孙、吴之术可黜，节制之兵可有胜而无败。若一旦命吾为帅，遂促之战，则诡道实中庸也。"① 可见其在军事上颇有造诣。这为倡导军国民教育的刘师培提供了丰富的资源。刘氏指出颜元提倡军事，该作法在历来崇尚文治的中国弥足珍贵，"宋儒不主用兵，并以勇德为克己，致国势日衰，惟博野颜先生以尚武为国本，力辟宋儒之谬说，厥功甚大。非参考古代兵家之学，何以奠国家于磐石之安哉？"② 因此若想完成排满革命大业，必须从军事入手，"除了叫百姓们个个当兵，别的都靠不住。就是那做官的，也要人人知兵，把武事看得极重，才能够保存国土。你看颜先生这话，说的错不错？现在的外国，也是人人当兵，把兵事看得很要紧。小孩子几岁时候，就叫他练体操。到了长大，就叫他学那兵式的操。如今外国，能够这样强横，无非因为那兵实在强得很啊！但外国知道这个法子，也不过在几十年前；他的百姓练习兵法，也不过练习几十年，他那国度，居然就强得了不得。我们颜先生想出这法子的时候，还在几百年前。唉！我们中国人，倘使早听颜先生的说话，何至如今被人家这样欺负呢？"③ 落实到具体操作层面，刘氏认为："我们现在要光复，都要从练兵起手。这种兵制，又都是要采全国皆兵制度的。从前颜习斋先生说道：'人皆兵，官皆将。'我们要重定兵制，都要依这个法子行。依这个法子行，又要从军国民教育入手。"④ 由此，颜李学中有关军事方面的内容成为刘师培推行军国民教育主张的一种学理基础。

---

① 颜元著，王星贤、张芥尘、郭征点校：《不为》第十八，《颜习斋先生言行录》卷下，《颜元集》下，中华书局1987年版，第689页。
② 刘光汉：《周末学术史序·兵学史序》，《国粹学报》第2期，1905年，学篇。
③ 光汉：《中国理学大家颜习斋先生的学说》，《中国白话报》第5期，1904年2月16日，学说，万仕国辑校：《刘申叔遗书补遗》，广陵书社2008年版，第107—108页。
④ 无署名：《兵制》，《中国白话报》第11期，1904年5月15日，历史，万仕国辑校：《刘申叔遗书补遗》，广陵书社2008年版，第212页。

第四，国粹派对颜李学的阐释不免渲染上一层浓厚的民族主义色彩。刘师培曾言"学术之界可以泯，种族之界不可忘也"①，这成为国粹派共同的论学原则。他们如此推崇颜李学，一个重要原因便是颜元、李塨"眷怀旧都，形于言表"②，绝不与清廷妥协。职是之故，他们在表彰颜李学术时，难免会带有一种民族主义情结。邓实便认为颜元"怀抱国仇，痛心种族，至死不悔"③，其"生当鼎革，不欲曲学以进身，乃以望之百世以后之王者，其志亦可悲矣"④。刘师培亦指出颜元"虽以高隐终，然身际鼎革，目击□祸，光□之念时蓄于怀"⑤，"又以建夷宅夏非尚武、不克树勋，思以武健之风转易民俗，其旨与晳种藉民为兵同"⑥。为了凸显颜元的遗民色彩，刘氏不惜改变颜元出生时间，将其说成是明神宗时期的大儒⑦，其实刘未必不知此做法有悖事实⑧，这仅是其宣传排满革命的策略而已。无独有偶，章太炎亦努力开掘颜元身上的反满因素，在他看来，颜元之所以勤于习武，崇尚兵法，其原因在于"当明室颠覆，东胡入帝，而不仕宦，盖不忘乎光复者。藉在挽近，则骑帆而动旝也"⑨。观颜元之平生，他的确未事清廷，高隐终生，但认为他胸怀光复之志则查无实据，颇为牵强，故国粹派诸人所塑造的颜元"遗民"形象距其真实情形尚有一段距离。

第五，除却对颜李学的推崇与诠释，国粹派亦对其学说的部分

---

① 刘光汉：《孙兰传》，《国粹学报》第9期，1905年，史篇。
② 刘光汉：《孙兰传》，《国粹学报》第9期，1905年，史篇。
③ 邓实：《国学今论》，《国粹学报》第4期，1905年，社说。
④ 邓实：《明末四先生学说》，《国粹学报》第15期，1906年，社说。
⑤ 刘光汉：《颜李二先生传》，《国粹学报》第12期，1906年1月14日，史篇。
⑥ 刘师培：《习斋学案序》，《刘师培全集》第3册，中共中央党校出版社1997年版，第561页。
⑦ 光汉：《中国理学大家颜习斋先生的学说》，《中国白话报》第5期，1904年2月16日，学说，万仕国辑校：《刘申叔遗书补遗》，广陵书社2008年版，第105页。
⑧ 在《颜李二先生传》中，刘师培明确指出颜元生于崇祯八年（1635）。
⑨ 章太炎：《颜学》，《訄书》重订本第十一，《章太炎全集》第3册，上海人民出版社1984年版，第151页。

内容提出商榷。一是质疑颜李对"格物"的解释。对于"格物"的含义,历来众说纷纭。朱熹训"格"为"至",即穷尽事物的本然之理,但他又不赞同接触实际事物,"格物之论,伊川意虽谓眼前无非是物,然其格之也,亦须有缓急先后之序,岂遽以为存心于一草一木器用之间而忽然是悬悟也哉?且如今为此学而不穷天理、明人伦、讲圣言、通世故,乃兀然存心于一草一木、器用之间,此是何学问?如此而望有所得,是炊沙而欲成其饭也"①。王守仁则另辟蹊径,训"格"为"正":"格者,正也,正其不正以归于正之谓也。正其不正者,去恶之谓也。归于正者,为善之谓也。"②"格物"就是去掉心中恶念,作存天理、灭人欲的修养功夫。故朱、王二人皆把"格物"的归宿置于内在的道德领域之中。颜元则强调外在践履,实用实行,所以他对"格物"的解释与理学家迥然有别:

> 按"格物"之"格",王门训"正",朱门训"至",汉儒训"来"。似皆未稳。窃闻未窥圣人之行者,宜证之圣人之言,未解圣人之言者,宜证诸圣人之行。但观圣门如何用功,便定"格物"之训矣。元谓当如史书"手格猛兽"之"格","手格杀之"之"格",乃犯手捶打搓弄之意,即孔门六艺之教是也。③

简言之,颜元主张人们动手去做实际的事情。唯有如此,才能在具体事物中认识其间的道理,亦即"手格其物而后至"④。李塨则对师

---

① 朱熹:《答陈齐仲》,《晦庵先生朱文公文集》卷三十九,《朱子全书》第22册,上海古籍出版社、安徽教育出版社2002年版,第1756页。
② 王守仁:《大学问》,《王阳明全集》下卷二十六,上海古籍出版社1992年版,第972页。
③ 颜元著,王星贤、张芥尘、郭征点校:《习斋记余》卷六,《颜元集》下,中华书局1987年版,第491页。
④ 颜元著,王星贤、张芥尘、郭征点校:《四书正误》卷一,《颜元集》上,中华书局1987年版,第159页。

说进行了一定程度的修正。他在《大学辨业序》中写道："丁丑（康熙三十六年，1697），重如浙，戊寅端月，至杭州旅次，晨兴，忽解'物'即《大学》中之'物'，'格'即可如程朱训为'至'，即学也……返证之六经、《语》、《孟》，历历可据，而向未之见及也。"① 按照李的思路，"物即身心、家国、天下之物也。格，至也，学习其事也"②。可知李塨一方面认同了程朱有关"格物"之解，另一方面其将"格物"训为"学习其事"，又是对颜元说法的继承，故李塨实折中于程朱与颜元之间，反映出他力图从经典中觅求依据以支撑颜李学说的尝试。当然，颜李对"格物"的训解虽对传统知行观有所突破，但毕竟又失之片面，这也成为国粹派进行商榷的依据。刘师培就特意用较大篇幅对颜李的"格物"解做一评述：

> 博野颜元之解格物也，谓物即《周礼》乡三物之物，六德、六行、六艺是也。于三物之中，尤偏崇六艺，惟于格字无确诂，其弟子李塨作《大学辨业》，谓《大学》一书，是教人成法，其法维何？即所谓物也。其物维何？即《周礼》三物也。又以造其至训格字，其言曰三物既造其至则物无不致，与紫阳训格为致，其失略同。夫《周礼》名言乡三物，则三物为乡学之教，非大学之教。又六德、六行，已该于齐家修身正心之中，不必另属于格物，且李氏既以物为三物，又于三物之中，独取六艺，颜氏《存学编》曰：古人之教惟礼乐射御六艺之事。李氏本之，故《大学辨业》序曰：格物者，学习礼乐射御书数，六艺之物也。又《辨业》曰：大学六艺，是礼乐御射书数，而《辨业》一书均以格物为六艺。复谓格物之物，即

---

① 李塨：《大学辨业序》，《大学辨业》，陈山榜、邓子平主编：《颜李学派文库》第三卷，河北教育出版社2009年版，第979页。
② 李塨：《给陈秉之学院书》，《恕谷后集》卷五，陈山榜、邓子平主编：《颜李学派文库》第三卷，河北教育出版社2009年版，第758页。

> 意心身家国天下之物，立说互歧，移经文以就己意。毛奇龄作《逸讲笺》攻之，非无以也。盖颜李以六艺垂教，法匪不良，惟附会《大学》，则为失词，况古籍之言物者多矣。若师颜李之例，则《左传》昭七年言六物不同，言天文历法者，亦可解格物即六物，以《大学》为测天之书矣。《周官》校人职，有辨六马之属一节，佟博物者，亦可解格物即六马，以《大学》为相马之书矣。①

可见刘氏觉察出颜李附会《大学》以训解"格物"，学理上难以讲通。颜李虽然"解释格物，援据《周官》，又以三物教民，推崇六艺，则立说未免稍偏"②，但他们之所以运用缘饰经说的手法，是欲图达到倡言经世致用的目的，所以在刘看来，其做法虽不足取，毕竟目的纯正，"合于儒术不足为益，即背于儒术亦不足为轻，明于此义，庶可以读先生之书矣"③。

二是对颜李学偏重实物、缺乏理论构建的倾向提出批评。这以章太炎为代表。章氏认为轻视哲学思辨并非颜李学所独有，中国自古便缺乏这方面的理论建设，历代学人"皆鬼琐于百物之杪枝，又举其杪枝以为大素，则道术自此裂矣。故曰滞于有形，而概念抽象之用少也"④。他以相马和射箭为例："古者更世促浅，不烦为通论。渐渍二三千岁，不推其终始，审其流衍，则维纲不举，故学有无已而凑于虚。且御者必辨于骏良玄黄，远知马性，而近人性之不知；射者必谨于往镞拟的，外知物埻，而内识埻之不知；此其业不火驰乎？其学术

---

① 刘师培：《格物解》，《国粹学报》第 35 期，1907 年，博物篇。
② 刘师培：《习斋学案序》，《刘师培全集》第 3 册，中共中央党校出版社 1997 年版，第 561 页。
③ 刘师培：《习斋学案序》，《刘师培全集》第 3 册，中共中央党校出版社 1997 年版，第 562 页。
④ 章太炎：《颜学》，《訄书》重订本第十一，《章太炎全集》第 3 册，上海人民出版社 1984 年版，第 152 页。

不已憔悴乎？"① 况且"今颜李所治六艺云何？射御犹昔，礼乐即已疏陋，其言书数，非六书九章也。点画乘除，以为尽矣。贩夫贩妇，以是钩校计簿，何艺之可说？"② 因此颜李轻视抽象概念的做法难免流于"以事代理"，否定哲学思维的存在，并不能促使中国传统学术走向真正繁荣。章氏可谓一语点中颜李学说体系的最大偏弊。1907 年后，刘师培倒向无政府主义，对曾经十分推崇的颜元也大加批驳。刘认为颜元的那套学说，"用之教育，则舍普通知识外，鲜事穷理，术存而学亡。惟以体育、智育之名，相竞于众，实则承其学者，莫不殚精于实际，以自锢其心，障其灵府，汩其天才，无复自然之乐。其去程朱之主敬几何？若用其术以驭民，则与教育陆军之法，约略相符，辅之以训练，梏之以繁文，使之不识不知，处浑沌之中，顺上之则，罔敢或违。惟健其身躯，娴于小技，多能鄙事，以备在上有力者之需，势必灵智愈塞，鄙劣性成，习于服从，囿于浅狭。即使民业日进，然民性亦益趋顽钝矣。颜说若行，必至尽人而为上海之印捕。今清国政府其期于人民者，不越于兹策。然工业盛，则政府仰其供；民力强，则政府趋之战；使为之民者，处于非智非愚之一境，以仰其指挥。是则颜氏之说，乃政府之便于利用者也。即使行之果善，亦不过使举国人民，蹈独逸日本人民之苦，以逞帝国之光荣。否则，外强中干，势等非洲之突厥。土耳其。颜说之善，果安在耶？"③ 应当说，刘对颜李学"鲜事穷理"的批评比较到位，不过认为颜李学"乃政府之便于利用者"则颇显武断，有失公允。毕竟此时刘乃无政府主义的狂热信奉者，故其部分言论不能以纯学术研究视之。

---

① 章太炎：《颜学》，《訄书》重订本第十一，《章太炎全集》第 3 册，上海人民出版社 1984 年版，第 152—153 页。
② 章绛：《与王鹤鸣书》，《国粹学报》第 63 期，1910 年，通论。
③ 申叔：《非六子论》，《天义》，第 8 至 10 册合刊，1907 年 10 月 30 日，论说，万仕国辑校：《刘申叔遗书补遗》，广陵书社 2008 年版，第 815—816 页。

综上，国粹派学人对颜李学的研究，既有对其学说本身的挖掘与"发现"，又有基于政治诉求的阐释与"发明"，在这种古今沟通、中西交融之下，近代意义上的颜李学之雏形已初具规模。

小　结

行文至此，实有必要将清前中期与晚清两个时期颜李学传播的情形做一对比，以期更深入地把握颜李学于清代发展的脉络。总体而言，在清前中期与晚清，颜李学在传播过程中存在着较大的差异，归纳起来，大致有如下四个方面：

第一，在传播者身份上，两个时期迥然不同。清前中期，颜李学处于初创阶段，颜李学的传播活动皆由颜元、李塨本人及其门下弟子完成。如颜元游历中州，李塨盘桓京师、南下江浙、游幕中州、西历关中，恽鹤生回归故里，都不是一般的学术交游，而是肩负着传播颜李学的重任。他们通过交谈、辩论、劝说、讲学、书信等多种形式来扩大影响，传播学说。如颜元在南游中州时，曾与当地学者张仲诚展开激烈的辩论："八月，先生与仲诚及其门人明辨婉引，几一月。"后临行前颜元希望张"进习行，以惠苍生"，张"拜手许诺"。[①] 李塨亦然，当其路过扬州，"拜蔡瞻岷，与言习斋《存学》大旨，治岷击节称是"[②]。恽鹤生自不待言，正如本文第一章所述，他晚年返乡常州，除却养老之外，更多的打算恐怕还是传播颜李之学。不过除去本身信

---

① 颜元著，王星贤、张芥尘、郭征点校：《颜习斋先生年谱》卷下，《颜元集》下，中华书局1987年版，第771—772页。
② 冯辰、刘调赞撰，陈祖武点校：《李塨年谱》，中华书局1988年版，第53页。

奉颜李学说的学派成员之外，时人虽不乏赞同者，但他们却极少宣传颜李学。李塨一生播扬颜李学，晚年曾叹曰："塨孱弱无能为役，而粗解其巅末，于是推明颜先生学，以告当世。海内之有学问者，或信或疑，亦率窃窃然谓今世有颜李之学，远宗周孔也者。即来执经下问者，亦不乏其人，然求其凝于心，行于身，实可经济于天下者，鲜见，岂无德之躬，不足以振起之耶？忽忽焉塨亦遂六十有九矣。"[①] 于此可见，虽然颜李学在清初烜赫一时，但自始至终，真正传播学说者仍仅限于颜李学派成员。反观晚清，情形则大不一样。不管是开启颜李学复兴肇端的戴望，还是后来的永嘉后学、河北学人、国粹学派同仁，他们并非如颜李弟子们持信奉态度，而是以研究者的身份和立场来审视这门清初实学，故彼之评论既有赞同，又有批评，能够正视学说之利弊所在。可以这么讲，晚清传播颜李学的学者既有传统士人，也包括新式知识分子，但并不存在所谓的"颜李后学"，这也意味着作为学术实体的颜李学派于晚清已经消亡，余下的是该派学说的流衍与递嬗。

第二，既然传播者的身份发生转换，其传播目的因之判然有别。清前中期，颜李等人传播自身学说的目的无非批判宋明理学及其他非儒学派之流弊，扩大学术影响，吸纳本派门人。对于本学派主旨，颜元曾不止一次地加以申明，即：

> 仆妄论宋儒，谓是集汉、晋、释、老之大成者则可，谓是尧、舜、周、孔之正派则不可。……某为此惧，著《存学》一编，申明尧、舜、周、孔三事、六府、六德、六行、六艺之道，大旨明道不在《诗》、《书》章句，学不在颖悟诵读，而期如孔门博文约礼，身实学之，身实习之，终身不懈者。著《存性》一编，大旨

---

① 冯辰、刘调赞撰，陈祖武点校：《李塨年谱》，中华书局1988年版，第192页。

第二章 传播与阐释：晚清学人与颜李学研究的展开

明理、气俱是天道，性、形俱是天命，人之性命、气质虽各有差等，而俱是此善；气质正性命之作用，而不可谓有恶，其所谓恶者，乃由"引、蔽、习、染"四字为之祟也。期使人知为丝毫之恶，皆自玷其光莹之本体，极神圣之善，始自充其固有之形骸。①

既然认为自己所传乃"周孔正学"，那颜李学派就当努力跻身主流学术圈内，博得更多的学术话语权，而其途径便是宣传学说和招收门生，是故清前中期颜李学派所进行的诸多活动皆围绕这两方面展开。对于此二目的，颜李学派亦不讳言，如南游中州后，颜元就曾道出其扩大自己学说影响的意图：

仆尝有言，训诂、清谈、禅宗、乡愿，有一皆足以惑世诬民，而宋人兼之，乌得不晦圣道，误苍生至此也！仆窃谓其祸甚于杨、墨，烈于嬴秦；辄为太息流涕，甚则痛哭！友人中惟李刚主、张文升差可共学，而礼、乐、兵、农、水、火、工、虞八者，粗做一二；然为衣食迫，各去张皇世务，不得聚首，恐亦终不能劲竖脊梁，担荷此道也。乾坤中将如斯而已乎？天下果无一人于此道乎？辛未之岁，不惜衰萎，决计出游，欲自中豫绕雍、扬转青、徐而求师、寻友，庶几有如伊、孟、文忠者肩此一任，仆可以反庐安老以待毙矣。乃盘桓中州八阅月，二千余里，所见如张起庵师弟、孙征君、周铁邱、云骨子诸翁之门人，所闻如耿逸庵、李中孚、俞春山，大抵皆宋人之学，而更不及，仁义真充塞矣。非罢口敝舌，辩开一分宋学，孔道一分不入。②

---

① 颜元著，王星贤、张芥尘、郭征点校：《上太仓陆桴亭先生书》，《存学编》卷一，《颜元集》上，中华书局1987年版，第48—49页。
② 颜元著，王星贤、张芥尘、郭征点校：《寄桐乡钱生晓城》，《习斋记余》卷三，《颜元集》下，中华书局1987年版，第439—440页。

同时，颜元对学派后继无人的担忧也于其著作的字里行间多有流露，如在给陈端伯的信中，颜写道："先人血嗣未立，一隙承绪无人，自蠹归博又十五年矣，郁郁寒窗，便如此以死哉！近迁祁城，妄希或得一二人才，可承一隙者。"① 而时至晚清，由于颜李学派已经中绝，所以学者们提倡颜李学，便不再负有接续圣道与吸纳门生的责任。他们之所以推崇颜李学，主要是吸取其中有资经世、利于变革的内容，为其学术主张和政治诉求提供资源。戴望撰写《颜氏学记》，一主要意图便是借颜李批判程朱理学，以博得学术话语权；同时秉着"大旨期于有用"的目标来发挥颜李学中追求实用的内容，以期能挽救社会危机。永嘉后学孙锵鸣、宋恕、陈黻宸等人亦是如此，一方面为复兴永嘉之学寻求奥援，一方面为宣传改良主张觅取论据。国粹派邓实、刘师培、章太炎甚至在开掘颜李学说本身特色的同时，改塑其说，为我所用，给其涂抹上厚厚一层"默契西法"与"仇满革命"的色彩，实距颜李学之本意渐行渐远。

第三，相异的时代环境和不同的传播目的，体现在传播方法与区域上，自然是互有差别。颜李所生活的时代，印刷出版业尚不发达，尤其并未出现像报纸、杂志之类的近代传媒工具，因而他们传播自身学说，主要依靠交谈、辩论、规劝、讲学、书信、结社等方式，尚处于人际传播的阶段。这种单纯依靠人际关系构建传播网络的方法必然局限了受众的数目、传播的区域。颜李学之所以多流播于北方，而在南方学界影响不大，一个重要原因便是地域因素。颜李弟子多为北方人，且他们赴南方传播的次数不多②，其学说于这些地域自然少人问津。故考察颜李学覆盖区域与影响程度，大致可分为三个层次。一是

---

① 颜元著，王星贤、张芥尘、郭征点校：《答陈端伯中书》，《习斋记余》卷四，《颜元集》下，中华书局1987年版，第461页。
② 颜李学派中，颜元未涉足长江以南地区，李塨曾赴浙江、江苏等地交游讲学，王源在淮安、恽鹤生于常州曾进行传播，但效果并不十分理想。

第二章 传播与阐释：晚清学人与颜李学研究的展开

以博野、蠡县、京师、肥乡（漳南书院）为中心的河北传播区，颜李学派主要在此区域内活动，颜李学于其中广为倡扬，且弟子甚众，故影响力最大，堪称核心区域。二是由以安阳、汤阴、开封为中心的中州地区和以西安、富平、商州为中心的关中地区所构成的中西部传播区。颜元、李塨皆曾南游中州，李塨后来又西历关中，他们将颜李学传至该地。由于北方学风近似，加之颜李师徒于中州、关中地区结识了不少友人，招收了一些门生，故颜李学在该区域颇有影响，难怪陶甄夫在《秦关稿序》中称："颜李之学，数十年来，海内之士，靡然从风。"① 三是杭州、桐乡、嘉兴、南京、淮安、常州为中心的江浙传播区。这些地方，主要是颜元的几位弟子即李塨、王源、恽鹤生等人曾经进行过学术活动，向当地学者、官吏引介颜李学说。应当说，他们的学术交流一度产生了良好效果。李塨60岁时，曾怀疑自己在南方传播的效果，在日谱中记道："岂南方信此道者已众乎？"② 通过一年与南方学人的书信往还，李塨自感颜门弟子的传播努力确有成效，"南方学者，多有兴起，当往观之"③。于是决定趁热打铁，迁居南京，"时先生欲南迁，而灵皋为戴田有事入旗，将北居，因以其南方田宅赠先生，先生即以北方田宅易之，故将往江南相宅"④。应当说，若李能南迁定居，凭借他在当时学界地位与个人学术造诣，自然能使颜李学于南方学界传播中打开局面，占有一席之地。孰料，其长子习仁于途中病逝，李塨哭曰："天意不使南也，已矣！"⑤ 其南迁之举遂作罢。而颜李学向南方学界渗透的契机亦因之无果而终。此时仅有恽鹤生一人于常州地区孤军奋战，深陷汉学家包围之中，自然收效甚微。

---

① 冯辰、刘调赞撰，陈祖武点校：《李塨年谱》，中华书局1988年版，第162页。
② 冯辰、刘调赞撰，陈祖武点校：《李塨年谱》，中华书局1988年版，第162页。
③ 冯辰、刘调赞撰，陈祖武点校：《李塨年谱》，中华书局1988年版，第167页。
④ 冯辰、刘调赞撰，陈祖武点校：《李塨年谱》，中华书局1988年版，第174页。
⑤ 冯辰、刘调赞撰，陈祖武点校：《李塨年谱》，中华书局1988年版，第177页。

颜李学于晚清复兴之初，其传播方式依然是采取传统的人际传播，故戴望、永嘉后学、王灏、贾恩绂等人的努力尚不足以令颜李学为学界所熟知，"舍其传其学者鲜矣"①。近代以来，报纸、杂志等新式传媒兴起，颜李学借助这些载体逐渐进入广大学人的视野，其传播模式亦升格为媒体传播阶段。传媒的进步自然促进传播区域的扩大，报刊所到之处，颜李学便为读者所了解，加之其著作的不断重刻，颜李学的影响已覆盖全国大部分地区，且在日本亦有流传。②

另外，由于清前中期颜李学者肩负传播学说与发展弟子两层重任，故他们在传播途径上还存在横向与纵向两个维度，即广交至友同道和延揽培养后学。由于到了晚清，颜李学派已成为历史名词，所以其传播仅剩横向一个方面。这一点亦当注意。

第四，正因为以上三个方面的不同，故在传播效果上显现出很大的差异。清前中期颜李以倡导实学独树一帜，的确给彼时学界一大轰动，"余少闻燕南耆旧：一为博野颜习斋……平日皆尚质行，稽经道古。习斋无子，其《论性》、《论学》、《论治》之说，赖其徒李塨、王源，发扬震动于时"③。特别是自颜元南游中州（1691）始，至李塨西历关中（1711）归来，这二十余年间，颜李学在学界之影响迅速扩大，一时成为显学。当然，表象上的广为关注不代表颜李学已拥有坚实的信徒队伍。即使在其学说传播的黄金时期，真正信奉颜李学者亦并不太多，"即来执经下问者，亦不乏其人，然求其凝于心，行于身，始可经济天下者，鲜见"④。故颜李学走向中衰，其后继乏人应是要因之一。

---

① 刘师培：《近儒学术统系论》，《国粹学报》第27期，1907年，社说。
② 1906年，日本墨学会于东京刊刻二卷本《颜元学记》，即是明证。
③ 方苞：《刁赠君墓表》，《方苞集》（上）卷十三，上海古籍出版社2008年版，第375页。
④ 冯辰、刘调赞撰，陈祖武点校：《李塨年谱》，中华书局1988年版，第192页。

第二章 传播与阐释：晚清学人与颜李学研究的展开

较之清前中期，晚清的颜李学传播虽无"震动一时"的效果，但在社会危机的刺激之下，颜李学中的经世因素引起广大士人与新式知识分子的关注，经过前后几代人的倡扬、开掘、诠释与修正，颜李学逐渐成为追求实学精神的重要代表。在没有后学信奉与传播的情况下，颜李学反而"老树新花别样红"，不仅再度复兴，并开始完成由传统向近代的蜕变。

傅斯年在批判中国传统学术之弊端时，首先就对家学模式大加挞伐，"以人为单位之学术，人存学举，人亡学息"，"数传之后，必至黯然寡色，枯槁以死"。① 其言论虽不无偏激，但确也点中了传统学术在传衍当中存在的严重不足。颜李学的传播即是如此，清前中期虽显赫一时，终走向中绝，"山重水复"；晚清其逐渐复兴，在经过近代意义的改塑后，始拨云见日，"柳暗花明"。故我们可以认为，在清前中期，颜李学是有"学"有"派"，而时至晚清，则有"学"无"派"，仅剩下学说的传播与研讨。

当然颜李学于晚清的复兴，并不能以显学视之，与同时期顾、黄、王"明末大三家"相比，无论是其学说受欢迎程度，还是社会对其地位的认可而言②，颜元、李塨皆逊于三大家不少，故颜李学之传播与阐释尚处于上升阶段。其学说受人追捧，以至烜赫一时，当是进入民国之后的事情。

---

① 傅斯年：《中国学术思想之基本误谬》，《傅斯年全集》第一卷，湖南教育出版社 2003 年版，第 22 页。
② 晚清"明末三大家"从祀事件便是最佳佐证。其相关研究成果已颇丰富，代表作如：夏晓虹：《"明末三大家"之由来》，《瞭望》1992 年第 35 期；陈勇勤：《光绪间关于王夫之从祀文庙的争论》，《船山学刊》1997 年第 1 期；户华为：《船山崇祀与近代湖湘地方文化建构》，《湖南大学学报》（社会科学版）2003 年第 6 期；户华为：《晚清社会思想变迁与圣庑的最后演出——顾、黄、王三大儒从祀风波探析》，《社会科学研究》2005 年第 2 期；秦燕春：《清末民初的晚明想象》，北京大学出版社 2008 年版。

第三章
中经波折：民初徐世昌对颜李学之推崇

甫入民国，颜李学研究并未随着现代知识与制度的转型而愈加走向深入，反而出现一段波折甚或是倒退，其肇因即在于政治力量的介入。天津籍政治人物徐世昌借身为总统之便，曾在民初大为推崇颜李之学，印遗著、办学会、出杂志、建学校，出力颇多；颜元、李塨亦骤享生前未有之殊荣，得以从祀孔庙。徐世昌缘何如此抬高颜李之学？其历史渊源与现实境遇各是什么？其运作过程具体又是怎样？同时此举对颜李学于晚清民国的命运又会产生怎样的影响？揆诸学界现状，以上问题多未得到完满之解答，这恰是本章所要着力探讨之处。

第一节 "尊颜李即尊天津"：解读"颜李从祀事件"的另一视角

1919年1月3日，身为民国大总统的徐世昌发布《崇祀先儒令》，将清代初年的颜元、李塨从祀孔庙，令称：

> 孔子道赞化育，陶铸群伦，自汉以降，代致崇典。后之儒哲，被服古训，紬绎道义，或尊德性，或阐知能，觉世牖民，廉顽立懦。两庑祀位，亦复代有增列，所以重儒修明正学也。方今世界，文化日益昌明，孔子之至德要道，著在六经，传译邻邦，交相倾仰。况我国人，涵濡德化，既深且久，欲开来以继往，宜尊闻而行知。至于升堂入室之序，尤以躬行实践为归，不有表章，焉知遵率，先儒颜元、李塨，清初名硕，生平著书立说，本原仁孝，归功实用，深得孔子垂教之旨。曩当制礼之初，曾有从祀之议，频岁泯棼，因仍未举。兹据内务部以颜、李两儒，有功

圣学，呈请从祀两庑，位汤斌、顾炎武之次。事关祀典，谊度佥同，应予照行，用昭茂矩，风徽所在，胖玺攸隆，入德即在，彝常导世，先端教化，永资矜式，以示来兹。此令。①

徐增加文庙从祀人员，这是民国史上唯一的一次，也是中国历史上的最后一次。经过这次增祀，文庙两庑从祀的先贤先儒达到156人。从祀孔庙之制，启于东汉，后历代沿革不绝，遂演化成官方祭祀大典。诚如黄进兴所论：

> 历代孔庙从祀制无疑均是一部钦定官修儒学史，十足体现历史上儒学的正统观。由于儒生强调"道统于一，祀典亦当定于一"，使得历代从祀制与道统思想彼此对应，而不同时代的从祀制恰好代表不同的圣门系谱，其中包涵了丰富多变的学术讯息，值得我们细心解读。②

具体到颜李从祀事件，按照黄的说法，亦当反映出以徐世昌为首的知识群体对颜李学所代表的圣门系谱的认同与崇信，其间的学术意蕴颇值深究。不过，目前学界对该事件的看法，却仍将其视为一场政治闹剧和文化倒退。如姜广辉认为"徐世昌便利用颜李之学在当时的影响来维系'世道人心'，企图以此阻遏新思想的发展。实际上，他尊颜李不过是尊孔孟的变相形式"③。而解成对该事件的评价更低。在他看来，徐世昌捧出颜李，"是在现实的社会政治生活中对颜元又一次加以别有用心的利用。在他上台之前，风起云涌的新文化运动已经

---

① 徐世昌：《一月三日大总统令》，《申报》1919年1月6日。
② 黄进兴：《优入圣域——权力、信仰与正当性》，台湾允晨文化实业股份有限公司1995年版，第298页。
③ 姜广辉：《颜李学派》，中国社会科学出版社1987年版，第203页。

第三章　中经波折：民初徐世昌对颜李学之推崇

席卷全国……一些封建残渣余孽为了对抗这种攻击，便大肆鼓噪尊孔读经来维护他们心目中的封建偶像。徐世昌的尊颜，本质上便是这股尊孔逆流的一个组成部分"①。如果因以上结论成说较早，或许尚受时代观念局限，那么朱义禄在其近作《颜元、李塨评传》中依然认为徐"以倡导颜李之学的名义去重光孔圣人，其保守意义是不言而喻的"②。可见学界对于徐之尊崇颜李的举动整体评价不高。

揆诸三家之说，皆着眼于徐世昌从祀颜李的政治目的与文化保守立场，将该事件诠释为一场徐氏借复兴颜李学之名行强化意识形态控制、抵御新文化运动的政治运作③，这当是徐世昌题中应有之义，然而，这是否就能概括徐初衷之全貌？况且，立足于政治目的和文化立场，这种视角仍是从外在因素上下功夫，未能从颜李学自身发展的内在理路来考虑，不免有失片面。更耐人寻味的是，他们于文中立论所据材料多为四存学会代会长李见荃的一段演说词，其文如下：

> 民国以来，邪说横行，生灵涂炭，生心害政，曾无砥柱中流起而救之者。前总统徐东海先生牖民觉世，正本清源，倡立四存学会，以颜李为标准，实以孔孟为依归，使朝野上下群趋于德行道艺之一途，敛之为孝子悌弟之常，扩之即纬地经天之业。迄今三年，时局虽变，历久不渝，其识量力量均有大过人者，非徒博文治之虚名也。④

---

① 解成：《近代中国对颜元形象的两次改造》，《河北学刊》1988 年第 1 期。
② 朱义禄：《颜元、李塨评传》，南京大学出版社 2006 年版，第 331 页。
③ 与姜、解、朱三位看法略有不同，陈山榜指出"直隶历史上并不乏名儒，如荀况、董仲舒以及差不多与颜元同时代的孙奇逢等，而徐世昌为什么不选他人，惟选颜元呢？其实是民国初年的中国社会，已经初具颜元实学思想生存和发展的土壤了"（陈山榜：《颜元评传》，人民教育出版社 2004 年版，第 4 页）。
④ 李见荃：《四存学会三周年纪念演说词》，《四存月刊》第 18 期，1923 年 12 月。

仅从字面研读，徐世昌从祀颜李、创办四存学会似乎就是为了抵御新说，"使朝野上下群趋于德行道义之一途"。不过，若将李氏的这番话置于其时的具体背景之中考察，则不免仍存两点疑窦。一是李氏此论乃是其在四存学会上的演说词。公开演讲，李氏自然会以冠冕堂皇的理由来证明四存学会创设之合理性，似不能全然信之；二是此演说发表时间是1923年底。前一年6月2日，徐世昌已于内外交困之情形下宣布辞职下野。①徐政坛失势意味着四存学会所依托的政治后台轰然崩塌，加上学会内部的人事纠葛②，学会于1924年初宣告解散。而李见荃于1923年底的这篇演说，其意味十分明显，即号召同仁团结一致，维持学会之存在。故这种类似注射"强心剂"的思想动员，自然不可能将徐崇信颜李、创办学会的意图和盘托出。反倒是对四存学会素来不满的桐城学者刘声木，在其一段看似无意的评论中，却道出徐世昌崇信颜李的另一层深蕴：

> 当□□□□之间，当局为天津某君，一时盛传颜李二氏学说，尊之者几欲挤孔孟而上之。复又有配享孔子庙廷，位次当在十哲之上等说。天下靡然从风，以为钻营地步。……当时所以盛行颜李学说者亦有故。颜名元，字浑然，号习斋，博野人。李名塨，字刚主，号恕谷，蠡县人。皆直隶省人，与天津某君为同省，尊颜李，即所以尊天津……③

---

① 详见徐世昌《韬养斋日记》（天津图书馆2004年影印本）民国十一年五月初七日所记："（徐世昌）午刻到居仁堂，约顾维钧及国务员孙慕韩、钱干臣、汪伯棠诸君约计十数人宴集久谈，宣布去职之意。因昨日天津集合旧国会一百数十人，宣布请黎黄陂复职，南北统一。余今日依据约法因病不能行使职权，将印信移交国务院摄行职务，依法办理，余即宣告辞职。发命令后即登车赴津，军政各界文武职官在车站送行者甚众。抵津，军警政治各界及乡人来车站迎迓者甚众。"
② 该问题将于后面章节中详论，此处从略。
③ 刘声木：《颜李学说》，《苌楚斋随笔续笔三笔四笔五笔》上册，中华书局1998年版，第129页。

限于识见，刘氏未能参透徐于该运作背后所隐含的政治用意，不过其"尊颜李即尊天津"的说法却不啻给人提供了另一种考察"颜李从祀事件"的视角：即从区域文化建构的层面来审视，徐世昌诸人凭借政治资源崇祀颜李，使其从"一地学"升格为"天下学"，其结果便是令有清一代并不十分彰著的"北学"能够获取更多的学术话语。

这让人不禁回想起晚清的"船山崇祀"运动。与顾炎武、黄宗羲并称"明末三大家"的王夫之虽于今日无人不晓，其实不仅他生前毫无风光可言，即使身后很长一段时间亦声名寂寥。"当是时，海内儒硕，北有容城，西有鳌屋，东南则昆山、余姚，而亭林先生为之魁。先生（王夫之）刻苦似二曲，贞晦过夏峰，多闻博学，志节皎然，不愧顾、黄两先生。顾诸君子肥遯自甘，声名益炳，羔币充庭，干旌在野。虽隐逸之荐，鸿博之征，皆以死拒，而公卿交口，天子动容，其志易白，其书易行。先生窜身猺峒，绝迹人间，席棘饴荼，声影不出林莽。门人故旧，又无一有气力者，为之推挽。没后四十年，遗书散佚。……后生小子，至不能举其名姓，可哀也。"① 道光年间，湘人邓显鹤开始整理船山遗作。后随着以曾国藩为首的湘军集团之崛起，湖南士绅借助其权势资源刊刻《船山遗书》，并大力倡言船山学说，于书院、乡祠广为崇祀。在多次请祀文庙未果之后，1908年9月27日，上谕终于正式批准王夫之从祀文庙。② 至此，湖湘官绅长达近七十年的"船山崇祀"运动告一段落。

崇祀王夫之绝非仅仅单纯地弘扬乡贤，它实与近代湖湘地区的地方文化建构策略密切相关。作为可资利用的地方先贤与学术偶像，王

---

① 邓显鹤：《船山著述目录》，《船山全书》第16册，岳麓书社1996年版，第411页。
② 朱寿朋编：《光绪朝东华录》第5册，光绪三十四年（1908）九月，中华书局1958年版，总第5993—5994页。

夫之受到湘人的极大关注和推崇,从搜辑遗书、讲求船山之学,到于书院之中广为崇祀,并终登文庙祀典,可以说,近代湖湘地方文化建构很大程度上以凭借崇祀船山这一独特形式来开展的。①

反观徐世昌等人的"颜李从祀事件",其初衷和举措与船山崇祀颇有异曲同工之妙。而令人疑惑的是:徐世昌为何于此时崇祀颜李?其背后所依据又意欲提倡的是何种地域文化资源?众所周知,颜李学产于河北,河北古称燕赵,其地文化常作燕赵文化。从学术范畴而言,燕赵之学即"北学"。既然徐世昌"尊颜李即尊天津",除却其中所蕴含的维护自身政治统治的因素外,若从更为宏大的地域之学来把握,那徐所依据并欲倡扬的学术形态即"北学",这亦成为本章解读"颜李从祀事件"的一种视角。

第二节 莲池书院与"北学"重振

笔者前于绪论中已言及,清初"北学"经历了由兴至衰的过程。到清中叶,"北学"已呈晦而不彰之态。晚清民初,久处低谷的"北学"曾有过些许短暂复兴的迹象,为之后徐世昌尊崇颜李学提供了相应的学术资源和人才储备,这可视为其一系列政学运作的历史渊源。

而引发这股"北学"重振潮流的学术中心,正是清代著名省级书院——保定莲池书院。本节内容既无意于对莲池书院的培养模式与发展历程多做分疏,亦不打算就其之于晚清直隶乃至中国教育史的意义

---

① 户华为:《船山崇祀与近代湖湘地方文化建构》,《湖南大学学报》(社会科学版) 2003年第6期。

进行研析。①笔者仅基于学术史研究的角度，试探讨在以莲池书院为核心的这一学术场域中，直隶官绅群体是如何于晚清变局中聚拢内外人材，融纳中西学术，因创相济，最终实现"北学"再振的。

晚清河北籍士人刘春堂曾于1895年作《莲池书院碑铭》一文，对晚清莲池书院与"北学"复兴的关系详加论述：

> 莲池书院者，北学盛衰一大关会也。……至国朝雍正十一年，始于其西间壁别立书院，后设圣殿三楹，河北名儒皆从祀焉。其前讲堂学舍俱备。自道光初年，蒋砺堂节相、屠可如方伯、陶凫芗、李竹醉两观察先后筹资修葺，然其时专以制艺课士，于经史经世之学犹未备也。同治初年，合肥相国节临是邦，置书二万余卷于万卷楼，以备诸生肄习，后渐增至三万余卷。聘贵筑黄子寿先生主讲。先生立学古堂，增课经古。光绪七年，推广学舍，由是北方学者莫不担簦负笈，辐辏名山，燕赵儒风为之一变。先生既开风气之先，张廉卿、吴挚甫两先生联袂接轸，皆以古文经济提倡后学，数年以来，北地士风蒸然日上，三辅英杰多出其中。夫直隶为自古名区，瑰奇磊落之才，后先继起，名臣如杨忠愍、赵忠毅、孙文正、鹿忠节诸公，名儒如孙夏峰、刁蒙吉、颜习斋、李刚主诸先生，他如纪文达之博及群书，翁覃溪之殚心著述，杰人达士，史不绝书，无如后生晚学不能上绍前徽，类皆逐

---

① 近年来，有关莲池书院在晚清河北社会文化变迁、教育近代化中的地位与作用的研究渐成热点，相关成果有：尤文远、陈美健：《论莲池书院的办学特色》，《文物春秋》1996年第3期；彭小舟、周晓丽：《曾国藩与莲池书院》，《贵州社会科学》2006年第3期；柳春蕊：《莲池书院与以吴汝纶为中心的古文圈子的形成》，《东方论坛》2008年第1期；吴洪成、李占萍：《传统向现代的失落——保定莲池书院个案研究》，《保定学院学报》2008年第4期；靳志朋：《从经世致用到融合中西——晚清莲池书院研究》，《河北经贸大学学报》（综合版）2008年第4期；靳志朋：《莲池书院与晚清直隶文化》，《燕山大学学报》（哲学社会科学版）2009年第1期。另有南开大学靳志朋2007年硕士学位论文《从经世致用到融合中西：近代莲池书院的研究》一篇。

末遗本,专务科举之学,一切经史百家,天算地舆、海国图书,当代掌故,关焉不讲,甚至问以历朝载籍,而不能举其名,固陋相安,风气日下,如是国家安望得真才?斯世安望有真儒哉?此有心世道者所深悼也。然自书院学古堂之设,学者云集响应,皆知以空疏为耻,数十年来,儒风赖以大进,由是当事诸公奖励振兴,期诸久远,吾知必有如杨忠愍、孙夏峰诸先正者接踵而起也。则书院之关于北学,岂浅鲜哉?①

诚如刘氏所言,"北学"之所以于晚清再振,莲池书院实乃其间之一大关会。同治七年,曾国藩出任直隶总督,他从改革莲池书院教学模式入手,以期振兴全省之文教事业,引入湘学,改化"北学",实开启直隶一地之士风、学风与文风转变之端绪。其后主持书院的三位山长,身体力行,倡扬古文与经济之学,终促使"燕赵儒风为之一变"。

光绪四年(1878)春,黄彭年②应李鸿章之邀,出任莲池书院山长。黄氏虽主要从事经史之学,但其治学宗旨仍归于致用,"学以言乎道也,期于实践而已"③。故他对"北学"中的经世传统颇为推崇:

夫圣人之道,昭著于六经,经师之传,导源于北学。其在汉时,京氏言《易》,卢氏言《礼》,董氏言《春秋》,毛韩言《诗》,至于隋唐,二刘、熊、李疏注于前,孔贾诸儒正义于后,

---

① 刘春堂:《莲池书院碑铭》,吴闿生编:《吴门弟子集》卷五,河北保定莲池书院1930年刊本,第47—49页。
② 黄彭年(1823—1890),字子寿,晚号更生,贵筑(今贵州贵阳市)人。他知识渊博,阅历极广,著述颇丰,曾主持纂修《畿辅通志》300卷,堪称晚清地方志之佳构。他对地舆学也有很深的造诣,著有《东三省边防考略》、《金沙江考略》、《历代关隘津梁考存》、《铜运考略》等,均有较高的学术价值。还擅长诗文,著有《陶楼诗文集》和《紫泥日记》等。
③ 黄彭年:《息争书杨湘筠叙交篇后》,《陶楼文钞》卷十,1923年江苏书局刻本。

譬诸渊海，宏纳众流，大矣！广矣！自是以来，二程、康节、元城、河间倡道于宋，文靖、子声、伯修、敬仲传业于元，迄于有明之孙鹿，国初之颜李，莫不敦崇大节，焜耀儒林，即以新城一邑而论，远则道远之博，许茂之精，近则五公山人怀文武之才、抱忠孝之节，隐居乐道，确乎不移。……士之有志于圣人者，闻诸贤之风，其亦知所兴起乎？求之六经，验之五伦，推之万事，严义利之辨，大名教之防，于以绍乡贤之遗徽，靳至乎圣人之大道，则北学之兴，将于是乎，在庶几吾夫子垂教来世之本意。①

也正出于复兴"北学"的考虑，黄彭年反思课艺之学，认为广大士子"取前人之文，日夜诵之，仿而效之，迨其成也，足以弋取科第，驯至于公卿，则是教者竭其聪明才力授人以揣摩迎合之术，铿锵无用之文，坏人才而害国家，学者之误，教者之罪也"②。他先于讲舍开设学古堂，增加经史之学的比重。同时他又请李鸿章出资购置图书三万余卷，"区其类曰经学，曰史学，曰论文，置司书，立斋长，使诸生得纵观"③。于是在黄彭年的苦心经营下，书院内吹进一股讲求经史之清风，直隶学风由之更趋多元化。

黄氏之后，张裕钊④继之主掌莲池。入主莲池书院，张氏在延续前任黄彭年教育理念的基础之上，又引入新的内容。首先，"裕钊惟天下之治在人才，而人才必出于学"⑤。因而他十分注重引导学生拓宽

---

① 黄彭年：《新城县重修圣庙碑记》（代），《陶楼文钞》卷三，1923年江苏书局刻本。
② 黄彭年：《莲池课艺序》，《陶楼文钞》卷九，1923年江苏书局刻本。
③ 黄彭年：《莲池日记序》，《陶楼文钞》卷九，1923年江苏书局刻本。
④ 张裕钊（1823—1894），字方侯，又字廉卿，初号圃孙，又号濂亭，湖北武昌人。他为学以宋学为归，亦不废汉学，作文宗桐城义法，深得曾国藩之真传。主要著作有《濂亭文集》8卷，《濂亭遗文》5卷，《濂亭遗诗》2卷。1916年，其后人重刻文集，与遗文、遗诗，合为《濂亭集》。
⑤ 张裕钊：《重修南宫县学记》，《张裕钊诗文集》，上海古籍出版社2007年版，第279页。

知识面，接触西学知识，这在《策莲池书院诸生》①中颇有体现。其次，身为"曾门四弟子"之一，张氏秉承恩师遗训，向书院士子讲授桐城义法，培养古文人才，"廉卿博综经史，治古文宗桐城家法，而益神明变化之，以是负文誉。主莲池书院最久，畿辅治古文者踵起，皆廉卿开之"②。

晚清莲池书院最后亦是最负盛名的一位山长即是"桐城后劲"吴汝纶③。吴氏来到莲池时，此地学风已日趋笃实，文风也愈发透露出桐城韵味，这为吴进行一系列的教育革新提供了良好的条件。在执掌书院十三年时间内④，吴汝纶放宽招生条件，增加经费投入，强化激励机制，改革考试办法，从而为广大直隶学子创造了较为优裕的求学氛围。同时，吴对西学的重视程度较张裕钊有过之而无不及。首先他积极购置西学书籍和时政报刊供学生阅读，并详加指导，"洋务，国之大事，诸生不可不讲。今新出之书，有《泰西新史揽要》，西人李提摩太所编，而华人为之润色者。其书皆百年以来各国转弱为强之事迹，最为有益于中国。又有《自西徂东》一书，所分子目甚多，每篇皆历道中国盛衰，而结以外国制度，亦甚可观。至若《中东战纪》，西人亦归入蓝皮书中。蓝皮者，西人掌故书也。然所纪颇乖事实，亦少叙记之法，盖非佳制。其余则同文馆及上海广方言馆所译诸书，皆可考览，而尤以阅《万国公报》为总持要领。近来京城官书局有报，而上海又有《时务报》，皆可购而阅之"⑤。其次，吴汝纶还于莲池书院设立西文学堂和东文学堂，保证学生不再单纯依赖中文译本，直

---

① 张裕钊：《策莲池书院诸生》，《张裕钊诗文集》，上海古籍出版社2007年版，第235—244页。
② 徐世昌：《晚晴簃诗汇》卷一百四十七，1929年天津徐世昌退耕堂刊本，第23页。
③ 吴汝纶（1840—1903），字挚甫，又字至父，安徽桐城人。晚清著名文学家、教育家和学者。生前享有"海内大师"和"古文宗匠"之盛名。
④ 从光绪十五年（1889）至光绪二十八年（1902）。
⑤ 吴汝纶：《答贺松坡》，《吴汝纶全集》第3册，黄山书社2002年版，第121页。

接能够阅读外文书籍。对于此举,吴汝纶不无自豪地称:"书院中兼习西文,亦恐止莲池一处也。"①

当然,作为清末桐城文派魁首,吴汝纶在直隶地区为推播古文出力尤多。吴氏之提倡古文,确同其师曾国藩有一脉相承之处,他亦欲图以桐城古文为载体,融传统文化与近代新学于一炉,以期达到经世致用之效。

综上,经过黄、张、吴两代学人前后相继的教化启迪之功,"燕赵儒风为之一变",一批青年俊彦奔涌而出,遍布直隶地区,吴闿生对这一盛况有过详细描述:

> 呜呼!一代风俗之盛衰,夫岂一日之故哉?当前清同治中,曾文正、李文忠先后来督畿甸,咸殷然有振兴文教之意,其时先大夫实刺深州,修孔庙,兴乐舞,括义学废田,大开书院,州人士忻忻向化,如百谷之沐膏雨焉。武强贺松坡先生涛、安平阎鹤泉太史志廉崛起于此。……及罢官,主讲莲池书院,于是教化大行,一时风气为之转移。盖河北自古敦尚质朴,学术人文视东南不逮远甚,自廉卿先生来莲池,士始知有学问。先公继之,日以高文典册磨砺多士,一时才俊之士奋起云兴,标英声而腾茂实者先后相望不绝也。己丑以后,风会大开,士既相竞以文词,而尤重中外大势,东西国政法有用之学。畿辅人才之盛,甲于天下。取巍科,登显仕,大率莲池高第,江浙川粤各省望风敛避,莫敢抗衡,其声势可谓盛哉!……要之,近五十年间,北方风化之转移,人文之勃兴,自先公知深冀、守天津,启其端,及莲池十载而极其大成,驯致有后来今日之盛,此天下所共见也。②

---

① 吴汝纶:《与李季皋》,《吴汝纶全集》第 3 册,黄山书社 2002 年版,第 255 页。
② 吴闿生:《吴门弟子集序》,《吴门弟子集》,河北保定莲池书院 1930 年刊本。

晚清"北学"之兴盛是否真如吴闿生所言能够令"江浙川粤各省望风敛避,莫敢抗衡",可暂且不论。至少后起的这些河北籍学人"亦各乘时有所建树,或仕宦有声绩,或客游各省佐行新政,或用新学开导乡里,或游学外国归而提倡风气,或以鸿儒硕彦为后生所依归。凡先公当时所奖识拔擢,一皆崭然有以自见,无一人阒寂无所闻者。颠覆帝制,建立民国,多与有力焉。国体既更,诸君大抵居议院为代议士,或绸缪政学,驰骋用力于上下,而后进之士熏陶渐染,闻风继起者多至不可胜数"①。他们的确在日后的直隶乃至全国的政学诸领域产生了广泛的影响,一定程度上践履了"北学"经世的传统。故笔者将这一批于直隶莲池书院求学、深受黄彭年、张裕钊和吴汝纶等名师教导、并在清末民国政治、经济、文化诸领域颇有建树的晚清河北籍学人称之为"莲池诸子"②。其主要代表人物详见表3—1:

表3—1 "莲池诸子"代表人物

姓名	字号	生卒年	籍贯	政学业绩
贺涛	字松坡	1849—1912	河北武强	光绪十二年(1886)进士,官至刑部主事,深得桐城义法真传,有《贺先生文集》四卷
王树枏	字晋卿	1851—1936	保定新城	光绪十二年(1886)进士,官至新疆布政使,精于史学和方志学,著有《陶庐文集》、《新疆图志》等
刘若曾	字仲鲁	1862—1929	河北盐山	光绪二十四年(1898)进士,官至直隶布政使。进入民国先后任直隶民政长、北洋政府参政院参政等职

---

① 吴闿生:《吴门弟子集序》,《吴门弟子集》,河北保定莲池书院1930年刊本。
② 对于由莲池书院培养而成的这批晚清知识群体,就笔者目力所及,尚无确切定义。王树枏曾将这批学人称为"河北文派"(王树枏:《故旧文存》,《陶庐丛刻》第三十三,1927年刊本),王达敏先生更径直定义为"莲池派"(王达敏:《前言》,《张裕钊诗文集》,上海古籍出版社2007年版,第21页)。二者皆是着眼于这批学人聚拢在张、吴二人周围,形成了桐城派于河北的一个新支脉,故尚不能概括该群体的全部学术宗旨和成就。

续表

姓名	字号	生卒年	籍贯	政学业绩
刘春霖	字润琴，号石云	1872—1944	河北肃宁	清光绪三十年（1904）甲辰科状元，历任直隶法政学校提调、总统府秘书帮办兼代秘书厅厅长、直隶省教育厅厅长等职
谷钟秀	字九峰	1874—1949	河北定县	1912年为南京临时政府参议院议员。次年为宪法起草委员。1914年在上海和欧阳振声创办泰东图书局，任总编辑
李景濂	字右周	1869—？	河北邯郸	光绪三十年（1904）进士，历任直隶文学馆副馆长、北洋大学帮办、北洋政府众议院议员、清史馆协修、北京大学文科左传门教员等职
梁建章	字式堂	1875—1937	河北大城	先后任陆军部秘书、直隶实业司司长、国民政府监察院监察委员
冯国璋	字华甫	1857—1919	河北河间	北洋军阀直系首领，曾任中华民国代总统
贾恩绂	字佩卿，号河北男子	1865—1948	河北盐山	近代著名方志学家，任过直隶通志局总纂、北京政府财政部盐法志总纂、临时政府顾问、东方文化事业总委员会委员等职。贾著述颇丰，有《直隶通志》、《导河一得》、《盐山新志》、《心灵探源》、《定县志》、《定武学记》、《水经注纠谬》、《南宫县志》等
高步瀛	字阆仙	1873—1940	河北霸县	著名古文学家，曾任学部侍郎，辛亥革命后先后任教育部佥事、教育部编审处主任、教育部社会司司长、北京师范大学教授等职
赵衡	字湘帆	1865—1926	河北冀州	徐世昌幕府重要成员
刘春堂	字治琴	待考	河北肃宁	清末进士，出任甘肃知县，江苏高淳县知事

由表3—1可知，这批由莲池书院培养的知识群体，虽然深受桐

城义法熏染，于古文创作颇有造诣，但他们日后的学术成就、社会影响绝不仅限于此。而且待"莲池诸子"学术功底日渐成熟之时，他们开始意识到"北学"不振的尴尬现状，于是尝试着加以改变。如成名甚早的王树楠"读魏莲陆、尹元孚《北学正续》诸编，叹其取材太狭，且不无入主出奴，门户之私，识者病焉。光绪初元，树楠尝辑直隶人物，依圣门四科之目，分类纂录：曰德行科，性理之学属之；曰言语科，词章之学属之；曰政事科，经济之学属之；曰文学科，考据之学属之，总名之曰《北学师承记》。惜其时搜讨未备，迄未成书"①。另一位师从吴汝纶门下的深泽举人赵鉽卿亦希望莲池书院诸君能够复振"北学"，"与江浙湖湘竞盛，而为国家挺有用之才"②。"莲池诸子"自然成为振兴"北学"的有生力量，他们逐渐形成学术共同体，采取多种方式力求恢复和提高"北学"的声望，以使其跻身学术主流行列，获得更多话语权，《大清畿辅先哲传》的纂修和"颜李从祀事件"即是明证。故"莲池书院者，北学盛衰一大关会也"殆非虚言。

综观晚清莲池书院与"北学"之间的关系，不难发现其间的一种独特现象：即在地方大吏的扶植下，外籍学者于此兴学重教，政治与学术资源的联合为"北学"复振提供了较为优越的条件。不过，由于几任山长并非本地学人，他们引入的更多是经史、古文、性理之学以及西学知识，故直隶一地学风呈现出多种流派杂糅并存的态势，"北学"的近代转型也随之展开。直隶青年士子们在此种独特的学术氛围中问学求道，其对"北学"的认同感依然日趋增强，最终形成扬播"北学"的生力军。这批学者其中不少成为日后徐世昌尊崇颜李学的坚定拥护者。

---

① 王树楠：《序》，《大清畿辅先哲传》，北京古籍出版社1993年版，第1页。
② 赵鉽卿：《修理莲池水道记》，《吴门弟子集》卷一，河北保定莲池书院1930年刊本。

第三节 "畿辅自有之学派"

进入民国,"莲池诸子"虽然或从政,或任教,或出国,或隐居,星散各地,分任其职,但他们并未放弃对"北学"的传播与倡扬。《大清畿辅先哲传》即是他们欲图复兴"北学"的一次尝试。于这次编纂过程中,颜李学被徐世昌等人视为"畿辅自有之学派",从而一跃跻身为"北学"之最佳代表,这也就为后来"颜李从祀事件"和创办四存学会埋下伏笔。

《大清畿辅先哲传》之编纂,其动因在于1914年北京政府出资设馆纂修《清史》,时任国务卿的徐世昌基于清初纂修《明史》之教训,"编辑诸公多系南人,北方名彦遗漏颇多,万季野曾痛切言之。今值创修清史之时,窃恐二百数十年文献,仅凭官家采访,不无遗漏,因设局搜集"①,以备清史馆采择。另外,徐世昌等人编纂此书,恐怕也是苦于以往尚无较为理想的梳理与表彰"北学"人物的著作。对于魏一鳌及后来尹会一等人续写的《北学编》,徐世昌等人认为该书"专取理学一门,规模稍狭,后之再续三续,依形就范,又有语焉不详之憾。学问之道无尽,识大识小皆为圣人所师,不可以一格拘也。是编义在表章先哲,博采宏搜,苟可信征,不嫌词费"②。是故全面搜集畿辅文献和大力表彰清代畿辅名宦硕儒便自然成为该书之主旨。③

---

① 《例言》,《大清畿辅先哲传》,北京古籍出版社1993年版,第4页。
② 《例言》,《大清畿辅先哲传》,北京古籍出版社1993年版,第1页。
③ 对于《大清畿辅先哲传》的编纂缘起、人员构成、纂修经过、学术价值等方面,学界目前尚无专文论析。其实若从易代之初的文化动向和清末民初"北学"复兴的大背景下来考察此丛书,则会发现其间隐含着多层意蕴,颇值探讨。由于本选题仅限于考察颜李学在《大清畿辅先哲传》中学术地位的升格过程,故对以上问题暂不具论。

据徐世昌《韬养斋日记》所载，编纂一事，起于 1914 年岁末。是年 12 月 26 日，"晚宴同乡纪香聪、王晋卿诸人，商办畿辅文献纂辑各事"①。不久成立畿辅文献局，组织学者搜集资料，编写书稿，"所有经费，公独任之"②。细检徐所延请学者名单，其中不少乃莲池旧人。③ 限于篇幅，笔者仅以实际主持相关事宜的五位编辑为例。除去广西籍的黄甫间和湖北籍的李心地之外，其余三人皆是直隶人，都与莲池书院渊源甚深，且同徐世昌之关系亦不一般。王树楠幼年就读于莲池书院，少有文名，时任直隶总督的曾国藩对其赞赏有加。且他与徐世昌有同年之谊④，私交甚笃。赵衡"乃吴先生（吴汝纶）暨松坡（贺涛）课冀州所得士，而并及余（徐世昌）门从松坡游尤久，受教亦最深"⑤。因此赵属于徐世昌的后辈，不过徐对其古文功底颇为看重："（赵衡）晚至京师，与余过从甚密，文酒之宴盖无役不从，为余撰述文字亦最多，一若吴贺逝后，惟余为可质疑问业者，余甚愧之。"⑥《大清畿辅先哲

---

① 徐世昌：《韬养斋日记》，天津图书馆 2004 年影印本，民国三年十一月初十日。
② 贺培新编：《徐世昌年谱》，中国社会科学院近代史研究所编辑：《近代史资料》总 70 号，中国社会科学出版社 1998 年版，第 21 页。
③ 参与《大清畿辅先哲传》编纂的人员名单如下：编辑：新城王晋卿树楠、冀州赵湘帆衡、临桂黄则甫间、沔阳李平存心地、武强贺性存葆真；校勘：容城曹云程海鹏、屏山吴蛰卿桐林、新城王法生孟戌、涞水赵石尘庆埔、故城王荫南在棠、清苑许清卓育璠、开封朱铁林宝仁、束鹿牛伯鲁增奎；采访：天津李嗣香士鉁、天津严范孙修、高阳李符曾焜瀛、盐山刘仲鲁若曾、天津华弼臣世奎、乐亭史康侯履晋、天津徐友梅世光、玉田蒋星甫式惺、大兴孟玉双锡珏、大兴冯公度恕、安肃袁霁云廷彦、献县纪泊居钜维、定州王合之延纶、清苑贺昆凡嗣盛、大城刘友石林立、东安马著羲钟琇；书记：新城王叔仁辅之、屏山吴问秋鏊、岳杨李绍甫观杜、高阳李子寿鹤楼、霸州韩泽南书城、宛平荣厚丞深、冀州赵子平锡刚、新城王茂萱树森、新城王馥园维茫、束鹿钱化南兴棠、宛平白与九恩锡、新城王季茂世忠、定兴张铭阁焰麟、冀州刘重光贵斌。
④ 详见潘荣胜主编：《明清进士录》，中华书局 2006 年版，第 1139 页。
⑤ 徐世昌：《序》，赵衡：《序异斋文集》，1932 年天津徐氏刻本。
⑥ 徐世昌：《序》，赵衡：《序异斋文集》，1932 年天津徐氏刻本。

传》中有关颜李部分，实由赵衡执笔。① 至于贺葆真，则是徐好友贺涛之子。贺涛乃吴汝纶高足，"其文章导源盛汉，泛滥周秦诸子，唐以后不屑也。其规模藩域一仿曾、张、吴三公，宏伟几与相埒，而矜练生，创意境自成，不蹈袭前辈蹊径，独树一宗，不为三先生所掩盖。继吴先生后卓然为一大家，非余人所能及也"②。徐世昌与贺亦是科考同年，"相交最笃以久"③。贺涛去世后，贺葆真在吴闿生的引荐下，拜访徐世昌，请徐资助其父贺涛文集的整理与刊刻。后贺怀感恩之心，进入徐之幕府，为其处理日常事务④。可知，编辑诸人多为徐之友人或幕僚，相近的学缘纽带使他们对于"北学"有着独特的认同感。

《大清畿辅先哲传》中设有《儒林传》一门，意在表彰清代北地所谓传承圣学之道的学者。其将当时学术流派大致分为三类：

> 学问派别，暗区门类，孙夏峰一派，为陆王之学者属之；刁蒙吉一派，为程朱之学者属之；颜李一派，为蠡吾博野之学者属之。学虽殊途，其揆则一，依次编录，以示景行。⑤

以孙奇逢为魁首的宗陆王一派，以刁包为代表的程朱学者，以及产自于直隶本地的颜李学派，依照徐世昌等人的表述，清代直隶的学术格局当呈现陆王、程朱、颜李三足鼎立之势。不过，细阅后面具体内

---

① 贺葆真《收愚斋日记》载："阅晋卿先生改订湘帆所撰颜元及王源传。《颜元传》改订尤多。湘帆在编书局撰颜李派诸儒一年而未毕，故未尝一出示晋卿。晋卿促之急，乃将撰就者录出，晋卿未审订，湘帆先自呈阅相国也。"（贺葆真：《收愚斋日记》第二十七，民国年间抄本，中国国家图书馆馆藏，民国五年四月七日）可知《师儒传》中有关颜李及其门人之文字，多出自赵衡之手。
② 徐世昌：《贺先生文集叙》，贺涛：《贺先生文集》，1914年天津徐氏刻本。
③ 徐世昌：《贺先生文集叙》，贺涛：《贺先生文集》，1914年天津徐氏刻本。
④ 有关贺于徐世昌幕府中所做具体事务，详见拙作《〈徐世昌年谱〉补正——兼论〈韬养斋日记〉的价值》，《民国档案》2009年第4期。
⑤ 《例言》，《大清畿辅先哲传》，北京古籍出版社1993年版，第3页。

容，则会发现编纂者对于三派的篇幅安排并不均衡。孙奇逢一派占两卷内容，一卷为孙及其师友，一卷为夏峰弟子。不过对夏峰弟子，编纂者并未详加绍介，而是以"窃观夏峰年谱所述，及他载籍所称道，可谓盛矣。乃不数世，而征文考献，传之者甚稀。李塨论士尝言南北华朴之异，北方好学之士，往往闭户暗修，不希声于时，而时亦无称述之者，斯亦朴者之弊也"①为由，有迹可考者仅得 18 人，其余便只载其名。刁包更是少得可怜，仅以一节篇幅叙其学行。反观颜李学派，不仅独占三卷内容，且每卷篇幅皆颇长。一卷用以论述颜元、李塨、王源三人学行，一卷对颜李师友多加绍介，一卷则将颜李所收的直隶籍门人一一详述。孙、刁、颜李同为清初直隶有名学人，编纂者却予以不同待遇，可见其中必隐含有其特殊的考虑。

　　徐世昌等人缘何单单对颜李学派情有独钟，详加评述？这当从徐世昌学术旨趣的变化谈起。登科之前，因忙于应付应试，故徐读书重点多集中于程朱等人的著作上，并将读后心得写于日记当中。比如在研读朱熹《近思录》的过程中，徐世昌便留下了大量的笔记。当读至"慎言语以养其德，节饮食以养其体"时，徐感叹"二语最为切要，然人每易忽其所以招凶致疾者多在是也，可不懔诸"。②同时，徐对程朱所主张的静坐持敬的修养功夫十分赞同，认为"程子尝教人静坐，此是初学第一要处，盖静坐始能收敛此心不使外驰，则所学亦才能专精，定静虑得由此可会，然亦是持敬之功，非释子坐禅也。张子以戏谑不惟害事，志亦为气所流，不戏谑亦是持气之一端，朱子亦尝引以示人，不可不戒"③。可见此时的徐世昌，大体上还是一个饱读程朱著述的理学中人。辛亥革命之后，由于退居多暇，徐世昌得以有充足时

---

① 《夏峰弟子》，《师儒传二》，《大清畿辅先哲传》第十一，北京古籍出版社 1993 年版，第 347 页。
② 徐世昌：《韬养斋日记》，天津图书馆 2004 年影印本，光绪十一年正月廿四日。
③ 徐世昌：《韬养斋日记》，天津图书馆 2004 年影印本，光绪十一年二月初六日。

间钻研学问。自 1916 年初,由于编纂《大清畿辅先哲传》之故,徐开始系统而深入地钻研颜李著作,"日读《颜李遗书》而圈识其精辟者"①,并在日记中大量摘抄颜元、李塨二人的学术观点,如:

(1916 年 2 月 10 日)李恕谷曰:纸上之阅历多则世事之阅历少,笔墨之精神多则经济之精神少。②

……

(1916 年 2 月 14 日)李恕谷曰:志大才小,识大器小,言大行小,无用也。

心过多于口过,口过多于身过,身过多于行过。

圣贤之心用而不动,庸众之心动而无用。见人褊思宽,见人暴思缓,见人勤思谦。

去浮而静,去隘而宏,去冷而和。

世无全局负荷之人,则分口道者必不可少。

学者经济天下,欲窥其大尤欲切于时。③

……

(1916 年 5 月 3 日)颜习斋云:千万人中不见有己,千万人中不忘有己。

李恕谷云:士之贡也必首以孝,官之升也必首以廉。

官日有事,无事即冗员,去其人,除其职。

天下处处皆粮则天下富,天下人人习兵则天下强。④

……

---

① 贺葆真:《收愚斋日记》第二十七,民国年间抄本,中国国家图书馆馆藏,民国五年八月十九日。
② 徐世昌:《韬养斋日记》,天津图书馆 2004 年影印本,民国五年正月初八日。
③ 徐世昌:《韬养斋日记》,天津图书馆 2004 年影印本,民国五年正月十二日。
④ 徐世昌:《韬养斋日记》,天津图书馆 2004 年影印本,民国五年四月初二日。

诸如此类摘录在其1916、1917两年的日记里不胜枚举。研读两年有余，徐对颜李学愈加推重，认为"自宋、元、明以迄我朝，理学家多轻视仕宦，所以治国少人才，与大学所言'修齐平治'亦尚欠缺。习斋、恕谷论学，体用贯彻，上接周孔，尤于今日之世为切要"①。其个人学术兴趣也逐渐完成从笃信宋明理学向推崇颜李实学的明显转变。

徐世昌学术旨趣之嬗变自然会影响到《大清畿辅先哲传》中《儒林传》部分的写作。徐在同诸位同仁商议编纂事宜时，总不忘与之就颜李学术研讨一番。这在贺葆真的《收愚斋日记》中颇有体现：

> （徐）又言及新编《畿辅传》曰：颜李为吾畿辅自有之学派，吾于程朱陆王诸儒学派之取诸他省者，尚为之分别立传。夫程朱陆王各派吾皆重之，然究不若颜李为吾畿辅自有之学派，尤宜特著之也。颜李之传，无论其及门及同时讲学诸君，或传其学行，或列举其名，以附见可也。②
>
> 相国因大论颜李之学。又曰：李、王不可共为一传。盖二人虽学术同而李之学尤大，且颜为李所推大，撰著尤多，非特立传不足以显其学。又曰：颜李门徒属直隶者既皆录以为传矣。其在他省者亦可搜集之，以备他日作渊源录另成一书也。③
>
> 又相国曾以颜习斋门人钟錂其家藏有颜李遗书，问余已访求否？余以未求得对，相国曰：天津有蠡县齐君者知之。④

---

① 徐世昌：《韬养斋日记》，天津图书馆2004年影印本，民国六年十一月二十日。
② 贺葆真：《收愚斋日记》第二十七，民国年间抄本，中国国家图书馆馆藏，民国五年二月十六日。
③ 贺葆真：《收愚斋日记》第二十七，民国年间抄本，中国国家图书馆馆藏，民国五年二月二十六日。
④ 贺葆真：《收愚斋日记》第二十七，民国年间抄本，中国国家图书馆馆藏，民国五年六月八日。

（徐）又曰：余欲选颜李书之精辟者为一编，以便改良教育。①

揆诸徐之以上言论，可知在他看来，程朱陆王之学虽在畿辅地区名家辈出，甚为兴盛，但这并非"畿辅自有之学派"，唯有颜李之学称得上是本土原创。申言之，徐世昌认为若想复兴"北学"，必须推崇最具"北学"特质的学术流派，以其作为争夺民初学术话语权的有力武器，颜李学无疑是最佳选择。是故他们于《大清畿辅先哲传》中特意辟出较大篇幅来倡扬颜李学则显得合情入理。

那么徐世昌究竟认准了颜李学中的哪种特质，为何称其"尤于今日之世为切要"？徐之意图其实于《师儒传》中已有所展现。按照《例言》中所述，"是编意在网络往哲，阐发幽潜，间有论断，皆本前人成说，以守述而不作之旨"②。故编纂者撰文时当秉持述而不作之旨，不妄加评骘，即使偶有论断，亦应是综合前人成说，不带个人主观色彩。然而在谈及颜李学时，编纂者却并未谨遵宗旨，而是罕见地大发议论：

> 塨以颜元崛起闾巷，学初不显，塨为传其说于京师，与四方知名士正言婉喻，转相传布，声蜚风流，不数年遂被天下。然其时，学者狃于二千年之锢习，相率诋为立异，其与者亦疑信参半。至于今西学东渐，凡其国之政治艺能，一切皆出自学，而其为学之次第科目，亦与我古昔教人之法，大概相同。贫富强弱，国与国既已相形见绌，学士大夫乃易视移听，革其心志，痛我学之不足以立事，不惜尽舍弃之，而一变于夷。而不知我古昔之

---

① 贺葆真：《收愚斋日记》第二十七，民国年间抄本，中国国家图书馆藏，民国五年八月二日。
② 《例言》，《大清畿辅先哲传》，北京古籍出版社1993年版，第4页。

> 学,固一一可施诸实事,数百年前早有人见及此,且其为学之次第科目,固至详备。至于今门弟子私相传授者固不绝,其书固具在也,他书且不论,元年谱记躬行实践,塨年谱详经济作用。后有兴者,践迹而入,由元、塨以上,寻孔孟之教,尧舜禹汤文周之治时,会既至用以康济民艰,廑求上理,育万物,位天地,二帝三王,古昔郅治之隆,庶几其不远人,而西人所谓乌托邦,亦庶几其于吾国见之也。①

依照其意,颜李学之研习方式和学科内容皆与今日之西学相通,若清初学人虚心接受颜李之学,则中国之学术定当同西人并驾齐驱,难分高下。故今日要振兴学术,其正途并非一味西化,而应从研讨颜李学入手,"寻孔孟之教,尧舜禹汤文周之治时,会既至用以康济民艰,廑求上理,育万物,位天地,二帝三王,古昔郅治之隆,庶几其不远人,而西人所谓乌托邦,亦庶几其于吾国见之也"。这反映出徐世昌诸人一种较为保守的文化立场。时已民初,其对西学的态度依然颇为暧昧:一面承认西学有其优越性,一面又坚持颜李学中有与现代性近似的因素,故其结论仍归于以复兴古学来挽救危亡。其目的还是在于以传统排拒西学,抵抗西学对传统的冲击与蚕食。此举亦为后来的四存学会活动定下了思想基调。

综上,通过编纂《大清畿辅先哲传》,徐世昌诸人已将颜李学升格为"北学之魁首",然而若想使"一地学"跃升为"天下学",使颜、李二人跻身孔门圣贤的行列,从而博取更多的学术话语权,则必须依靠强大的政治资源方可实现。于是待徐世昌当选民国大总统后,更宏大的推崇颜李学风潮由之兴起。

---

① 《李塨》,《师儒传七》,《大清畿辅先哲传》第十六,北京古籍出版社1993年版,第518—519页。

第四节 从祀绝唱

一、颜李二人"由凡入圣"

在传统社会,中央政府为了强化其国家意志,往往与地方争夺象征体系内的主导权。在拓展自己象征体系的同时,政府亦注重巩固传统价值观念,包括对儒学正统权威的维护,对传统仁义礼观念的强化。其实这两者就是一个从上到下和从下到上的结合。一方面将民间信仰的神灵象征仪式正规化,纳入国家体系;另一方面,把代表国家意志和正统观念的儒学传统意识形态灌输给地方民众。在象征层面通过不断完善从正统中心——文庙到乡贤祠、名宦祠以及众多的昭忠祠、贞节祠等组成的象征系统,由它来教化民众,传达、灌输国家意志,树立正统典范。在一定意义上,这一套体系还起着对民间信仰尤其是所谓淫祀对抗,以争夺象征资源的作用。而孔庙作为数千年来统治意志的最庄严的阵地,尤为统治者所关注。[①]

孔庙从祀制度自东汉开创,至唐贞观年间遂成定制,此后历代沿袭,宋元以降,其价值愈发凸显。"这个制度的重要性,不独在于向天下昭示了它所认可、支持和鼓励的学术和信仰的方向和内容。这制度关系所及的,不只是身后或者毁誉不一的个别儒者的历史地位,也不只是所有生存着的从学待仕的读书人的学术和价值取向,还有所谓

---

① 参见户华为:《从布衣寒士到孔门圣贤——张履祥"由凡入圣"的塑造历程》,《清史研究》2005年第1期。

'天下后世'无数未来的知识分子的思想形式和理想行为规范。"① 满族统治者入关之后,更将该制度发挥到登峰造极的地步。顺治初年,对孔子定称"大成至圣文宣先师",承旧例以颜渊、曾参、子思、孟轲配祀庙堂,两庑祀十哲,从祀的"先贤"、"先儒",分别为69人和28人;康熙曾经亲赴曲阜拜祭孔庙并三跪九拜,将御用的曲柄黄盖,留供孔庙,以表示莫大的尊崇。乾隆亦不甘居后,并有意提高孔庙祀典规格,他祭祀孔庙"均法圣祖,躬行三献,垂为常仪。崇德报功,远轶前代。已隐寓升大祀之意"②。清帝尊崇圣学,除却借此证明己之正统地位外,还蕴含有通过垄断传统儒家资源,以期达到将"治统"与"道统"合二为一的目的,从而消解士绅阶层历来对皇权的质疑与对抗。

如此隆重的国之大典,自然使历代士人趋之若鹜。在他们看来,自己死后若能从祀两庑,实在是无上之光荣。当然,亦不乏对从祀制颇不认同者,颜元即是其中很具代表性的一位。在所撰《曲阜祭孔子文》中,对于从祀孔庙诸儒,颜元进行了无情的嘲讽:

> 群祝师圣,京、省、府、县、遐荒之地,罔不庙貌巍焕,献舞牲币,厥有常例,吾子既尊哉! 配哲在侧,七十云从,世又益之公羊、后苍以下至周、程、邵、朱、薛、陈、胡、王各派,绵连动百十计,吾子徒益众哉! 注解读讲,立院建坛,家唧唔,人占哔,启口诗书,拈笔文墨,吾子道孔明哉! 某窃悲盈世尊夫子之名,而未尊夫子之实也;盈世号夫子之徒,而夫子未受一徒也;盈世明夫子之道,而夫子之道久亡也! ③

---

① 朱鸿林:《阳明从祀典礼的争议和挫折》,《中国文化研究所学报》1996年第5期。
② 赵尔巽:《清史稿》卷八十四《礼志》,中华书局1977年版,第2537页。
③ 颜元著,王星贤、张芥尘、郭征点校:《曲阜祭孔子文》,《习斋记余》卷七,《颜元集》下,中华书局1987年版,第520页。

在颜氏看来,历代所谓从祀孔庙之大儒,皆为"传经之儒"和"明道之儒",他们之于夫子之道,多是在传承经文和阐发义理上有所建树,而并未领会圣道之真谛,即"夫子志为东周者也,教及门礼、乐、兵、农,所以为东周者也;即所以祖述府、事,宪章三物者也。诚使六府修,三事举,朝登明备,户有弦歌,世进唐、虞,尊夫子于尧、舜矣;世进三代,尊夫子于禹、汤、文、武矣。于是饬赠师祝庙祀,诸典备举,而夫子尊矣;即不举,亦未始不尊;如徒尊无实之名,夫子其尊焉未也!"①简言之,颜元重"行"不重"学",唯有承继"六府三事之学"的学人方有资格入祀孔庙。即使不举行从祀大典,亦无伤大碍。这实与其内心所属的圣门谱系密切相关。在颜氏心中,能够传承道统之人,必须"复孔、孟以前之成法,勿执平生已成之见解而不肯舍,勿拘平日已高之门面而不肯降,以误天下后世,可也"②。而宋儒之学"谓是集汉、晋、释、老之大成者则可,谓是尧、舜、周、孔之正派则不可"③。换言之,秦汉后千余年,并无此类大儒出现,故历来从祀两庑的所谓贤哲们皆应搬出孔庙,这实际上是对从祀制度的变相否定。

然而令颜元始料未及的是,在其身后不久,其弟子和当地官绅就将他拉入滚滚的从祀大军之中。颜元在世之时,李塨已开始谋划建立一个固定场所,作为传播颜李学之中心。钟錂亦曾向老师提议:"刚主曾请于师,以习斋作千秋公所,门人恭祀师主,集则讲习其中,先生可手书一纸。"④颜氏许之。因而颜元故后,李塨诸人便将"习斋"

---

① 颜元著,王星贤、张芥尘、郭征点校:《曲阜祭孔子文》,《习斋记余》卷七,《颜元集》下,中华书局1987年版,第520—521页。
② 颜元著,王星贤、张芥尘、郭征点校:《明亲》,《存学编》卷一,《颜元集》上,中华书局1987年版,第45页。
③ 颜元著,王星贤、张芥尘、郭征点校:《上太仓陆桴亭先生书》,《存学编》卷一,《颜元集》上,中华书局1987年版,第48页。
④ 颜元著,王星贤、张芥尘、郭征点校:《颜习斋先生年谱》卷下,《颜元集》下,中华书局1987年版,第789页。

改作"习斋学舍",成为门人公聚讲习之所,同时每逢二月、八月上辛,诸人集合祭奠颜元。李塨率领众弟子"讲习其中,历二十余年不废"[1]。后李塨又将自己居所腾出,命名为"道传祠",供颜李弟子习行切磋。有趣的是,在道传祠中,不仅于正堂设立颜元之位,众人还把李塨"远道图悬之东堂,同人春秋祭习斋先生,讫同之东堂,拜先生而瞻企焉"[2]。此外,他们还鉴于恽皋闻的传道之功,"于西堂立一生位而景仰之"[3],另于"习斋神位前傍,设王昆绳先生神位配享"[4]。至于其余颜李弟子,有"可续入者,事后论定,以次增修"[5]。不难发现,这种颜李学派内部配享、从祀道传祠的做法,实际上恰恰是借鉴了从祀孔庙的形式,只不过它所依照的准则是颜李所开列的圣门谱系而已。

作为清初河北地区极具影响的学术流派,颜李二人自然会引起当地官绅的关注,并将他们塑造为区域学术偶像,纳入到本地崇祀的轨道之中,以期能改善本地民风士风、增强地域文化优势。康熙五十九年(1720),陈莲宇提督顺天学政,一日与当地名流刘廷忠辨性,"廷忠呈《存性编》,历历能言其大旨,莲宇心焉识之。及案临保定,传博野儒学教官曰:'曾览习斋《四存编》,传道之大儒也。其令博、蠡二县投公呈,吾将请于朝,奉先生祠文庙乡贤。'既举行,且面诲诸生,谆谆以习斋学行为的"[6]。咸丰十年(1860),李塨也在地方士绅的运作之下,从祀文庙乡贤。[7] 至此,颜、李师徒二人皆进入地方一级的祭祀系统当中,转化为士绅们手中有力的象征资源和道德教化的典范。虽然这一结局有悖于二人之本意,不过通过年复一年的地方崇祀

---

[1] 刘调赞:《道传祠记》,《恕谷后集》卷十三,中华书局1985年版,第160页。
[2] 刘调赞:《道传祠记》,《恕谷后集》卷十三,中华书局1985年版,第161页。
[3] 刘调赞:《道传祠记》,《恕谷后集》卷十三,中华书局1985年版,第161页。
[4] 刘调赞:《道传祠记》,《恕谷后集》卷十三,中华书局1985年版,第161页。
[5] 刘调赞:《道传祠记》,《恕谷后集》卷十三,中华书局1985年版,第161页。
[6] 徐世昌纂:《颜李师承记》上,台湾文海出版社1972年版,第74页。
[7] 参见韩志超修:《蠡县志》,清光绪二年(1876)刻本。

活动，随着颜李二人学术偶像和道德表率形象于民众记忆中的不断加深，其威望与影响于无形中日渐抬升，这势必为后来的学说复兴和二人最终跻身国家正祀的文庙体系预做铺垫。

当然，孔庙从祀制度并非完全受制于国家意识形态。在不同时代，儒家主流思想的变化恰能于从祀制度的修正中得到忠实的体现，这正是儒家道统意识的张力所在。是故仔细考察历代从祀对象的变迁即可抓住其时学术思潮嬗递的脉动，从祀制度可谓是学术流派兴衰枯荣的官方晴雨表。道咸以降，国势大衰，清政府控制力随之削弱，加上西学东渐，思想界萌生新趋向，故统治者愈发需要加强意识形态领域的控制，作为树立道德权威、维系教化世风象征的圣哲贤儒祀典于此时备受官方重视，诸如刘宗周（道光二年，1822）、陆贽（道光六年，1826）、黄道周、文天祥（道光二十三年，1843）、李纲（咸丰元年，1851）、韩琦（咸丰二年，1852）、陆秀夫（咸丰九年，1859）等名臣烈士纷纷跻身两庑，地方偶像大量涌入国家正统象征体系。与此同时，汉学日过中天，宋学饱受非议，经世思潮开始涌动，这种学术趋势于从祀制中亦有反映。如主张调和程朱、陆王的孙奇逢于道光七年（1827）入祀文庙，其徒汤斌已于四年前（1823）成为东庑先贤，光绪元年（1875），学宗程朱但不废实学的陆世仪亦成功跻身西庑先儒行列。当然，最具象征意义的是光绪三十四年（1908）"清初三大家"顾炎武、黄宗羲、王夫之终成文庙一员，预示着清廷对经世致用之学的肯定与奖励。于这股经世思潮中，颜李学因具有鲜明的实学色彩而被愈来愈多的人所关注，正如本书第一、二章所述，无论是普通士人还是新式学人都对颜李学著作加以搜集和整理，对其学说进行阐释与改造。但因缺乏地方官绅的有力提倡，遂未能赶上晚清从祀孔庙的末班车。

观念的转变绝非朝夕间所能完成，士人们对从祀文庙的眷恋便是如此。即使时值清末，政府已处于风雨飘摇的灭亡前夜，从祀大典乃

"乾坤第一大事"①的意念依然萦绕于传统儒生脑际，令他们久久不能忘怀，如一位自号"梦醒子"的文人于此时竟还感叹："人至没世而莫能分食一块冷肉于孔庙，则为虚生。"②可见从祀制的象征意义根深蒂固，不少士人仍沉溺于跻身圣哲之梦中未醒。进入民国，由于政局不稳，社会动荡，文教衰弛，许多士绅都对民初现状颇为不满，"辛亥大变以来，伦常全行破坏，风气亦更奢靡，礼义廉耻望谁讲究，孝悌忠信，何人能行，世变日亟，岌岌乎其可危！"③孔庙亦因之倍受冷落，此情形于山西士绅刘大鹏笔下有真实反映：

> 清晨偕牛畅三恭诣文庙，敬祀孔圣以及先贤先儒，李知事桐轩主祭，牛一、羊四、豕三、鸡二，其余祭品莫不简略，亦见祭祀之不诚也，可为一叹。
>
> 变乱以后，文庙之祭无人举行，去秋方才有官致祭，圣贤之血食几乎断绝，殊令人扼腕不平。④

更有甚者，一些政客以尊孔之名行牟取名利之实，致使孔子形象受损，民初人士贺葆真的一段记载颇具代表性：

> 孔社开会，以孔子诞辰纪念也。开会三日，行礼演说。而会中结彩插花胡同口及菜市口大街，皆搭牌坊，满悬电灯，饰以松枝。会场男女拥挤杂沓，有如观剧，街巷为拥挤，铺张扬厉至此极矣！而独未闻其研究孔学。昔者有伪道学之说，盖皆讲学以求

---

① 瞿九思：《孔庙礼乐考》卷五，广陵古籍刻印社1991年版，第45页。
② 刘大鹏：《晋祠志》，山西人民出版社1986年版，第201页。
③ 刘大鹏：《退想斋日记》，民国二年正月十三日，山西人民出版社1990年版，第177页。
④ 刘大鹏：《退想斋日记》，民国四年八月初五日，山西人民出版社1990年版，第217页。

名，今则立会演说而并无讲学之形式，诚不得谓伪矣。呜呼！孔学其自此盛乎？抑自此亡乎？①

正是深受以上情形的刺激，不少传统士绅坚信应重新恢复从祀孔庙制度，通过树立新的国家学术偶像来维护儒学权威、整肃世道人心，作为实学代表的颜元、李塨二人自然在考虑之列。

饶有况味的是，民初首开颜李从祀孔庙之议的并非河北官绅，而是云南政要由云龙。由云龙（1877—1961），字夔举，号定庵，云南姚安人。清举人，毕业于京师大学堂。辛亥革命后，被举为大理、丽江、楚雄、永昌、顺宁、永北等五府一厅自治总理，旋又署理永昌府知府。后任云南都督府秘书长。1913年2月，任云南教育司司长。1914年6月，改任政务厅长。后一度代理云南省长。②由氏于清末研读颜李著作，深感"习斋之学博大精深，廓汉宋门户之积习，而一归于实用"③。而"今世之讲学者，非空则妄，欲以救世济民綦难，苟得先生之书，研精诵习，扩大而昌明之，其于世道人心裨益岂浅少哉？"④正是基于"阐明先生之学，以扶翼世教"⑤的初衷，由云龙撰写《以颜习斋李刚主王昆绳三先生从祀孔庙文》，并致函时任清史馆馆长的赵尔巽，望其能将从祀一文代呈大总统袁世凯。关于由氏请祀之议的具体时间，笔者限于资料，尚无法得出准确结论。不过据徐世昌于1919年1月3日所发布的《崇祀先儒令》，曾言及"曩当制礼之初，曾有从祀之议"，故可推断徐氏口中的这次"从祀之议"当即出

---

① 贺葆真：《收愚斋日记》，民国年间手抄本，中国国家图书馆馆藏，1913年9月25日条，第87页。
② 徐友春主编：《民国人物大辞典》，河北人民出版社1991年版，第159页。
③ 由云龙：《重刊〈颜氏学记〉序》，《颜氏学记》，云南图书馆1917年4月刻本。
④ 由云龙：《重刊〈颜氏学记〉序》，《颜氏学记》，云南图书馆1917年4月刻本。
⑤ 由云龙：《重刊〈颜氏学记〉序》，《颜氏学记》，云南图书馆1917年4月刻本。

自由云龙之手。翻检徐世昌的《韬养斋日记》，不难发现徐氏于1914年7月1日出掌礼制馆[1]，至次年12月22日卸任[2]，前后共计一年半左右。故由氏从祀之议当发生在该段时间之内。

在所撰颜、李、王三人请祀一文开篇，由氏即指出儒学祀典关乎国家之兴亡，"窃一国之人心学术恒关于国家之盛衰，必有学行完备，夐绝时流之名贤，足为一国之人所崇拜所步趋，懦立顽廉，国家乃能以维持于不敝"[3]。民国建立以来，袁世凯亦不忘借提倡儒学来证明其治统之合法性，"迭颁明令崇祀孔孟，备极优隆，其学孔孟之学而不愧乎孔孟者，仍照前代之例，一体从祀，所以扬徽烈于不朽，示后人之仪则也。顾以运会之迁移，其学说遗规或不尽合于时用，窃以为最切乎今日之情势，足以为世取法者，莫如博野颜元及其弟子二人，曰：李塨，曰：王源"[4]。那颜元、李塨、王源三人学说究系具有何种特质，能够足资当世取法？由氏紧紧抓住一个"实"字，认为此既为颜李学之核心质素，又是民初最应倡导与践履的学术风格。他写道："元之为学，主忍嗜欲劳筋力勤苦自食而以其余习六艺讲世务，备天下国家用，以是为孔孟之学……道德之高尚，夐乎莫及已。习水火兵农工虞书数，则实利主义也。……以尧舜之道在六府三事，周公教士以三物，孔子以四教莫非事也。心有事则存身，有事则修家之齐国之治，皆有事也。无事则道与治俱废，故其学以事物为归，不以章句纂注为业，则学崇实用也。至其教育人才分科讲习立法尤精，虽间有驳程朱辟佛老之说，要无非激于宋明士大夫空谈性命无补危亡，力以矫

---

[1] 详见徐世昌：《韬养斋日记》，天津图书馆2004年影印本，民国三年闰五月初九日。
[2] 详见徐世昌：《韬养斋日记》，天津图书馆2004年影印本，民国四年十一月十六日。
[3] 由云龙：《拟请代呈以颜习斋李刚主王昆绳三先生从祀孔庙文》，《颜氏学记》，云南图书馆1917年4月刻本。
[4] 由云龙：《拟请代呈以颜习斋李刚主王昆绳三先生从祀孔庙文》，《颜氏学记》，云南图书馆1917年4月刻本。

之，固有其独到之处。"① 其弟子李塨、王源更是秉承颜氏实利主义的学说特征，"益发挥广大之"②。处今旧学日渐式微之世，更应大力尊崇经世之大儒，方能顺应时趋，维系人心。于是，由云龙于文末将请颜、李、王三人从祀之议和盘托出：

> 方今人心颓靡，学术纷歧，国势阽危，士气奔竞，而习斋师弟淬厉勇奋，毅然以身任圣道之重，慨然有弘济艰难之心，而终身矻矻于困，知勉行刻苦，自力无一言一事之自欺，洵足以仪范百代，师表人伦。恭读大总统教育纲要申令有云创巨痛深之后，宜有艰苦卓绝之儒，凡我士民宜效阳明、夏峰、习斋、刚主之身体力行，至哉言乎！惟阳明、夏峰均已先后从祀，而习斋师弟学行不亚于姚江，名德方驾乎孙氏，似宜吁恳鸿施准以习斋升堂配食位，先贤邵雍之次，刚主、昆绳并予从祀两庑。庶足以餍千百世之人心与亿兆人之观感，于国家政治社会风习裨益非少，是否有当。理合乞转呈大总统鉴核施行。③

按照由氏之意，既然袁世凯号召民众效法王阳明、孙奇逢、颜元、李塨诸大儒，且王、孙二儒已入祀孔庙，则学行不逊于前者的颜、李二人理当享受同等待遇，于孔庙中占有一席之地。值得注意的是，由氏恳请将颜元配享东庑先贤，位居邵雍之次，而此前入祀的王守仁、孙奇逢仅享有先儒之誉④，可见其对颜氏实在是推崇备至。对于由氏函中

---

① 由云龙：《拟请代呈以颜习斋李刚主王昆绳三先生从祀孔庙文》，《颜氏学记》，云南图书馆 1917 年 4 月刻本。
② 由云龙：《拟请代呈以颜习斋李刚主王昆绳三先生从祀孔庙文》，《颜氏学记》，云南图书馆 1917 年 4 月刻本。
③ 由云龙：《拟请代呈以颜习斋李刚主王昆绳三先生从祀孔庙文》，《颜氏学记》，云南图书馆 1917 年 4 月刻本。
④ 王守仁位居西庑先儒，孙奇逢位居东庑先儒。

所言，赵尔巽颇为认同，"习斋颜氏之学于朱程陆王之外，自辟径途，矫晚明空疏之弊，求孔门实践之功，宏识孤怀，独有千古"①。并代为呈给袁世凯。但因"频岁棼泯，因仍未举"，由氏之议遂就此作罢。不过徐世昌作为礼制馆的负责人，从祀文庙诸事宜乃其职责所司，故他当曾参与商讨此事。加之此时他始设编书局编纂《大清畿辅先哲传》，搜辑河北先贤著述，或许由云龙请祀之议恰成为徐世昌关注颜李学的契机。

正如本章第三节所述，通过编纂《大清畿辅先哲传》，经徐世昌诸人的重塑，颜、李二人于"北学"中的地位，已远轶董仲舒、孙奇逢等大儒，成为"畿辅自有之学派"；颜李学亦因之不断升格，超迈董学、夏峰学，被视作"北学之魁首"。在民初的特殊历史场景下，以徐世昌为首的直隶官绅对本地学术偶像的重新包装，表明该团体希冀通过其象征意义，从中获取某种有利资源，以提高"北学"地位，进而能与全国其他区域性学术比肩抗衡，以获得更多的学术话语权。当然，此上仅就学术发展的内在理路角度对该过程进行剖析，尚不足以说明其间蕴含的全部面相。《大清畿辅先哲传》编纂之时，正是中国社会与世界格局剧烈变动之际。就国内而言，新文化于1915年前后开始勃兴，以陈独秀、李大钊等人揭橥新文化，批判旧传统，一场史无前例的文化革新已是山雨欲来，风先满楼。而环顾国外，一战爆发，生灵涂炭，惨绝人寰，这场空前灾难自然引发了国人对现代性的质疑与反省，"欧洲人做了一场科学万能的大梦，到如今却叫起科学破产来，这便是最近思潮变迁一个大关键了"②。如何看待中西文化又成为焦点问题，热议不断。作为对传统文化有着特殊感情的徐世昌等人，他们一方面自然不愿看到新文化星火燎原，旧文化甘拜下风，另

---

① 赵尔巽：《清史馆赵馆长覆函》，《颜氏学记》，云南图书馆1917年4月刻本。
② 梁启超：《欧游心影录节录》，《饮冰室合集》专集之二十三，中华书局1989年版，第12页。

一方面又认为单纯追求物质文明是欧战爆发之祸根，"故欧洲学人，咸以为欧洲于物质发展，已达极点之后，遭此番摧丧，使非于道德方面，另求立国之道，恐不足以收拾涣散，扶持倾危，其道云何？舍我孔孟修身齐家治国平天下之道，其谁属乎？"①因此徐世昌等旧式学人既从新青年们的口诛笔伐中体会到旧学之危机，又在观察欧战后似乎感觉中华文化有其优势，这种危机感与优越感相互交织的复杂情绪促使他们急需抬出新的学术偶像来抵御新文化之进攻和显示传统学术之优越，颜李学便成为其首选。此外，1918年9月，徐世昌当选北京政府新任大总统，从而掌握了雄厚的政治资源。徐氏自然深谙从祀大典的政治涵蕴：它可以国家意志的形式起到凝聚人心，整肃世风之效，从而体现其统治的合法性。②颜李二人正被徐世昌视作维护正统思想的有利资源。综上，重振"北学"、维护传统和巩固统治构成了徐世昌尊崇颜李学，并最终将颜元、李塨二人从祀孔庙的三个面相。

二、后续运作

1919年1月3日，徐世昌以大总统令的形式诏示全国，将颜元、李塨二人从祀孔庙。颜元从祀东庑先儒，位居汤斌之次，李塨从祀西庑先儒，位列顾炎武之次。由此，中国史上的最后一次孔庙增祀大典宣告完成。颜、李二人通过这次"从祀绝唱"由凡入圣，成为北京政

---

① 靳志：《战后欧洲之大势》，《四存月刊》第5期，民国十年（1921）八月一日刊行，第2页。
② 据贺葆真《收愚斋日记》所载，在徐世昌上任不久，一次贺拜见徐，提及"现在拟提倡理学，各省如阎锡山亦颇事提倡，盖非此不足以化民成俗也。余因言前毛实君先生在甘肃任内于宣统末年曾上疏请李二曲入祠孔庙，以其时海内多事，部未及核议"。徐世昌答道："李尚未入祠乎？甚可提议，好将其人举行入祠也。"（贺葆真：《收愚斋日记》第二十九，民国年间抄本，中国国家图书馆馆藏，民国七年八月二日）可见徐对从祀大儒甚为提倡。

府意志的象征符号。为了巩固新塑的官方学术偶像,并扩大其社会影响,以促使更多的民众接受这一对偶像,从而使"北学"升为"天下学",凝聚更多的社会资源,徐世昌于从祀后采取多种措施,概括起来,大致有三个方面。

第一,修建专祠,祭祀颜、李。徐世昌将颜、李二人确立为官方学术偶像之后,仍需通过自上而下的方式加以推广宣传,从而使这种承载正统权威的象征符号能够深入人心。在颜李学术发源地修建专祠并定期祭祀便是最常用且最直接的做法,能够保证国家意志再以民间信仰的形态返回乡里。早在颜李从祀之前,1918 年 4 月,河北蠡县人齐振林①已同当地士绅商议修建颜李合祠事宜,后因缺乏资金而作罢。徐世昌公开尊崇颜李学后,博野、蠡县两地士绅又重新积极运作此事。他们公推颜习斋九世孙颜萼楼②为代表,请徐世昌出资建祠。徐很快应允,"为先人习斋先生及李刚主先生修祠,县人各请款二千,今已发交道尹则共二千也"③。后又追加款项"二千八百元"④。于是当地士绅于保定新建颜李合祠一处,"又在博野习斋故址,葺颜先生祠而新之。而于吾蠡齐家庄道传祠遗址之旁,重建先生祠,以妥先生之灵,并附高等小学校其中,招学生入校,确遵先生教法,以衍阐先生之道"⑤。同时,徐世昌于京师亦不忘借助祀典来强化颜、李二人之影

---

① 齐振林,字晓山,河北蠡县人,清举人,生卒年不详。毕业于北洋武备学堂,历任北洋总司令部执法处科员、二等军需长,北京政府陆军部佥事。1917 年任陆军部军学司司长。1919 年 12 月,任陆军部参事。1925 年 12 月,任陆军部次长,并任宪法起草委员会委员。(徐友春主编:《民国人物大辞典》,河北人民出版社 1991 年版,第 1336 页)
② 按照颜萼楼的说法,"余先人习斋无子,亦无兄弟,余其从父兄弟后也。习斋无主后,故余先人世掌其祭"。(贺葆真:《收愚斋日记》第三十,民国年间抄本,中国国家图书馆馆藏,民国八年三月九日)
③ 贺葆真:《收愚斋日记》第三十,民国年间抄本,中国国家图书馆馆藏,民国八年三月十二日。
④ 贺葆真:《收愚斋日记》第三十,民国年间抄本,中国国家图书馆馆藏,民国八年六月十日。
⑤ 齐树楷:《公祭李先生祠祝文》,《四存月刊》第 6 期,民国十年(1921)九月一日印本。

响。1919 年 4 月 20 日，徐氏利用每年春祭畿辅先哲①之机，拟将奉"张文襄、鹿文端、陆文烈、王梅岑学使四人入祠。颜习斋、李恕谷及元儒刘修静改祀圣贤类"②。当日公祭情形，时为徐世昌幕宾的贺葆真曾有过如下记载：

先哲祠春祭，到者八十余人。刘仲鲁代总统主祭。王晋卿、蒋挹浮分献，华弼臣、孟初鸣赞，余与伯平西虎司爵。祭时小雨，皆露立庭中，从容祭毕，而后退。③

至于直隶各地对颜李的祭祀，也都按照孔庙祀典规程进行，颜、李二人亦因之被赋予地方乡贤和国家偶像双重身份。

考察士绅们为祭祀颜李所撰祝文，则会发现其中深深烙有国家意志的印记。如出自齐树楷之手的《公祭李先生祠祝文》，便写道：

呜呼！先生沉埋数百年，今日乃得从祀孔庑，于齐家庄新居之侧，建此数十楹，以奠精神而延学脉。先生之始从颜先生也，即以挽气数而授受，其名言曰：学者勿以转移之权，委之气数。一人行之为学术，众人从之为风俗。风俗之于人，溥地方，贯国家，簸荡乾坤，转旋日月，然其作始，不过一二人倡之。今日学术，可谓两蔽矣。实之名而蹈于虚，霸之行而即于杂。学校非

---

① 祭奠畿辅先哲之场所为畿辅先哲祠，其位于宣武区下斜街。建于清光绪四年（1878），其时居京在朝的高阳李鸿藻、南皮张之洞、丰润张佩纶、安圃叔侄、南皮张小凤、宛平桑叔雅、定兴鹿瀛理、安肃袁际云诸人征文考献，博稽群书，搜讨靡遗，厘订牌位。定于每年仲春、仲秋两祭京畿先哲。
② 贺葆真：《收愚斋日记》第三十，民国年间抄本，中国国家图书馆馆藏，民国八年四月十九日。
③ 贺葆真：《收愚斋日记》第三十，民国年间抄本，中国国家图书馆馆藏，民国八年四月二十日。

书院，与先生同也，科学分门，与先生同也，人守一学，与先生同也。而教者学者，仍以虚而不实者为之，俾毕业学校者，窘枯而不能施于用，终不如自农自工者之犹足有为，此其故由于吾国前儒之弊之留贻者半，由于外国空研学术之弊之传染者半，此先生神明之必欲匡正者也。自学术分科，人趋物质，一切学目，可以开智识，而不能育道德，智识愈开，道德愈荒。年未成童，已讲手段，及其入世，沉迷于巧诈浮靡，而侈然自以为能。前车已覆，后车并不知有所鉴，溺于色，溺于货，溺于势，素所称高官伟人，与夫逐逐营营，已仆而有来者，多于鲫而愚于禽兽，不知其为谁氏？几于举国之若狂，又先生神明之急于挽救者也。

今大总统徐公，□然心伤，恐吾国人之遂沦胥，不能返表章先生学术，既明令从祀……吾省军民最高长官，吾县长官，与绅士之有心斯道者，相率集资尽老。群力举之，经营两载，告厥成功，迎神入祠，鉴观在上。呜呼！先生北游燕齐，南居江浙，西历秦晋，无日不以颜先生爱人才明圣道之旨为归，至不得已而家居，著书留后世，期有兴起者传焉。当日曾痛言之，谓此星星之火，或可燎原，将以成风俗而不可御也。今者质固之祠，草创之学校，亦先生灵爽所式凭，何以潜移默护，成此绍先启后之学生，俾之道脉以转移世运？呜呼！创道者难，承道者尤难，创之者艰苦卓绝，承之者困心衡虑，坚志焦神，及其既成，足以正人心，消浩劫，要无非前人之精诚光气，陶铸于无穷，先生在天之灵，何以佑之使无负，永斯文于宇宙也耶？瓣香□酒，庶鉴在兹，呜呼尚飨！①

---

① 齐树楷：《公祭李先生祠祝文》，《四存月刊》第 6 期，民国十年（1921）九月一日印本。

通观全文，其主旨不外乎是倡扬颜李学、批判新文化和化民成俗，这几点皆是当初徐世昌从祀颜李的初衷。故国家意识形态便通过这一套完整的地方祭祀流程贯彻乡里、灌输给普通民众。

第二，搜辑颜李遗著，出版相关著作。在编纂《大清畿辅先哲传》时，徐世昌已开始委托幕宾赵衡、贺葆真等人着手搜寻颜李学派遗著。从祀孔庙后，徐氏更是将搜辑颜李等人作品视为尊崇颜李学的重要方式，这在《韬养斋日记》、《收愚斋日记》中多有反映：

> （徐世昌）又以新得颜李遗著目录嘱为之检查，并再访求也。①
>
> 蕚楼持呈总统函稿及习斋先生所批《四书》来访。谓齐骤斋屡来函言总统求其遗著，嘱其速呈。蕚楼到京托伯平绍介余（贺葆真），谋所以呈递者。伯平前日来访，为之先容，并持有习斋先生墨迹稿本。②
>
> 蕚楼缮就呈总统书……曰：李氏之书将由蒋挹浮先生携来。钟氏錂之书则已由其后人送到。又曰：颜李之名，人皆知之。钟氏则知者殊少。县人请入乡贤祠，钟氏以一手录颜李之书至十余巨册，颜李家藏之书多散轶，钟氏独能保存无失也。余即以其呈及颜评四书呈总统。③
>
> 访艺圃，晤齐晓山，言《颜李遗著》事，并言齐骤斋之书已呈总统。总统嘱其与君接洽，实则彼处现已无书。敝处尚有抄录，来取可也。④

---

① 贺葆真：《收愚斋日记》第三十，民国年间抄本，中国国家图书馆馆藏，民国八年三月二日。
② 贺葆真：《收愚斋日记》第三十，民国年间抄本，中国国家图书馆馆藏，民国八年三月九日。
③ 贺葆真：《收愚斋日记》第三十，民国年间抄本，中国国家图书馆馆藏，民国八年三月十二日。
④ 贺葆真：《收愚斋日记》第三十，民国年间抄本，中国国家图书馆馆藏，民国八年四月四日。

> 访蒋艺圃，以其存颜李书写目，将以呈报总统也。……颜萼楼以颜习斋文稿墨迹两册属呈总统。①
>
> （徐世昌）阅新物色来颜习斋、李恕谷书数种。②
>
> 总统传见，言录《颜李遗书》事。前所呈颜李书皆阅毕，交下。于颜习斋文集手稿册页跋曰：某年月天津后学徐世昌观于堂。③
>
> ……

随着颜李后人、河北士绅及书贾所上呈的颜李学派遗著日益增多，徐世昌等人感到王灏编纂的《畿辅丛书》中所收录的《颜李遗书》虽然"约略已具"④，但颇有遗漏，因"两先生之书亦日出，往往有先时所未及刊刻，好事者皆为搜，至进呈陆军部参事齐振林"⑤，其中多有"向未见有刊本，其为颜先生所著者，有《习斋偶笔》、《习斋兴漳南书院教条》、《四书正误》、《丧礼辨讹》、《丧礼或问》、《规劝条约》、《秀才样子》、《车阵图》，其为李先生所著者，有《天道偶测》"等⑥，于是徐氏等人依托四存学会，筹划刊刻《颜李丛书》。

徐氏诸人将《颜李丛书》归入四存学会甲种出版丛书。经学会评议会议决，"先将颜李遗著从事整理刊行，《颜李全书》发售预约，以价廉为主，期易普遍购阅，已推定齐振林、齐树楷、贺葆真、步其诰

---

① 贺葆真：《收愚斋日记》第三十，民国年间抄本，中国国家图书馆馆藏，民国八年四月十八日。
② 徐世昌：《韬养斋日记》，天津图书馆 2004 年影印本，民国八年四月二十八日。
③ 贺葆真：《收愚斋日记》第三十，民国年间抄本，中国国家图书馆馆藏，民国八年四月二十九日。
④ 赵衡：《〈颜李遗书〉序》（代徐世昌作），《序异斋文集》，1932 年天津徐氏刻本。
⑤ 赵衡：《汇刻〈颜李丛书〉序》，《序异斋文集》，1932 年天津徐氏刻本。
⑥ 赵衡：《〈颜李遗书〉序》（代徐世昌作），《序异斋文集》，1932 年天津徐氏刻本。

四君担任筹备矣"①。经过近一年的搜辑和核查,诸人断定"颜习斋、李恕谷两先生遗著都四十余种"②,其书板原藏于道传祠中。清中叶因意外失火,书板付之一炬。"旧刻之存者,仅《恕谷年谱》、《易经传注》、《诗经传注》、《春秋传注》各书。"③同治年间王灏所编《畿辅丛书》复收颜李著作二十种,"其余则展转借抄为世罕觏,故其书流传甚少,即有各刻,亦苦不完,未能餍读者之意"④。而经过徐氏诸人的一番努力,《颜李丛书》所收书达四十二种,"虽尚未尽两先生之全,然大端已备于此矣"⑤。其全书目录详见表3—2:

表3—2 《颜李丛书》目录

书名	作者	卷数
《习斋年谱》	颜元	共二卷
《四存编》	颜元	共十一卷
《言行录》、《辟异录》	颜元	各二卷,共四卷
《习斋记余》	颜元	共十卷
《四书正误》(缺上孟)*	颜元	共五卷
《手抄礼文》*	颜元	共二卷
《朱子语类评》*	颜元	共一卷
《记余补编》*	颜元	共一卷
《恕谷年谱》	李塨	共五卷
《阅史郄视》(正、续)	李塨	共五卷
《平书订》	李塨	共十四卷
《拟太平策》	李塨	共七卷

① 《四存学会第一年会务报告要略》,《四存月刊》第4期,民国十年(1921)七月一日刊行。
② 《四存学会第二年会务报告要略》,《四存月刊》第12期,民国十一年(1922)九月一日刊行。
③ 《四存学会第二年会务报告要略》,《四存月刊》第12期,民国十一年(1922)九月一日刊行。
④ 《四存学会第二年会务报告要略》,《四存月刊》第12期,民国十一年(1922)九月一日刊行。
⑤ 《四存学会第二年会务报告要略》,《四存月刊》第12期,民国十一年(1922)九月一日刊行。

续表

书名	作者	卷数
《评乙古文》	李塨	共一卷
《学礼》	李塨	共五卷
《学射》	李塨	共二卷
《小学稽业》	李塨	共五卷
《大学辨业》	李塨	共四卷
《圣经学规纂》	李塨	共二卷
《论学》	李塨	共二卷
《恕谷后集》	李塨	共十三卷
《周易传注》*	李塨	共八卷
《诗经传注》*	李塨	共八卷
《春秋传注》	李塨	共四卷
《大学中庸论语传注》及《传注问》*	李塨	共五卷
《中庸讲语》*	李塨	共一卷
《学乐录附竟山乐录》*	李塨	共四卷
《四考辨》（郊社、禘祫、宗庙、田赋）	李塨	共四卷
《讼过则例》*	李塨	共一卷
《瘳忘编》*	李塨	共一卷
《诗集》*	李塨	共二卷
《天道偶测》*	李塨	共一卷

注："*"号者为《颜李丛书》新收入的颜李遗著。

按照徐世昌、齐振林等人的设想，《颜李丛书》当于 1922 年 6 月刊刻出版，后因政局不稳，印刷工作随之停滞。后在齐振林等人的争取下，《颜李丛书》于该年年底问世。《颜李丛书》卷帙浩繁，收录了颜李二人绝大多数著作，为后世研究颜李学提供了丰富扎实的资料。梁启超虽对徐世昌尊崇颜李学的举动多有微词，认为其"破觚为圆，诬颜李矣"，但对他汇刻《颜李丛书》一事却很赞赏，视之为"徐氏行事之差强人意者"。① 由此亦可见此套丛书的文献价值颇高。

---

① 梁启超：《实践实用主义——颜习斋、李恕谷》，《中国近三百年学术史》，《饮冰室合集》专集之七十五，中华书局 1989 年版，第 137 页。

此外，徐世昌还组织幕宾编写了不少有关颜李学的著作，如《颜李师承记》、《颜李语要》、《颜李嘉言类钞》、《颜李自修指义》等，相关内容将于下节探讨，故不赘述。

第三，设立学会，创办学校。若发扬一种学术，设立固定的学术机构，以组织化的形式传播和研究该派学说，同时创办配套的教育机关为该学术的延续孕育人才，这不失为一种有效的途径。徐世昌诸人就深谙此道，先后设立四存学会和创办四存学校，作为倡扬和赓续颜李学的常设机构。设立四存学会，实缘起于《颜李丛书》的编纂，据赵衡的说法，"四存学会者，其发端自公府顾问张凤台、京兆尹王达号召百数十人倡立学会，取习斋先生存人、存性、存学、存治以名之，则闻公（徐世昌）所为两先生书将成，而感召兴起者也"[①]。署名的发起人有如下四十六位：

> 卢岳、孙雄、齐振林、吴笈孙、林纾、吴炳湘、赵尔巽、严修、周树模、王怀庆、王瑚、赵衡、贺葆真、陈任中、吴闿生、云书、朱宝仁、史宝安、席书锦、陈善同、王秉喆、秦树声、白承颐、严智怡、袁世钊、成多禄、马吉樟、李时灿、林东郊、李搢荣、吴宝炜、袁乃宽、王达、李见荃、齐树楷、孙松龄、张家骏、樊德光、毕太昌、张缙璜、焦焕桐、吕慰曾、谢宗陶、李学钧、王树楠、张凤台。[②]

由此可知，四存学会的骨干成员多由河北士绅和老辈学人构成。

设立学会之议确定后，嗣"经张君凤台、王君达率同齐君树楷、孙君松龄、李君学钧、谢君宗陶担任筹备，先与王军统怀庆等商明拨

---

① 赵衡：《汇刻〈颜李丛书〉序》，《序异斋文集》，1932年天津徐氏刻本。
② 四存学会编：《四存学会章则汇刊》，中国国家图书馆藏本。

定府右街太仆寺旧署官房作为本会及学校地址,并与王君树楠等厘订学会简章十二章三十四条,由发起人延访志同道合之士,介绍入会者二百余人。一面请准公府拨助开办经费,分别经营,逐渐就绪"①。其后张凤台、李见荃分别向警察厅京兆尹②、北京政府教育部③上文呈

---

① 《四存学会第一年会务报告要略》,《四存月刊》第 4 期,民国十年(1921)七月一日刊行,第 3—4 页。
② 张凤台呈请立案文及警厅批文如下:

四存学会呈立案文

为呈请立案事。窃以人才盛衰关乎学术,三代上无道学之名,周官三物、孔门四科皆就德行道艺使学者实地练习,达才成德各有专长,人才称极盛焉。战国以降,古制荡然,汉儒拾残篇于煨烧之后,不得不以考据为先,宋儒当章句既明之余,又以居敬穷理补汉儒之缺,流风所渐,或涉空虚,降及有明,多参二氏,人才不振,讵非隐忧。清初博野颜习斋、蠡县李恕谷两先生师弟一堂,躬行孝友,苦心志、劳筋力,复礼乐射御书数之旧,兼水火金木土谷之全,周孔之大经大法,灿然复明于世,今日列强竞争、道德与艺能并重,两先生之教,尤属当务为急。

大总统为世道人心起见,既以祀诸朝廷,凤台等目击时艰,亦欲本三代造士之法,储体全用大之才,爱立学会,取颜先生存人、存性、存学、存治之旨,名曰四存,以府右街旧太仆寺署为会址,其中规则,另有简章,不去东林门户之见,尤戒顾厨标榜之风,似于教育前途不无裨益。再,学会应设农事试囗场一所,查府右街马路东有隙地一区,约六七亩额可以敷用,并须在该处鉴井灌田,事关公有地点,务祈查核照准,谨呈。
京师警厅批
原具呈人张凤台

呈一件报组织四存学会请备案由

呈悉,查该会以阐明颜李学说、习行一贯为宗旨,核无不合,应准备案,至所请在府右街空地设立农事试囗场一节,业由厅函达市政公所划定房基线,当再由厅知照,以便按线圈筑,除呈部并行知该管区署外,合行批答。此批。
民国九年五月五日
京兆尹批第四七零号
③ 李见荃呈请立案文及教育部批文如下:

呈教育部立案文

为呈请立案事。窃维世运隆替系于人才。人才盛衰关乎学术,周官三物、孔门四科,皆就德行道艺使学者实行实习,故达德蔚才、得人成治。降及清初,而有博野颜习斋、李恕谷两先生师弟众讲求实学,躬孝友、课践履,执兵农礼乐之业,修水火工虞之全,一本周孔教法,作育人才,学推北宗,一时称盛,虽其后师承渐寂,湮没不彰,然至今潜德遗风未坠于地。

我大总统概念时艰,思为世道人心树立楷模,于民国八年一月三日特沛明令以颜李两先生从祀孔子庙廷。并囗集遗留著作刊行于世,将以励进习行一贯之德,养成艰苦卓绝之行。世运人才,共系此举,同人等夙抱斯志。幸逢今时,既仰高而向往,敢随后以

第三章 中经波折:民初徐世昌对颜李学之推崇

请立案批准。由于徐世昌时任民国总统,以其名义申请立案,自然水到渠成,一路绿灯。四存学会于民国九年(1920)六月二十七日正式成立。会员推举张凤台为正会长,赵衡为副会长,李学钧为总务主任干事。后来张凤台于河南开封设立分会一处,孙松龄赴山西与该省洗心社接洽,设立分会一处,另外齐树楷联合直隶同仁于天津私立法政学校设立分会一处。① 学会除常设总务处执行日常会务外,还设有评议会,"至关于建议讨论各事,则未有明定机关,如必遇事召集大会,手续繁重,不易施行,故……设立评议会,置评议员十六人,举凡重要会务,不在大会期内,均先由评议会议决等语,当经全体大会推定评议员十六员,备补五人,于九年(1920)十月三十一日召集成立,嗣即照章于每月第二星期日举行常会一次,遇有必需随时特开临时会……历次均备有会议录及议决报告书,由临时主席核明盖章,送交

(接上页)执鞭。爰本颜习斋先生存性、存学、存人、存治之旨,创立学会,名曰四存。蒙公府拨与府右街太仆寺旧署一带作为会址。一切规模订有简章详则,要以躬行实践为体,以文武政艺为用,实事求是,无取顾厨标榜之风。融会贯通,不蹈陆朱门户之习。盖道原不变讲求,何问古今。学贵日新,修习无分中外。务期莘莘士子体用兼该,群致力于大学之道,庶于教育前途聊供一助用。副政府提倡实学之至意,在会中附设有四存中校,即以会东偏旧驻游缉队营房为该校基址,其门前隙地一区约六七亩,并承市政公所拨给本会为附设农圃之用,校以养正圃以习农并顾兼营事,仍一贯出本会分呈京师警察厅京兆尹公署,经批准其学校应遵专章,另行呈请外所有本会成立缘由,理合备具呈文,缮附简章详则各一份呈请。
鉴核准予立案,实为公便,谨呈。
教育总长
　　附呈简章详则各一份
　　民国十年二月二十五日
教育部批第一五九号
　　　　　　　　　　　　　　　原具呈人四存学会会长李见荃
呈一件送简章详则请立案由
　　呈悉,查该学会以阐明颜李学说、习行一贯为宗旨,并设中学及农圃,策划周至,深堪嘉许,简章详则亦属妥洽,应即准予立案。此批。
　　民国十年三月十一日

① 《四存学会第一年会务报告要略》,《四存月刊》第4期,民国十年(1921)七月一日刊行,第4页。

总务处商承会长分别办理"①。因此评议会实际上是学会重要事务的决议机构。

作为以宣扬颜李学为主的学术团体,四存学会主要负责如下三类活动。

一是创办《四存月刊》,以此为学会的舆论阵地。《四存月刊》创刊于民国十年(1921)四月,"月出一册,约五十页至六十页不等"②。但由于政局动荡、人事变动及经费紧张等问题,月刊并未能全部按期刊行,至1923年4月停刊,共出版二十期。至于《四存月刊》的宗旨,便是"推崇颜李,重行习,兼重发明"。因为"二十世纪以来,西儒著述遍布五洲,羔雁争迎,登坛讲演。东方大陆既输入欧美文明矣,独我周公、孔子之正传,士大夫钳口结舌,噤无一言,莫能尽力表章,揭诸日月,先圣之憾,不亦吾党之羞乎? 今为此惧,各抒所得,汇为月刊……兹编博采兼收,有叙述而无轩轾,一以供同堂之参考,一以广吾道之流传,朝渐夕摩,力求进步,且公诸世界,使知吾圣人之三物九功,实可以位天地、育万物,本末兼赅,无美不备"③。《四存月刊》共设八个门类,分别为颜李学、论说、专著、译稿、演说、艺文、谈丛和附录④,虽然会员一再强调"于是会也,勿仅

---

① 《四存学会第一年会务报告要略》,《四存月刊》第4期,民国十年(1921)七月一日刊行,第1页。评议会成员为:林纾、齐振林、张家骏、孙松龄、李自辰、李揩荣、孙雄、吕慰曾、步其诰、朱宝仁、袁世钊、吴闿生、卢岳、陈任中、贺葆真、吴传绮(续补)。
② 《四存月刊编辑处露布》,《四存月刊》第1期,民国十年(1921)四月一日。
③ 李见荃:《四存月刊发刊词》,《四存月刊》第1期,民国十年(1921)四月一日。
④ 至于各门类的编辑大意,《四存月刊》于编辑叙例中有如下解释:
　　一、为学之道,首重习行。孔孟遗书,早揭明斯旨。自七十子之徒,各以所学孔子,源远末分,有再传而歧其步趋者,颜李两先生。艰苦卓绝,一以实行实习,揭先圣之实学,期实用于天下,人果率而循之,即学即习,即行即用,天下无不学之人,即天下无无用之人。独惜两先生书,流传未广,愿学有志,或叹未由,辑颜李学。
　　一、颜李学本用世之学,世无定局,学亦不能拘以成见。生吾世而与吾并生于世者,运会如何变迁,山川如何改易,世界所宜急者何学,人类所不可缓者何事,载籍极博,不能尽千百世而穷其变也。则欲应时势所需,博采旧闻,尤宜广征时论,辑论说。

视为颜李之学"①。但细检《四存月刊》所刊内容，究其实质，仍以推广颜李之学，倡扬传统学术和对比中西文化为主，大多数作者乃所谓的老辈学者，故《四存月刊》是一种学术风格较为保守的刊物。

二是组织演讲会，为老辈学者提供发表主张的平台。四存学会"设有讲演堂一座，经评议会议决，讲演专则九条，计分定期临时二种，定期讲演由会员之认定，讲演者担任于每月十五日举行，临时讲演由本会延请中外名宿来回演讲，随时通知会员知照，当首由会长于本会会员内请定十三人充任讲员。一面函知全体会员，请即推举或自认讲演，计公推出者四人，自愿担任者三人，遂于四月二十四日举行

（接上页）一、汉儒传经，尤复勤求治具，唐贤卫道，不忘从事兵戎，名山事业，非第搜灰烬之余也。颜李两先生绍阐孔正传，而于周公之所以教万民，孔门弟子之某长治赋，某长足民，某长礼乐，亟称而欲企及之，则有用之学，有用之书，正宜广蒐并蓄，以待同志者之实地研求，辑专著。

一、学不分今古，亦不限东西。近世文明大启，新学输入，时来自异国，颜李两先生生今日，亦必有乐取于人者（恕谷先生生清顺治、康熙时，年谱所载已有宜习西算语）。他山有借，美玉乃益启其光莹，广己造大，善学者不以故步自封也，辑译稿。

一、极天下之赜，不能拟其形容，则载籍皆糟粕，穷万物之变，不能观其会通，则诵读无意趣。语必求详，奇不诡正，得善道者之当前指示，则风云之态，山川草木之情，及古往今来，人情世态不可思议之变迁，无不一一毕现，足以供增长学识之用，听一日讲，真胜读十年书也，辑演说。

一、文字之用简而明，俗白之语繁而费，述一事，达一辞，必舍文而尽用白语，恐文之尽以一言者，白则数言或十数言且不能尽也。费何如也？大抵口述宜白，笔述宜文，实至当不移之理。颜李两先生，谓文为四蠹之一，非有恶于文也。盖恐言文者穷日夜之力，藻饰浮靡，而行习且就荒也，观其所著各书，及与朋友往来论议，皆文言，非白语。言之无文，行而不远，古人盖知之熟矣。矧况文以载道，言不文则道无所寄，人岂有离道而能自树立者？辑艺文。

一、近世小说家言，或谰语荒唐，或风怀左右，未尝不助谈者之兴。然风俗隆替，关系正非浅鲜，本月刊故尤慎之，今所采录，大抵皆旧闻所系，或物质物理之新发明，有关学术人心，而可为士大夫所称诵者。虽书或未具，或书已具而卷帙不完，片羽吉光，皆亟欲收取，而储为谈学问者之一助，辑谈丛。

一、本月刊门类无多，凡所收稿件，有亟宜登载，而无可归类者，或本会经历事项，有应须发布，而不能遍告同人者，皆汇为一门，附载本月刊后，不使有遗漏之憾，辑附录。

① 张凤台：《四存学会演说词一》，《四存月刊》第1期，民国十年（1921）四月一日。

首次讲演"①。《报告要略》提及的所谓中外名宿，主要以学会会员为主，偶有如刘萱、李石曾、周泰霖等会外人士前来演讲②，其讲题也大都与颜李学或传统学术相关，并不超出旧学的范畴。所以四存学会诸人主办演讲会，其目的并不是打算宣传新文化，而是隐有抵御各种新兴思潮的意图。

三是编辑出版四存丛书。依照四存学会诸人的规划，其拟编辑三类丛书，"《颜李遗著》为甲种，会员著作为乙种，会员译述为丙种"③。《颜李遗著》亦即《颜李丛书》。有关会员著作、译述，四存学会先后出版了不少种。更难能可贵的是，在学会解散之后，其编书机构并未随之消亡，而是继续通过四处筹措资金，刊刻古籍、著作，一直维持到20世纪40年代末，为后世保留了一批有关传统文化的著述。

另外，四存学会为了践履颜李学"实学实行实用"的学术宗旨，曾由北京市政府拨给八亩多空地，作为农事试验场，"将地划分两区，一为会员试验，一供学生试验。所有农事各法，期于中西参用，试验有得，载等月刊，岁终并将成绩品陈列参观"。④不过学会的这种农事试验仅徒有其表，效果不佳，很快作罢。

综观四存学会三年的兴衰历程，可用"高开低走"一词概括。创建之初，学会成员皆积极踊跃，踌躇满志，欲图"表章正学"，"以维世道"⑤，然而不及一年，学会已是问题丛生，先是人事变动频繁，"成立未久，初则值逢直皖战争，旋则张会长出长河南，会务因以停滞。

---

① 《四存学会第一年会务报告要略》，《四存月刊》第4期，民国十年（1921）七月一日刊行，第2页。
② 如刘萱的演讲题目是"我国旧有之格致学"，李石曾是"颜李之学与法兰西学术"，周泰霖是"讲学之功用及其应注意之点"。
③ 《四存学会第一年会务报告要略》，《四存月刊》第4期，民国十年（1921）七月一日刊行，第3—4页。
④ 《四存学会第一年会务报告要略》，《四存月刊》第4期，民国十年（1921）七月一日刊行，第4页。
⑤ 李钟鲁：《四存学会演说词三》，《四存月刊》第1期，民国十年（1921）四月一日。

第三章　中经波折：民初徐世昌对颜李学之推崇

嗣复召集全体大会，推定李君见荃为名誉会长，代理会长，更补推王君达、王君瑚为副会长，谢君宗陶接充总务主任干事"①。接着会员参与热情不高，会务不尽如人意，"会员人数虽多，或以行居靡定，或以职务殷繁，难于常时到会，形势遂嫌漫疏，因而会务执行，每感非易，故一年以来，按之形式，尚能无缺，揆诸精神，不无遗憾"②。到了第三年，学会已是形同虚设，难以为继，"其时人心惶惑，历久始宁，加以财政拮据，经费乏绝，仕罢于官，学罢于校，举世扰攘，求自卫之不瞻，又奚暇持礼义？是以本年之中，办理备感困难，会务因以濡滞……然夷考其实，则重要会务，如功课等项，久经废弛，未能恢复，遗珠留棣，负疚滋多"③。每逢演讲会，"会员到者反寥寥无几，更未便徒劳名儒莅讲。二者互为因果，致使讲演愈无声气"④。最为致命的是，徐世昌于1922年6月2日宣布下野，四存学会失去了强大的政治后盾和稳定的资金来源，故该团体距解散已不远矣。当然，四存学会之所以未能长期延续，除却时代环境和政治背景二因外，其松散的组织结构和空泛的宗旨口号亦不可忽略。早在成立初期，会员孙松龄就已洞察到学会所潜伏的危机：

> 推崇颜李之诚，吾会员自所同具，然颜李之学，最重艺能，最尚实践，吾辈会员或年龄已过，或俗染已深，牵于职业及人事而无暇修学，或颇能修学而溺于向与颜李殊风之结习，以云私

---

① 《四存学会第一年会务报告要略》，《四存月刊》第4期，民国十年（1921）七月一日刊行，第1页。
② 《四存学会第二年会务报告要略》，《四存月刊》第12期，民国十一年（1922）九月一日刊行，第3—4页。
③ 《四存学会第三年会务报告要略》，《四存月刊》第18期，民国十二年（1923）二月一日刊行，第3—4页。
④ 《四存学会第三年会务报告要略》，《四存月刊》第18期，民国十二年（1923）二月一日刊行，第3—4页。

淑，殊愧未遑，吾辈虽百不如颜李，自不妨口是颜李。然若后生竟不菲薄吾辈，直以吾辈仅仅口是颜李者之模样，为颜李之模样，则古贤蒙辱多矣。……大家既列名为颜李学会会员，必思有以稍副其实，实学之讲求也。自身之修省也，总须多少作四存功夫，带点四存意思，断不可以仅仅崇拜颜李为终了，宣扬颜李为充尽也。本会之建，几一年矣，而所作尚未离崇拜宣扬一步，即今日开讲，所讲亦仍是颜李学术如何正当，人格如何崇高，此是题前之文，何与题中之事？以后如长此不进，则颜李亦将化为口头禅，久之久之，吸力都尽，将来且有求如今日空谈之会而不得者矣。①

可见，由一批对颜李学本不精通亦不推崇的老辈学人拼凑而成的学术团体，他们聚拢于一起，或出于抵御新思潮之故，或出于依附政治权力之需，多是随声附和，并不都真心要重振"北学"、推广颜李学。是故随着时势变换、权力易手，其参与热情自然因之降低，"树倒猢狲散"，学会也便走到了尽头。

在创建四存学会的同时，徐世昌等人也在积极筹办四存学校。该校于1921年1月7日正式上课，由齐树楷任校长，李九华为教务主任。该校以"尚实学、尚实习、尚实行"为校训，其教授要旨"则本两先生质朴耐劳、习行一贯之旨，期以约束身心，阐发至理。教科取材亦悉本实用立义，以养成道德完备、知识充足、身体强健，能自树立之国民"②，开设修身、经学、国文、外国语、历史、地理、数学、农学、博物、理化、法制、经济、图画、手工、唱歌、体操等诸多课程。由

---

① 孙松龄：《四月十五日本会第一次讲演会谈话录》，《四存月刊》第3期，民国十年（1921）六月一日刊行。
② 《四存中学校各科教授要旨》，《四存月刊》第2期，民国十年（1921）五月一日刊行。

于四存学校主要讲授以颜李学为代表的传统学术,加之其中不少老师出身于清末莲池书院或为"莲池诸子"的弟子、后人,故他们对古文教育亦颇强调,所以该校毕业生传统文化底子相对于其他新式学校的学生要好一些。例如何炳棣在回忆毕业于四存中学的丁则良时,就写道"他的古文根基扎实,主要是因为他在北平四存中学受到良好的旧式古文训练"[1]。为了贯彻和推广这一教育理念,四存学会诸人还分别在开封、太原、博野、蠡县及天津创办四存学校。这些学校原本从属于当地的四存学会,后因人事更迭,"学校遂离学会自立"[2]。不少学校一直延续到1949年后。

综上,为了重振已衰落二百余年的"北学"、应对方兴未艾的各种新兴思潮和加强意识形态领域的控制,徐世昌可谓是在颜李二人身上做足了文章。其中所隐含的政治、文化意义颇为丰富。不过,无论徐氏等人如何推崇、塑造这一对学术偶像,都无法挣脱三个悖论的束缚:其一,作为清初思想家,颜元、李塨二人虽于身后戏剧性地走上圣坛,备极荣宠。但从其自身主张而言,二人并不赞同从祀孔庙制度,至少不愿进入官方的祀典体系当中,因此如何将二人"由凡入圣"的缘由解释得合理完满,实令徐氏诸人头痛不已。其二,作为一种具有鲜明实用主义色彩的学术主张,颜李学对当时的程朱理学、陆王心学以及汉学皆有激烈且深刻的批判。降至民初,旧学已日趋式微,徐世昌抬出颜李学,其目的并不是要打击其他儒学流派,而是欲以颜李学为大本营,将各种学派加之整合,以应对新思潮的冲击,扭转传统学术的颓势。然而,怎样将这些学术旨趣本不一致甚至互相抵牾的学术主张统一于颜李学之旗下,弥合彼此间的主张歧异,似乎是个十分棘手的问题,毕竟自从颜李学问世以来,它与其他儒学流派

---

[1] 何炳棣:《读史阅世六十年》,广西师范大学出版社2005年版,第187页。
[2] 赵衡:《汇刻〈颜李丛书〉序》,《序异斋文集》,1932年天津徐氏刻本。

的论辩就从未休止。现基于抵御新思潮之需，人为地促使各流派化干戈为玉帛，又谈何容易？其三，颜李学主张实学，积极践履许多应用性学术门类，提倡分科教学，故其学术主张确有与西方现代学科相近之处，具备一些现代性的因素。不过，颜李学派毕竟仍是一个传统学术流派，其同现代学术实不能画上等号。因此对颜李学的倡扬，是客观地指出其学术局限，还是夸大其同现代学术的相似性？这亦是摆在四存学会诸人面前的一个重要问题。如果无法从学理上解决以上三个悖论，尊崇颜李学的举动仅能流于表面，难以服众。是故四存学会诸人积极撰文、演讲的目的，在很大程度上就是企图解决以上三个悖论。

第五节　重塑偶像和诠释旧说

若想保证颜李学真正成为"天下学"，四存学会诸人就必须针对这三个悖论展开论辩，各个击破，逐一澄清，方能消除疑惑，令人信服。概括而言，四存学会诸人的努力可总结为如下三个主张。

第一，"颜李者，继孔孟而兴者也"。对于颜李从祀孔庙的合理性，四存学会诸人并未从正面作答，而是普遍采取迂回式的解释策略。究其论证逻辑，不外乎通过诠释颜李学于儒学谱系中的正统地位，从而证明其从祀孔庙的合法性。具体而言，又可分为两种理由。一是断定颜李学即孔孟之学，有其无与伦比的优越性。在四存学会诸人看来，"自嬴秦火书，道绪中绝，汉人之考据，唐人之注疏，宋人之性理，虽各有其学，各主其术，其间固多特行独立、体用俱宏之君子，然由其说而求之，终不免于空疏，或为肤阔鲜用，或为章句末说，或逸入禅宗而不自觉，尤且谬己为真以误人下。至于词章文字之学，更不足论矣"①。而所谓真正的学术，"盖学也者，治世立人之具，术也者，所以推行此学之方也。学不急乎用，恕不衷乎道，皆无当也"②。这恰恰是孔孟之学的核心所在。颜李学"尽取孔孟之学之切于人事者，实行之，实习之，行习而确见其必然"③。故"颜李之学，孔孟之学也"④。"颜李之学，即周孔之学，吾人不敢遽企及于周孔，故以颜李为入德之门。"⑤二是认为颜李学可扭转世风，乃救弊起衰之良药。整体来说，四存学会诸人对于民初的政局、世风、学风皆不满意，用他们的话讲，即伪学"浸淫至于今日，鲜耻寡廉，鹜利营私，人群鸟兽行，乃并此空疏者，亦丧弃之而不足以语。技巧日进，而谲诡益多，民智日开，而大道愈微，岂果技巧之不宜进，民智之不可开乎？无学以作其基，愈智愈巧，愈烈其病世贼人之祸，此所以纷纷藉藉，扰攘喧阗而未有已也。苟不昌明真学，以正人心而维世道，则流丸走坡，狂澜注下，乌能御止而挽回之乎？"⑥唯有颜李学能够整肃世风，纯洁学风，"以裨补家国挽正风习人心"⑦。综上两点，既然颜李学上承孔孟真传，下启实学之风，于儒学之传承和发展居功至伟，因而作为该学创始者，颜元、李塨从祀孔庙似无可厚非。其实，四存学会诸人有如上言论，无非是欲图通过夸大颜李学之功用，将这个本属于儒学脉络中之左翼的学派重塑成正统，从而打消人们对其"由凡入圣"的质疑。

---

① 张斌：《颜李嘉言类钞》，《四存月刊》第1期，民国十年（1921）四月一日刊行。
② 张斌：《颜李嘉言类钞》，《四存月刊》第1期，民国十年（1921）四月一日刊行。
③ 齐树楷：《述颜李》，《四存月刊》第1期，民国十年（1921）四月一日刊行。
④ 胡远灿：《论学术之运数与学术之转移》，《四存月刊》第8期，民国十年（1921）十一月一日刊行。
⑤ 张斌：《学颜李》，《四存月刊》第7期，民国十年（1921）十月一日刊行。
⑥ 张斌：《颜李嘉言类钞》，《四存月刊》第1期，民国十年（1921）四月一日刊行。
⑦ 张斌：《颜李嘉言类钞》，《四存月刊》第1期，民国十年（1921）四月一日刊行。

第二,"为颜李者,必能为程朱;为程朱者,亦必能为颜李"。众所周知,颜李学崛起之初,便是以批判宋明理学的面目亮相于世人面前。其对程朱、陆王诸多弊端的指摘可谓不遗余力。不过,时变势移,进入民国,各种新兴思潮的涌动不断蚕食着传统文化的地盘,而现代学术分科体系的建立更把传统学术打得七零八落。正所谓"新陈代谢"、"不破不立",近代中国的知识与制度转型已是大势所趋,不过旧学人士又岂会甘心退出历史舞台?于是为了应对旧学式微之危机,老辈学者们逐渐认识到唯今之计当是儒学各流派消弭门户之见,走向联合。四存学会的相关活动便可归入其中。无论就大处着眼来力挽旧学之颓势,还是从小处考虑以振兴"北学",都必须团结旧学阵营中的所有力量,方有实现之可能。四存学会诸人对此有着清醒认识,于是他们尽量弥合颜李学同程朱、陆王之间的主张歧异。首先,他们指出颜李学于宋明理学实为一脉相承。"习斋之学,始宗王陆,继归程朱,尝立道统龛与尧舜周孔并祝,日必静坐,言未发之喜怒哀乐,觉修齐治平,此外更无余事。是习斋之学原自程朱入也。……恕谷之学由习斋入,亦即由程朱入也。"①况且"程朱为有宋一代大儒,上承洙泗,下启姚江,颜李讲学之初,均由程朱入手,观于习斋先生之言,犹愿师事程朱,而列于弟子之班,可见颜李与程朱渊源授受,并无二理。其躬行实践之学,实堪与居敬穷理之说,并垂于天壤"②。是故颜李学并无必要同程朱、陆王之学剑拔弩张、势同水火。与程朱理学,当"争是非,不争意气,献可替否不害其为和也。志皆圣贤之志,才皆豪杰之才,为颜李者,必能为程朱,为程朱者,亦必能为颜李,使其并生一时,必有引为同心,相视莫逆者,何必从数百年后代

---

① 张缙璜:《河南分会会长张缙璜演说词三》,《四存月刊》第 7 期,民国十年(1921)十月一日刊行。
② 张凤台:《四存学会演说词一》,《四存月刊》第 1 期,民国十年(1921)四月一日刊行。

古人分门户耶？"① 同陆王心学，亦并无对立之嫌，"入圣之门，有自明而诚者，亦有自诚而明者。自明而诚，为教者传字一方面之事，方法不厌其捷；自诚而明，为学者习字一方面之事，工夫不嫌其详。孔子言知及之，仁能守之，孟子言夫仁亦在乎熟之而已矣。细味守字熟字，则知习字工夫断不可少。颜李之学，有日记课，有规过团，有礼乐肄习，所以为进德之辅助者，较他家为完备，以颜李为锻性之炉，于心学亦资夹辅"②。由此申言之，"今则列强竞争，创千古未有之局，民生室隘，士习虚浮，无论颜李程朱，皆如景星庆云，不可多得。顾程朱之学精深，颜李之学平实，为今之计，正德利用厚生，皆当务之急，苦心志、劳筋力，兼营并进，与世界相周旋，程朱复生，亦必以颜李为合宜"③。颜李学"于汉宋、于程朱陆王，于顾阎颜李皆不必再分门户焉可也"④。同时在四存学会诸人眼中，颜李学更切于民初之实际，故"学程朱者须以颜李为阶梯"⑤，走由笃实至精深的路径。质言之，四存学会诸人虽以倡扬颜李学为名，实则其志并不仅此，还有整合儒学其他流派的意图，诚如张凤台所言：

> 今学会虽以颜李为主，而累圣相承，名贤代起，凡与颜李之学可以互相发明，不背儒道之真传者，皆在本会取法之中，循流溯源，成功则一，于是会也，勿仅视为颜李之学。⑥

---

① 李见荃：《四存学会河南分会开成立会演说词》，《四存月刊》第9期，民国十年（1921）十二月一日刊行。
② 孙松龄：《山西洗心社欢迎会代表本会演说词》，《四存月刊》第9期，民国十年（1921）十二月一日刊行。
③ 李见荃：《四存学会演说词二》，《四存月刊》第1期，民国十年（1921）四月一日刊行。
④ 姚永概：《四存学会演说词二》，《四存月刊》第9期，民国十年（1921）十二月一日刊行。
⑤ 张缙璜：《河南分会会长张缙璜演说词三》，《四存月刊》第7期，民国十年（1921）十月一日刊行。
⑥ 张凤台：《四存学会演说词一》，《四存月刊》第1期，民国十年（1921）四月一日刊行。

不过揆诸以上言论，大都似强行比附，颇有违学理，自然招致时人的诸多批驳。

第三，"由中学以融西学，仍归于人道而已"。既然要维护旧学，必当面临一个如何处理中西文化之间关系的问题。考察四存学会所办刊物及其会员所撰著作，其间无不弥漫着一股浓厚的文化保守主义情绪。四存学会成立之时，正值一战结束不久。欧战使不少西方人对自己的文化丧失信心，他们痛定思痛，对遥远而又神秘的东方文化萌生了一种羡慕之情，一股"崇拜亚洲之狂热"随之而起。四存学会诸人多为老辈学者，出于对传统文化的眷恋和对战后欧洲的观感，他们愈发感到旧学的优越性，而颜李学则是其中之最佳代表。他们认为，当下讲求西学的中国学人，"迷信物质万能，法制万能，每日所皇皇者，惟在经济之取供，社会之改制，一若供给充、制度定，则可以永安无余事也者。明明有包藏祸根变生俄顷之己与群，而放之而不问，此可谓大愚者也"。而"颜李之学，非但于人学之外，兼治物学，为向来学者所不及，且于人情世故，特有考察，以之为治，则立法用人，毫无所蔽，以之自卫，则操心虑患，毫无所难，其于人学，亦臻绝诣，以之为教，易于见人学之真，起物学之信，将来知物不知人之弊，可以预防"[1]。是故颜李学可以矫正西方物质文明之偏狭，"盖物质文明与精神文明，本宜交相为用，并重而不可一阙。东西各邦，于其试验之余，益各见其短长，而知所去取，则此后之新文化，固将置物质精神于一炉，而陶镕之，殆犹不外本吾国古代三物三事之全，以发挥广大之耳。而我学会适于此时，组织成立，将以起旧文艺，使之复兴，引新科学相与调剂藉树战后未来文化之基础"[2]。并且四存学会学人认为

---

[1] 孙松龄：《山西洗心社欢迎会代表本会演说词》，《四存月刊》第9期，民国十年（1921）十二月一日刊行。

[2] 谢宗陶：《说学（在四存学会河南分会成立大会讲演）》，《四存月刊》第9期，民国十年（1921）十二月一日刊行。

中西相较，中学特别是颜李学的优势至为明显，这体现在以下两个方面：一是颜李学与西学相近。如李见荃便颇为牵强地认为洛克、卢梭的学说可以印证颜李学：

> 《儒哲学案》云：陆克氏以德育置于教育之最先，反复论涵养善良之德性，启发高尚之情操，诸事而其主义所在，则在于唤起好名知耻之心，而以养其德性也。
>
> 氏之智育以实利为主，非养文学亦非陶冶理学也。在于社会角艺场计算其利益，处置其财产，执行其职业，则教一市人亦令其知识周遍，故氏于无关生计之科学，皆排斥之，不以实利之知识，易浮华之修辞，闲雅之诗歌也。
>
> ……
>
> 按文字即词章也，理学即性理也，陆克氏以此为戒，专为有用之学，且先以德育，所谓正德利用厚生也，身欲耐苦，意欲活泼皆实地练习之功，颇与颜李结合。
>
> 又云卢骚氏之大旨，以为儿童之心皆无恶而纯善也，故任其自然则无不纯善，及为人所动，乃渐致不良，故人之性皆善，而社会则丑恶，人性丑皆由社会来也。故于儿童须善保护，无使触社会之恶。
>
> 按颜先生致陆桴亭书云：人之性命，气质虽各有等差，而俱是善气质，正是性命之作用，而不可谓有恶，其所谓恶者，乃由引蔽习染为之祟也。今观卢骚所言若合符节。①

二是中学高于西学，可纠其偏颇之处。该种观点以齐树楷为代表。在

---

① 李见荃：《以西儒陆克、卢骚学说印证颜李》，《四存月刊》第9期，民国十年（1921）十二月一日刊行。

他看来，中西学术的根本区别在于，"西国以知为主，则以为无不可知。吾国以行为主，则有曰不可使知"①。因而"颜李之学主实行，则吾国学术之正传也。以知导行，以行验知，循环无端，而一切学术，无不可融化于行而知之中"②。反观西学，"似行而实知，似动而实静，似实而实虚，此可就西学者论中学者之言，一反证之，即了然矣"③。两相比较，其高下立判。既然"颜李即学即行，即致于用，而西则知而不必行，不必用"④，那么"则人人无庸务于西，仍须返于中。即学其科学，仍以吾有用之道行之。吾用彼，非彼用我。吾国艺术，自昔为然。是吾国之学，是孔孟之学，即颜李特为发明者矣"⑤。至此，四存学会诸人那种故步自封的心态暴露无遗。

正因为四存学会诸人对这三个悖论的解释并不完满，他们对颜李学的改造引起学界的不少批判，有人"因徐公在位即有讥颜李为显学"，有人"以颜李曾辨程朱，疑为此学一倡，必开攻击，于是先发制人，横加讥议，名之曰曲学"⑥。总之，他们或多或少都认识到徐世昌尊崇颜李学，不单单为了抬高颜李之学说，其政治目的非常明显。

小　结

民初徐世昌等人对颜李学之尊崇，实由"北学"复振与政治需求两相合力促成。自晚清曾国藩于直隶兴学与改化始，外籍学者便在此

---

① 齐树楷：《颜李自修指义》，四存中学校排印本，第2页。
② 齐树楷：《颜李自修指义》，四存中学校排印本，第2页。
③ 齐树楷：《颜李自修指义》，四存中学校排印本，第3页。
④ 齐树楷：《颜李自修指义》，四存中学校排印本，第35页。
⑤ 齐树楷：《颜李自修指义》，四存中学校排印本，第37页。
⑥ 齐树楷：《四存学会天津分会开会演说》，《四存月刊》第19期，民国十二年（1923）三月一日刊行。

地区收徒传教，培育人才。"北学"遂不再纯正，呈现南北兼具、中西融汇的特色，也由之出现短暂复兴，此为颜李学能于之后得以受人追捧的历史渊源。同时，身为天津籍旧式政客，徐世昌进入民初仍对权力充满觊觎之心。当登上总统之位后，徐氏急需一套儒家学说来为自己的正统合法性加以辩护，亦要应对风云汹涌的五四新文化思潮。徐世昌对"北学"的地域文化认同和之前曾经主持"北学"丛书《大清畿辅先哲传》的编纂工作，使得他自然而然地极力将颜李学这一"畿辅自有之学派"抬升为"天下学"，以为其加强意识形态控制服务，这是徐氏尊崇颜李学的现实动因。故民初的颜李学研究，并非纯粹停留在学术研讨的层面，而是呈现出学术与政治的复杂交织。

徐世昌对颜李学之尊崇，由于以雄厚的政治权力资源为后盾，故采取了重塑学术偶像和学说再诠释的策略与手段，一时间其相关运作声势浩大，引来颇多附和之音。然而，毕竟政治介入易招致反感，使人心生徐氏之所为乃玷污学术、有损天下公器的担忧；有意诠释也缺乏学理依据，况且四存学会会员侧重对颜李学中传统性痼弊因素的开掘，实同潮流相悖，所以徐氏的一系列活动看似烜赫一时，实际上"雷声大雨点小"，效果不佳。民国学人陈登原亲历此事，感触颇深，故他的评论值得参考。对于徐世昌所纂《颜李师承记》，陈登原指出："凡万季野、毛大可辈，与颜、李有介面或书函往还之谊者，均胪陈生平，立传著录。骤观之，似颜李学派之途甚广，实则过事铺张，有识者当能非之。"并且在选取人物时，"如于成龙等，与习斋毫无关系，则竟述之。王法乾等与习斋之学大异，而亦述之。甚至李二曲、梅定九等，亦为所罗入，可谓贪多务得，细大不捐矣！"①对于四存学会，陈登原认为："会员之征求，不视其趣向之何如，而务于买

---

① 陈登原：《颜习斋哲学思想述》，中国大百科全书出版社1989年版，第189页。

菜之求增，明于此，可知四存学会之创设，于颜氏学所补綦微。当时人之闻颜学而起者，盖寥寥如也。"① 就四存学会诸人对颜李学的诠释，陈氏反问道："得无令人有'颜、李为我'而非'我为颜、李'之疑乎？"② 虽淡淡一句，却颇启人深思。故陈登原认为徐世昌尊崇颜李学之举绝非该学术之福音，亦改变不了其学术支流的现状：

夫以一人而移易天下之视听者，非大智大勇不可，若赖一人之力，凭其权势货殖，虽欲移易视听，而不知其人一去，而其业顿衰；此虽不足污习斋，然足以证颜学之不张矣。③

当然，以徐世昌为首的四存学会学人的活动亦非一无是处，诚如前言，其对颜李著作的搜辑、刊刻之功颇值肯定，为后人研究提供了宝贵的文献基础。也正是自四存学会整理颜李丛书后，加之同时期杜威的中国之行引来了风靡学界的实验主义，民国学界对于颜李学的关注方日趋升温，终使其成为一时的学术热点议题。不过，总体而言，徐世昌等人对颜李学之尊崇于更大程度上是延缓了该研究的深入发展，此点毋庸置疑。

---

① 陈登原：《颜习斋哲学思想述》，中国大百科全书出版社 1989 年版，第 197 页。
② 陈登原：《颜习斋哲学思想述》，中国大百科全书出版社 1989 年版，第 184 页。
③ 陈登原：《颜习斋哲学思想述》，中国大百科全书出版社 1989 年版，第 185 页。

第四章
创建典范与学术商榷：颜李学研究之趋向深入

虽然以徐世昌为首的四存学会诸人提倡颜李学的活动烜赫一时，引起众人对该学派的关注，但这毕竟不是民国学术界之主流，且与时代主题亦有些背道而驰。那么彼时主流学者对颜李学持如何看法？他们的研究成果又是怎样？概言之，民国学界对于颜李学颇有热议，创获甚多，其研究亦随之走向深入。更耐人寻味的是，由于学术背景的差异和文化立场的分歧，学者们对颜李学的看法往往各不相同，难有共识，甚至彼此立异，针锋相对，究系何因导致以上现象，而这些不同观点对于颜李学术形象的塑造又有何影响？诸多问题皆值得我们后人探讨。故本章择取其时最具代表性的三位学者梁启超、胡适和钱穆，通过研读和剖析他们的颜李学研究论著，以期借助梳理颜李学研究的学术脉络，来揭示隐藏于学说歧异背后的深层原因。

第一节　确立颜李近代学术形象：梁启超的颜李学研究

一、梁启超与清代学术史研究

众所周知，作为清季民国的学术大师，梁启超于清代学术史研究造诣颇深，成果丰硕。粗粗算来，梁之清学史研究大致可分为两个时期。一是 1902 年至 1904 年间，梁于流亡日本之际，撰写了长文《论中国学术思想变迁之大势》。是文以时间为纵轴将数千年中国学术思想界分为七个时代：

> 一胚胎时代，春秋以前是也；二全盛时代，春秋末及战国是

也；三儒学统一时代，两汉是也；四老学时代，魏晋是也；五佛学时代，南北朝唐是也；六儒佛混合时代，宋元明是也；七衰落时代，近二百五十年是也……①

同时，梁又别出心裁，从横向的角度把中国学术与西方学术合而观之，认为"上世史时代之学术思想，我中华第一也；中世史时代之学术思想，我中华第一也；惟近世史时代，则相形之下，吾汗颜矣！"②近世史即指有清一代③，那缘何令人"汗颜"？按照梁的解释，"综举有清一代之学术，大抵述而无作，学而不思，故可谓之为思想最衰时代"④。具体而言，清学史可分为四期：第一期为顺康间，中心是程朱陆王问题；第二期为雍乾嘉间，中心是汉宋问题；第三期为道咸同间，中心是经今古文问题；第四期为光绪间，中心是孟荀问题与孔老墨问题。有趣的是，走笔至此，梁启超并未一鼓作气将这"最衰时代"批判到底，而是突然笔锋陡转，认为清学史恰是中国学术否极泰来的征兆：

> 由此观之，本朝二百年之学术，实取前此二千年之学术，倒影而缫演之，如剥春笋，愈剥而愈近里，如啖甘蔗，愈啖而

---

① 梁启超：《论中国学术思想变迁之大势》，《饮冰室合集》文集之七，中华书局1989年版，第3页。
② 梁启超：《论中国学术思想变迁之大势》，《饮冰室合集》文集之七，中华书局1989年版，第2页。
③ 对于清代学术，梁启超特以《近世之学术（起明亡以迄今日）》一章来概述。该章实完稿于1904年，据梁在续载前言中所撰："本论自壬寅（1902年）秋搁笔，余稿久未续成，深用歉然。顷排积冗，重理旧业。以三百年来变迁最繁，而关系最切，故先论之。其第六章未完之稿，及第七章之稿，俟本章撰成，及续补焉。著者识。"《新民丛报》第53号，第45页）
④ 梁启超：《论中国学术思想变迁之大势》，《饮冰室合集》文集之七，中华书局1989年版，第100页。

愈有味。①

　　要而论之，此二百余年间，总可命为古学复兴时代，特其兴也，渐而非顿耳。然固俨然若一有机体之发达，至今日而葱葱郁郁，有方春之气焉。②

申言之，梁启超将清代比拟为欧洲文艺复兴时代，认为二者都是通过复兴古学而步入文化繁盛之境。梁启超仅凭表象来做出判断，其结论自不准确，忽略了文艺复兴的诸多特性。何况他一面指出清代学术"最衰"，又一面认为它堪比文艺复兴，其内在矛盾十分明显。③ 不过，值得注意的是，梁启超所提出的"四期说"虽略显粗糙，却成为他后来被学界所熟知的"理学反动说"之雏形。④

此后很长的一段时期，梁启超将更多的时间投入到政治事业当中。经历了无数的起伏挫折之后，梁启超怀着"故吾自今以往，不愿更多为政谈，非厌倦也，难之故慎之也"⑤ 的复杂心情，决心挥别宦海生涯。1920年成为其政治事业与学术事业的分水岭，自当年始，梁启超将后半生的绝大多数精力倾注于著书立说和教书育人之中。其间所完成的学术著作更是极具分量，梁启超亦凭诸多作品执民国学界之牛耳，且因之享有中国"启蒙运动"元老的美誉。遍览此期梁氏的众多学术明珠，清学史论著无疑是其中最为璀璨的一颗。他于1920年完成的《清代学术概论》，1923年的《朱舜水年谱》、《黄梨洲朱舜水乞

---

① 梁启超：《论中国学术思想变迁之大势》，《饮冰室合集》文集之七，中华书局1989年版，第102页。
② 梁启超：《论中国学术思想变迁之大势》，《饮冰室合集》文集之七，中华书局1989年版，第103页。
③ 李帆：《章太炎、刘师培、梁启超清学史著述之研究》，商务印书馆2006年版，第98页。
④ 详见丘为君：《戴震学的形成——知识论在近代中国的诞生》，新星出版社2006年版，第218—221页。
⑤ 梁启超：《我今后所以报国者》，《饮冰室合集》文集之三十三，中华书局1989年版，第53页。

师日本辩》和《颜李学派与现代教育思潮》,1924 年写就的《中国近三百年学术史》、《戴东原生日二百年纪念会缘起》、《戴东原著述纂校书目考》、《戴东原先生传》、《戴东原哲学》、《明清之交中国思想界及其代表人物》及《近代学风之地理的分布》等文,皆是其总结与检讨有清一代学术思想的产物。

　　细数如上这些通论性或专题性论著,我们不难发现梁氏作品中几乎都渗透着他解释清代学术思想史的一种理论,即"理学反动说"。这一观点的主要含义是:清代学术思想的主流"在前半期为'考证学',在后半期为'今文学',而今文学又实从考证学衍生而来"①,简言之,这一时期的学术思潮即"对于宋明理学之一大反动"②。由这种"大反动"引发出五种趋势:第一是王学自身的反动,第二是自然界探索的反动,第三是西方历算学输入之反动,第四是读书讲学风气之反动,第五是佛学反禅宗之反动。③ 同时,该学术思潮"以'复古'为其职志者也。其动机及其内容,皆与欧洲之'文艺复兴'绝相类,而欧洲当'文艺复兴期'经过以后所发生之新影响,则我国今日正见端焉"④。也正是依据"理学反动说",梁氏最终将清代学术思潮之特色总结为"以复古为解放":

　　　　综观二百余年之学史,其影响及于全思想界者,一言蔽之,曰:"以复古为解放。"第一步,复宋之古,对于王学而得解放,第二步,复汉唐之古,对于程朱而得解放,第三步,复西汉之

---

① 梁启超:《清代学术概论·序》,《饮冰室合集》专集之三十四,中华书局 1989 年版,第 4 页。
② 梁启超:《清代学术概论》,《饮冰室合集》专集之三十四,中华书局 1989 年版,第 3 页。
③ 参见梁启超:《中国近三百年学术史》,《饮冰室合集》专集之七十五,中华书局 1989 年版,第 7—10 页。
④ 梁启超:《清代学术概论》,《饮冰室合集》专集之三十四,中华书局 1989 年版,第 3 页。

第四章　创建典范与学术商榷：颜李学研究之趋向深入

古，对于许郑而得解放，第四步，复先秦之古，对于一切传注而得解放。夫既已复先秦之古，则非至对于孔孟而得解放焉不止矣。然其所以能著著奏解放之效者，则科学的研究精神实启之。今清学固衰落矣。"四时之运，成功者退"，其衰落乃势之必然，亦事之有益者也，无所容其痛惜留恋惟能将此研究精神转用于他方向，则清学亡而不亡也矣。①

由上可知，在梁启超的清学阐释系统里，推动学术思想发展的动力是"反动"，其津筏乃"复古"，"解放"则为最终目的。换言之，"反动"、"复古"和"解放"构成了梁氏解释清学的三个关键要素。

当然，不容忽视的是，梁启超于1920年之后完成的诸多清学史论著，又并非纯粹出于"为学术而学术"的目的。受儒家"学术经世"的特殊世界观之驱动，梁氏生命后期的学术活动，基本可视作其政治事业的延续或超越。正如丘为君所言，就性质而言，梁的"学术经世"至少包含了两种特质：一是在精神方面，学术的意义与其说是探索真理或真相，毋宁说更在于它与现实世界的连接性或是在现实世界里的致用性；为学术而学术（或为知识而知识）不仅不符合儒家"经世"的传统，也与梁氏"学术经世"的初衷相违背。二是在手段方面，"学术经世"重视时代思潮发展的趋势与主流。因此，传统里的积极成分不仅要以时代思潮趋势为准绳来加以发掘与诠释，另一方面，时代思潮还要积极地去转化传统里的消极成分。亦即梁氏带有启蒙意味的"学术经世"工作，是透过教育的手段来达成传统与现代的接轨。②

---

① 梁启超：《清代学术概论》，《饮冰室合集》专集之三十四，中华书局1989年版，第6页。
② 参见丘为君：《戴震学的形成——知识论在近代中国的诞生》，新星出版社2006年版，第121—122页。

综上,梁启超的清学史作品大多在其浓厚的"学术经世"关怀之下,被打上了具有典范意义的"理学反动说"烙印。其颜李学研究自然不会例外。在很长时期内该项研究亦是在如此的学术关怀和理论预设中展开的。

二、梁氏关注颜李学之原因

那么梁启超又是基于何种意图来关注颜李学派及其学说的呢?这是我们剖析其颜李学研究成果之前所先需解决的问题。根据梁氏清学史研究的特点,并结合"五四"后中国学术思想界的潮流动向,他之所以关注颜李学,大致出于以下四因。

第一,颜李学作为清代学术史中极具特色且颇为重要的一支,其地位不容忽视,故必然会纳入梁氏清学史研究的视野当中。作为清初学术界一个学术流派,颜李学派虽既未像程朱理学般备受清廷重视,跻身官方之学,也未能如汉学那样蔚为大国,成为一时主流,但它仍以宏阔的学术气魄和鲜明的学术特色于清学史中独树一帜。因此研究清学史,颜李学自是题中应有之义。此外,梁启超对颜李学派诸成员的为人颇为钦佩。以颜元为例,在梁氏看来,"直隶京兆,今之畿辅而古燕赵也,自昔称多慷慨悲歌之士,其贤者任侠、尚气节、抗高志、刻苦、重实行、不好理论,不尚考证,明清之交多奇士"[1],颜元正是其杰出代表。在《近世之学术》中,在梁氏所认为的明末清初十六位学术大师中,颜元赫然在列。[2]后来梁还自称:"吾于清初大师,

---

[1] 梁启超:《近代学风之地理的分布》,《饮冰室合集》文集之四十一,中华书局1989年版,第52页。
[2] 参见梁启超:《论中国学术思想变迁之大势》,《饮冰室合集》文集之七,中华书局1989年版,第77页。

最尊顾黄王颜,皆明学反动所产也。"① 将颜元与"清初三大家"顾炎武、黄宗羲和王夫之并列,可见梁氏对颜元之推崇。

第二,梁启超对四存学会诸人的做法甚为不满。对于徐世昌等人所组织的以提倡颜李学为名义的一系列政学活动,梁氏颇不以为然。在他看来,徐氏等人虽汇刻了许多颜李遗作,但其编纂的不少著作都值得商榷,如《颜李语要》"破觚为圆,诬颜李矣,不逮《学记》远甚"②。更令人担忧的是,徐氏等人推崇颜李学,有着明显的政治目的,且其对颜李学说的解释与宣扬,更多是基于十分保守的文化立场,与当下的时代精神实相脱轨。作为一向倡导科学精神和思想启蒙的学人,梁启超自然不能认同四存学会的所言所行,更不能任其对颜李诸人形象进行塑造,于是决心在五四思想启蒙的语境下确立颜李学派的近代学术形象,以纠正旧式学人的看法。

第三,梁氏关注颜李学,亦与其受杜威实用主义的刺激和影响密切相关。1919年4月30日,杜威抵达上海,从而开始了在华巡回讲学的历程。其所主张的实用主义学说也被中国知识界各派人物普遍接受,风行一时。③ 梁启超也积极投身于这场热潮当中。1920年9月,他与蔡元培、蒋梦麟、王宠惠、熊希龄等人组成"讲学社",该社宗旨即是延请西方学人来华讲学,每年一人。讲学社成立之际,恰值杜威已应北大之约在华演讲一年有余,次年名义上便由讲学社续聘,可以说他是应讲学社之聘的第一位西方学者。在日常交往中,梁氏自然会对杜威的实用主义学说耳濡目染,多有了解。

---

① 梁启超:《清代学术概论》,《饮冰室合集》专集之三十四,中华书局1989年版,第13页。
② 梁启超:《中国近三百年学术史》,《饮冰室合集》专集之七十五,中华书局1989年版,第137页。
③ 至于杜威之实用主义缘何于中国形成热潮及具体情形,详见元青:《杜威与中国——对杜威中国之行及其影响的研究》,南开大学博士学位论文,1999年。

或许是对杜威实用主义学说的回应，梁启超结合个人多年清学史研究心得，于1923年相继撰写了《颜李学派与现代教育思潮》和《实践实用主义：颜习斋、李恕谷》①两篇应时之作。梁氏并不讳言实用主义对他的启发与刺激，如在《颜李学派与现代教育思潮》开篇即写道：

> 自杜威到中国讲演后，唯用主义或实验主义在我们教育界成为一种时髦学说，不能不说是很好的现象，但我们国里头三百年前有位颜习斋先生和他的门生李恕谷先生曾创一个学派——我们通称为"颜李学派"者，和杜威们所提倡的有许多相同之点，而且有些地方像是比杜威们更加彻底。所以我想把这派学说从新介绍一番。②

可见梁氏认识到杜威实用主义与颜李学说有某些相似之处，这便激发了他研究颜李学的冲动。

第四，"戴东原生日二百年纪念会"成为梁启超精研颜李学的直接契机。戴震学研究无疑是梁启超晚年清学史研究中最具学术分量的部分，对于该问题，学界已多有探讨。③梁氏关注戴震学的触发点正是发起筹办"戴东原生日二百年纪念会"（癸亥十二月十四日，公历1924年1月19日）。虽然之前梁在一些文章中已对戴震学有所论述，但若就个案研究的系统与深入而言，那还当属在纪念

---

① 此文收入《中国近三百年学术史》当中。
② 梁启超：《颜李学派与现代教育思潮》，《饮冰室合集》文集之四十一，中华书局1989年版，第3页。
③ 详见刘巍：《二三十年代清学史整理中钱穆与梁启超、胡适的学术思想交涉——以戴震研究为例》，《清华大学学报》（哲学社会科学版）1999年第4期；丘为君：《戴震学的形成——知识论在近代中国的诞生》，新星出版社2006年版；李帆：《章太炎、刘师培、梁启超清学史著述之研究》，商务印书馆2006年版。

第四章　创建典范与学术商榷：颜李学研究之趋向深入

戴震诞辰二百年纪念之时。为了更好地宣传与纪念这位"科学界的先驱者"和"哲学界的革命建设家"①，梁氏做出表率，拟撰文五篇，"一是东原先生传，二是东原著述考，三是东原哲学，四是东原治学方法，五是颜习斋与戴东原"②。后因"时间短促，校课忙迫，未能实现预定计画，仅成《戴东原先生传》一篇，据其一月十五日自记说，是用一昼夜作成的；《戴东原哲学》一篇，据其十九日自记说，是接连三十四点钟不睡觉赶成的。此外尚有《戴东原著述纂校书目考》一文，但其成文时期当在开纪念会以后了"③。也恰在撰文期间，为了找到有关戴震哲学思想渊源的线索，梁启超仔细研读了颜李学派的不少论著，从而"深信东原的思想，有一部分是受颜李学派影响而成"④，这亦即他打算写《颜习斋与戴东原》一文的缘由⑤。并且在赶写纪念戴震相关文章的同时，他还特意抽空写就长达两万余字的《颜李学派与现代教育思潮》⑥，

---

① 梁启超：《戴东原生日二百年纪念会缘起》，《饮冰室合集》文集之四十，中华书局1989年版，第38、39页。
② 梁启超：《戴东原哲学》，《饮冰室合集》文集之四十，中华书局1989年版，第77页。
③ 丁文江、赵丰田编：《梁启超年谱长编》下，上海人民出版社1983年版，第1009页。
④ 梁启超：《戴东原哲学》，《饮冰室合集》文集之四十，中华书局1989年版，第60页。
⑤ 当然，由于诸多因素，《颜习斋与戴东原》一文最终未能完成，但梁氏的这种思路却被胡适继承下来，并在其《戴东原的哲学》一文中就戴震学术同颜李学派的渊源关系做了颇为细致的阐述。
⑥ 此事在《梁启超年谱长编》中记载较详："（1923年11月）22日，先生致高梦旦一书，言为《东方杂志》纪念号撰文；此文后来题作《颜李学派与现代教育思潮》，是时正当美国杜威博士到中国讲演实验主义以后，所以一时国内提倡颜李学的人很多。其书说：'前复一书，言《东方杂志》纪念号所拟题为《颜李学说与现代教育》，不审已收否（因未得复书）。该文现已成过半，准十二月十五前必寄到。全篇约二万言以上。谨先闻。'（1923年）12月17日，张菊生复先生一书，言收到《颜李学派与现代教育思潮》一文各事：'一昨奉到大著《颜李学派与现代教育思潮》，展诵一过，深足药吾中国能坐言不能起行之病，尤足救近人所倡行之匪艰知之维艰之说之偏，至为钦佩。今日又得十二日快函，所插英文一语遵即照改。此外间有一二讹字，亦已代为改正，可请勿念。每月应呈三百元，仍属天津分馆按月送至尊府，想蒙察入。'"（丁文江、赵丰田编：《梁启超年谱长编》下，上海人民出版社1983年版，第1007—1008页）

想必正是其研读颜李著作心得之结晶。要之,"戴东原生日二百年纪念会"不仅是梁氏深入研究戴震学的开端,正因为戴震学与颜李学之间的学术渊源,也成为其精研颜李学的直接契机,这就为他日后撰写《实践实用主义:颜习斋、李恕谷》一文预做铺垫。

三、"新旧过渡"与"兼反汉宋"

以 1923 年底倡议发起"戴东原生日二百年纪念会"为标志,恰可将梁启超的颜李学研究界分为两个阶段,第一期为发起纪念会之前,此期的相关著作为《论中国学术思想变迁之大势》和《清代学术概论》。

在《论中国学术思想变迁之大势》中,梁氏并未把颜李学派单独拿出论列,而是将颜元同顾亭林、黄梨洲、王船山、刘继庄并称为"新旧学派之过渡者"[①]。在梁氏眼中,明末清初堪称大师者仅有十六人,除却以上五人,尚有"承旧学派之终者"六人(孙夏峰、李二曲、陆桴亭、张嵩菴、张杨园、吕晚村),"新学派之始者"五人(阎百诗、万充宗、万季野、胡东樵、王寅旭),不过"所谓旧学派诸贤者,语其在学界上之位置,不过袭宋明之遗,不坠其绪,未足为新时代放一异彩也,其可称近世学术史之特色者,必推顾、黄、王、颜、刘五先生。五先生之学,应用的而非理想的也"。[②]就五先生所共有的学术特色,梁氏总结为四点:"以坚忍刻苦为教旨相同也","以经世

---

① 梁启超:《论中国学术思想变迁之大势》,《饮冰室合集》文集之七,中华书局 1989 年版,第 77 页。
② 梁启超:《论中国学术思想变迁之大势》,《饮冰室合集》文集之七,中华书局 1989 年版,第 79 页。

致用为学统相同也","以尚武任侠为精神相同也","以科学实验为凭藉相同也"。①

至于颜元独有的学术特征,梁氏也有所涉及。第一,他认为"习斋专标忍嗜欲苦筋力之旨,为学道不二法门。近世余杭章氏以比诸罗马之斯多噶派,谅矣"②。并且"习斋有存性、存学、存治、存人四编,其精华之论,皆在于是。号之曰周孔之学,以自别于程朱。其言曰:以讲读为求道,其距千里也;以书为道,其距万里也,盖其学颇有类于怀疑派"③。将颜李学比作古罗马时代的斯多噶派,恰反映出梁氏认为中国也有文艺复兴时代的内心诉求。在其看来,颜元控制欲望、重行轻知,与古罗马时代的斯多噶派有异曲同工之妙。这不正是清代乃"古学复兴时代"的极佳例证吗?第二,梁启超又根据"理学反动"的观点指出颜元"事事而躬之,物物而肄之,以求其是,实宋明学之一大反动力,而亦清学最初一机楗也。雍乾以后,学者莫或称习斋,然顾颇用习斋之术,但其术同,而所用之之目的地不同,以实事求是一语,而仅用之于习斋所谓其距万里之书,习斋其恫矣。乃者余杭章氏极推习斋,以为荀卿以后一人,其言或太过,然要之为一代大儒必矣"④。梁氏之所以套用该解释模式,其用意在于以颜元为例,说明清代学术思想的历程恰是以复古为解放的形式一步步演进的,颜元"并宋明而悉弃矣"⑤,乃其中之一环。

---

① 梁启超:《论中国学术思想变迁之大势》,《饮冰室合集》文集之七,中华书局1989年版,第81页。
② 梁启超:《论中国学术思想变迁之大势》,《饮冰室合集》文集之七,中华书局1989年版,第81页。
③ 梁启超:《论中国学术思想变迁之大势》,《饮冰室合集》文集之七,中华书局1989年版,第82—83页。
④ 梁启超:《论中国学术思想变迁之大势》,《饮冰室合集》文集之七,中华书局1989年版,第83页。
⑤ 梁启超:《论中国学术思想变迁之大势》,《饮冰室合集》文集之七,中华书局1989年版,第84页。

时隔十六年，梁启超于 1920 年所撰《清代学术概论》中，基本保留了之前对颜李学的主要看法，并进而展开论析，恰如其言："余今日之根本观念，与十八年前无大异同，惟局部的观察，今视昔似较为精密。"① 对于颜元的学术特色，梁氏仍认为"其学有类罗马之'斯多噶派'，其对于旧思想之解放，最为彻底"②。其最核心的主张可概括为"劳作神圣"。"质而言之，为做事故求学问，做事即是学问，舍做事外别无学问，此元之根本主义也。"③ 在梁看来，也正是过分执着于清教徒式的苦行实践，致使其学绝非常人所能践履，故成为阻碍其学说传播的一大弊端，该学派也因之中绝。对此情形，梁氏特有专论：

> 颜李之力行派，陈义甚高，然未免如庄子评墨子所云"其道大觳，恐天下不堪"。此等苦行，惟有宗教的信仰者能践之。然已不能责望之于人。颜元之教，既绝无"来生的"、"他界的"观念，在此现实界而惟恃极单纯极严冷的道德义务观念，教人牺牲一切享乐，本不能成为天下之达道。元之学所以一时尚能光大者，因其弟子直接受彼之人格的感化，一再传后，感化力递减，其渐归衰灭，乃自然之理。况其所谓实用之"艺"，因社会变迁，非皆能周于用，而彼所最重者在"礼"，所谓"礼"者，二千年前一种形式，万非今日所能一一实践，既不能，则实者乃反为虚矣，此与当时求实之思潮，亦不相吻合，其能不成为风气也固宜。④

---

① 梁启超：《清代学术概论·序》，《饮冰室合集》专集之三十四，中华书局 1989 年版，第 4 页。
② 梁启超：《清代学术概论》，《饮冰室合集》专集之三十四，中华书局 1989 年版，第 16 页。
③ 梁启超：《清代学术概论》，《饮冰室合集》专集之三十四，中华书局 1989 年版，第 17 页。
④ 梁启超：《清代学术概论》，《饮冰室合集》专集之三十四，中华书局 1989 年版，第 21 页。

由颜李学派与斯多噶派的类似到指出颜李学派的衰落与苦行密切关联，说明梁的颜李学研究较之清末确有所深入。不过，这里尚需辨析的是，梁启超实则并未真正了解斯多噶派的学说内涵。因为斯多噶派最重要的哲学理念是理性与情欲的二元对立。此派学者认为人类本身即具有理性，然而同时又存在非理性的情感及欲望与之对抗。在普遍的情况下，人的理性常不能控制其非理性的成分。故而以理性控制情欲，便成为他们的贤人理想。宋明理学家所倡导的"存天理、灭人欲"的主张，反颇与斯多噶派相似。故梁氏认为颜李学派与斯多噶派主张类似的说法便显得非常牵强。如果说在《论中国学术思想变迁之大势》中，梁启超仅是借用章太炎之论比附颜、斯二派，属于无组织、无选择、本末不具、派别不明，唯以多为贵的"梁启超"式的输入之范畴[1]，那身处中西学说纷纭的20世纪20年代，其仍持此观点则说明梁氏对于该学派的相关主张确无专门研究，故失之于人云亦云。当然梁氏如此塑造颜李的学术形象，依然是在为中国的文艺复兴运动寻求合法性，故同真正的颜李学有一定距离。

出于同样理念，梁氏仍于"理学反动"的解释框架下考察颜李诸人的主张，将其视作明学之反动的重要力量。同时，梁氏进而断定颜元"则明目张胆以排程朱陆王，而亦菲薄传注考证之学，故所谓'宋学'、'汉学'者，两皆吐弃，在诸儒中尤为挺拔，而其学卒不显于清世"[2]。颜元之所以既不认宋学为学，亦不认汉学为学，其原因在于"学问绝不能向书本上或讲堂上求之，惟当于社会日常行事中求之"[3]。梁启超这样看待颜李学与汉宋学之间的关系，一方面的确凸显了三者之间的学术差异，不过如此绝对化的结论在另一方面也忽视了三者之

---

[1] 参见梁启超：《清代学术概论》，《饮冰室合集》专集之三十四，中华书局1989年版，第71页。
[2] 梁启超：《清代学术概论》，《饮冰室合集》专集之三十四，中华书局1989年版，第16页。
[3] 梁启超：《清代学术概论》，《饮冰室合集》专集之三十四，中华书局1989年版，第17页。

间的学术关联。其实颜李学并非无所依傍,凭空而生,它的产生与明末清初的学术氛围密不可分,其间既有对其他学术流派的吸收与承继,亦有反思与超越。并且即使颜李学派形成后,其成员也并未固守己学,排斥他派,如颜元就认同并借鉴了宋学家陆世仪的主敬思想,李塨更是充分吸取清初经学家的学术成果,运用考据方法著书立说,为颜李学寻求学理支撑。故对汉宋两派,颜李诸人更多的是批判,而非"吐弃",梁之论断不免有失偏颇。

除却以上对以往主张的延续,梁启超于《清代学术概论》中亦对颜李学提出新的见解,他认为颜李所倡导的实学,与刚引入国内的杜威实用主义思潮有所近似,按梁之原话:

> 以实学代虚学,以动学代静学,以活学代死学,与最近教育新思潮最相合,但其所谓实所谓动所谓活者,究竟能免于虚静与死否耶?此则时代为之,未可以今日社会情状绳古人矣。[①]

所谓"新思潮",即以杜威为代表的实用主义思潮。只是梁氏对该思潮了解尚浅,故未详加论述,不过这毕竟为他1923年之后的颜李学研究埋下伏笔。

总之,梁启超颜李学研究的第一期,在"古学复兴"的学术诉求和"理学反动"的解释模式之推动下,其对颜李学的所述所论并不具体,更谈不上准确。这说明梁氏对颜李著作研读不精,故难有细致入微的考察,加之理论先行之缘故,其不少观点更类似一种阐述策略,并非科学论断,这是我们后人在研究时当注意的。

---

① 梁启超:《清代学术概论》,《饮冰室合集》专集之三十四,中华书局1989年版,第17页。

四、"清学支流"与"实用主义代表"

承上所言，梁启超的颜李学研究由第一期折入第二期的契机为"戴东原生日二百年纪念会"。至于具体的肇端，则应从梁氏1923年11月于汤山养病谈起。笔者于中国国家图书馆查阅史料时，发现中国国家图书馆北海古籍馆藏有一部梁启超手批本的清同治十年（1871）南山冶城山馆版的《颜氏学记》。在该书封面，署有梁氏题款："癸亥十月养病汤山精读一过　启超记。"①癸亥年即1923年，由于梁氏采用阴历纪年，故"十月"应是当年公历11月左右。至于其养病经过，梁氏在当年十一月十六日写给女儿梁思顺的信中也有所交代："我半个月前痔疮复发，初时不以为意，耽阁了好几日，后来渐觉得有点痛楚，才叫王姑娘入京服侍，又被你弟弟们逼着我去汤山住了几天，现在差不多好清楚了。"② 由此可以推断，1923年11月初，梁启超因病在汤山小住几日。也正是于此短暂的养病期间，梁氏通过精读戴望的《颜氏学记》，对颜李学的认识有了较大改变。

现藏国家图书馆的这本梁氏手批本《颜氏学记》，内有梁启超批语一千余字。由于梁之字迹十分潦草，甚难辨识，故笔者仅择取与本文论旨相关且能够认清的批语来略做研讨。通观梁氏批语，梁氏研读《颜氏学记》所获新见大致有三。一是断定戴震学与颜李学颇有渊源。当读到"乾隆中戴吉士震作《孟子绪言》，始本先生此说言性而畅发

---

① 梁启超：《颜氏学记》梁启超手批本，1923年，中国国家图书馆馆藏。
② 丁文江、赵丰田编：《梁启超年谱长编》下，上海人民出版社1983年版，第1006—1007页。

其旨"一句时,梁氏不禁写道"东原之学本习斋,渊源甚分明"。① 同时梁认为不仅戴氏之学源自颜李,姚际恒似亦受该学派影响,于是又在该页空白处随手记下一句:

> 《文献征存录》云:"徽州姚际恒作《庸言录》,谓周程张朱皆禅,其说本颜元。"立方之得阅习斋学。②

在《颜氏学记》另外章节中,亦能看到梁氏有关戴震学与颜李学之间渊源的批语。如在卷二开篇,梁氏读到颜元《驳气质性恶》及《明明德》中批判理学二重化的人性论和气质之性为恶的观点,认为"后此戴东原之说颇以之"③。再如对于卷九的程廷祚的《论语说》,梁氏读后亦断定"东原说所本"④。二是关注颜元的教育思想。之前已提到杜威实用主义学说的引入使得梁启超颇受启发。作为20世纪最重要的教育家之一,杜威的教育理论备受当时中国学人推崇,教育界形成一股"杜威热"⑤。梁启超也难免不受该热潮影响,这在《清代学术概论》中已稍显端倪。这种看法在其批语里亦有所体现。在《颜氏学记》卷二,颜元认为改善"引蔽习染"对气质之性影响的方法即在于"习",其具体途径在于"熟阅《孟子》而尽其意,细观赤子而得其情,则孔、孟之性旨明,而心性非精,气质非粗;不惟气质非吾性之累害,而且舍气质无以存养心性,则吾所谓三事、六府、六德、六行、六艺之学是也。是明明德之学也,即谓为变化

---

① 梁启超:《颜氏学记》梁启超手批本卷一,1923年,中国国家图书馆馆藏,第4页。
② 梁启超:《颜氏学记》梁启超手批本卷一,1923年,中国国家图书馆馆藏,第4页。
③ 梁启超:《颜氏学记》梁启超手批本卷二,1923年,中国国家图书馆馆藏,第1页。
④ 梁启超:《颜氏学记》梁启超手批本卷九,1923年,中国国家图书馆馆藏,第19页。
⑤ 详见元青:《杜威与中国——对杜威中国之行及其影响的研究》,南开大学博士学位论文,1999年,第109—150页。

气质之功，亦无不可。有志者倘实以是为学为教，斯孔门之博文约礼，孟子之存心养性，乃再见于今日，而吾儒有学术，天下有治平，异端净扫，复睹三代乾坤矣！"①梁启超遂下断语认为"习斋是教育万能论者"②。同时，他指出颜元这种重视习行的教育方式也存在弊端，即"习诚善矣，而以古礼为之具，所以等于虚习。习斋之教不能大昌在此"③。三是开始认识到颜元、李塨师徒二人在治学上的相异之处。在之前的研究中，梁启超对李塨的评论较少，表现出明显的"重颜轻李"倾向。这实与他对李塨学术作品涉猎较少有关。通过阅读《颜氏学记》，梁氏不仅翻阅了颜元的主要论著，同时也接触到李塨的不少作品（《颜氏学记》共十卷，其中第四卷至第七卷都是关于李塨的材料），这使其得以更深入地了解李塨的学术思想。通过研读，梁氏感到虽然李塨在治学大旨上与其师并无二致，但在具体主张和方法上仍有不少差别。如就颜李二人在知行观上的分歧，梁认为"知在行先一语与习斋似有异同。习斋释格物致知（其意）说非亲下手一番不能知。意谓必行乃知也。恕谷知在行先之说离，分析较密，毋乃又为支离之学所藉口手"④。这可谓是梁氏只眼独具之处。李塨与其师在知行孰先孰后方面的确存在歧异。李氏之知行观，大体包含三个方面：一是承认"行先以知"，但又认同"知在行先"；二是知在于学，"学习其事"；三是知行亦能并进。⑤知在行先，显然有别于颜元的主张，而倾向于程朱。是故李氏的知行观，除了重视理论

---

① 颜元著，王星贤、张芥尘、郭征点校：《性图》，《颜元集》上，中华书局1987年版，第32页。
② 梁启超：《颜氏学记》梁启超手批本卷二，1923年，中国国家图书馆馆藏，第3页。
③ 梁启超：《颜氏学记》梁启超手批本卷三，1923年，中国国家图书馆馆藏，第10页。
④ 梁启超：《颜氏学记》梁启超手批本卷四，1923年，中国国家图书馆馆藏，第14页。
⑤ 参见李塨：《大学辨业》卷三，陈山榜、邓子平主编：《颜李学派文库》第三卷，河北教育出版社2009年版，第1002页。

知识外，还给人以知了就能行，以知代行的感觉，这实为其主张的不足之处。究其原因，主要仍由于他的治学风格颇受汉学家特别是毛奇龄的影响，渐转入考据一途所致。① 此外，梁氏还就颜、李二人的治学特点简做比较，指出："恕谷之学：（一）理习较习斋□□；（二）事功阅历较深；（三）闻见精博。"② 可知他对颜、李学派主要代表人物的理解更趋深入了。

通过对《颜氏学记》的一番研读，加之纪念戴震诞辰二百周年活动的触发，梁启超对颜李学的关注程度较之以往大为增强，其研究也自然转入第二期。此期他完成了两篇专论《颜李学派与现代教育思潮》和《实践实用主义：颜习斋、李恕谷》，同时在《戴东原先生传》、《戴东原哲学》、《近代学风之地理的分布》及《明清之交中国思想界及其代表人物》等文中也对颜李学有所涉及。

综观如上作品，梁氏依然将颜李学派视为明末清初"反理学运动"的重要力量，"有清一代学术，初期为程朱陆王之争，次期为汉宋之争，末期为新旧之争，其间有人焉举朱陆汉宋诸派所凭藉者一切摧陷廓清之，对于二千年来思想界，为极猛烈极诚挚的大革命运动，其所树的旗号曰'复古'，而其精神纯为'现代的'，其人为谁？曰颜习斋及其门人李恕谷"。③ 并且梁氏还指出颜李学派属于清学的支流，其特色乃"排斥理论提倡实践"，"这个支流，屡起屡伏，始终未能很占势力"。④ 不过，由于对颜李著作阅读量的增加和引入实用主义这个

---

① 参见朱义禄：《颜元、李塨评传》，南京大学出版社2006年版，第465页。
② 梁启超：《颜氏学记》梁启超手批本卷七，1923年，中国国家图书馆藏，第4页。
③ 梁启超：《中国近三百年学术史》，《饮冰室合集》专集之七十五，中华书局1989年版，第105页。
④ 梁启超：《中国近三百年学术史》，《饮冰室合集》专集之七十五，中华书局1989年版，第2页。

新式理论阐释工具①，梁启超于第二期的颜李学研究呈现较大的转变，主要概括为如下四点。

第一，颜李学派的知识论是"唯习主义"知识论。在梁氏看来，颜李学派的核心思想，就在于"习"："一个'习'字，便是他的学术全部精神所在。"② 具体来说，颜李的这个"习"字有两种含义和修行方法：

> 第一，他不认先天禀赋能支配人，以为一个人性格之好坏，都是由受生以后种种习惯所构成，所以专提倡《论语》里"习相远"、《尚书》里"习与性成"这两句话，令人知道习之可怕；第二，他不认实习之外能有别的方法得着学问，所以专提倡《论语》里"学而时习之"一句话，令人知道习之可贵。……有两种"习"法：一为修养品格起见唯一的工夫是改良习惯；二为增益

---

① 在《颜李学派与现代教育思潮》一文中，梁氏特意将其之所以将颜李学冠之为"实用主义"的缘由做一交代："其一，从前的学者最喜欢说外国什么学问都是中国所有，这些话自然不对，不用我辩驳了。现代有些学者却最不愿意听人说中国从前有什么学问，看见有表彰中国先辈的话，便说是'妖言惑众'，这也矫枉过正了。中国人既不是野蛮民族，自然在全人类学术史中有他相当的位置，我们虽然不可妄自尊大，又何必自己糟蹋自己到一钱不值呢。即如这篇文所讲的颜李学，我并不是要借什么詹姆士、什么杜威以为重，说人家有这种学派我们也有。两位先生本是独往独来、空诸依傍的人，习斋说：'立言但论是非，不论异同。是则一二人之见不可易也。非则虽千万人所同，不随声也。'然则他们学派和所谓'现代思潮'同不同，何足为他们轻重呢？不过事实上既有这个学派，他们所说的话，我们读去实觉得餍心切理，其中确有一部分说在三百年前而和现在最时髦的学说相暗合。我们安可以不知道，我盼望读者平心静气比较观察，勿误认我为专好搬演家里的古董。其二，近来教育界提倡颜李学的人也见多了。似乎不必我特别介绍，但各人观察点容有不同，我盼望我所引述的能格外引起教育家兴味，而且盼望这派的教育理论和方法能够因我这篇格外普及而且多数人努力实行，便是我无上的荣幸。"(梁启超：《颜李学派与现代教育思潮》，《饮冰室合集》文集之四十一，中华书局1989年版，第4页)

② 梁启超：《颜李学派与现代教育思潮》，《饮冰室合集》文集之四十一，中华书局1989年版，第6页。

才智起见唯一的工夫是练习实务。①

当然,梁启超提出"唯习主义"知识论,是针对宋明儒家那套治学和修养方式而言。首先,颜李学人对于宋明儒家"以读书为穷理"的求知途径深表不满,认为这是本末倒置,"人之岁月精神有限,诵说中度一日,便习行上少一日,纸墨上多一分,便身世上少一分"②。要打破这种徒耗精力的穷理方法,从实践中获取真知。因此书本知识并不可信,按照颜元的解释,格物致知的"致"字当作《左传》里"致师"的"致"字解,当作《孙子》里"致人而不致于人"的"致"字解。"引致知识到我跟前叫做'致知',知识来到了跟前叫做'知至',习斋以为书本上说这件事物如何如何,我把这段书彻头彻尾看通了,这种智识靠得住吗?靠不住,别人说这件事物如何如何,说得很明白,我也听得很明白,这种智识靠得住吗?靠不住,凭我自己的聪明把这件事物揣摩料量,这种智识靠得住吗?靠不住。要想知识来到跟前,(知至)须经过一定程序,即'亲下手一番。'(手格其物)便是换而言之,无所谓先天的知识,凡知识皆得自经验。"③"这种'唯习主义'的知识论,正是颜李派哲学的根本立场。"④ 同时,在梁氏看来,颜李并非极端的"读书无用论"者,他们"反对读书,并非反对学问,他因为他认定读书与学问截然两事,而且认读书妨害学问,所以反对"。他们"反对读书,纯为积极的,而非消极的,他只是叫人把

---

① 梁启超:《颜李学派与现代教育思潮》,《饮冰室合集》文集之四十一,中华书局1989年版,第7页。
② 颜元著,王星贤、张芥尘、郭征点校:《总论诸儒讲学》,《颜元集》上,中华书局1987年版,第42页。
③ 梁启超:《颜李学派与现代教育思潮》,《饮冰室合集》文集之四十一,中华书局1989年版,第8页。
④ 梁启超:《中国近三百年学术史》,《饮冰室合集》专集之七十五,中华书局1989年版,第121页。

第四章　创建典范与学术商榷：颜李学研究之趋向深入　235

读书的岁月精神腾出来去做学问"①。其次，与反对读书相关联，梁氏发觉宋明儒家主静的修养方式，亦是颜李学派所攻击的对象。颜李认为，主静有两大害处，其一是坏身体，即"耗气劳心书房中，萎惰人精神，使筋骨皆疲软，天下无不弱之书生，无不病之书生，一事不能做"②；其二是损神智，因为"爱静空谈之学久，则必致厌事。遇事即茫然，贤豪且不免，况常人乎？"③更有甚者，颜元曾指出，长期静坐会使人产生幻觉，梁氏对此论深表赞同：

> 天下往往有许多例外现象，一般人认为神秘不可思议，其实不过一种变态的心理作用。因为人类本有所谓潜意识者，当普通意识停止时，他会发动——做梦便是这个缘故。我们若用人为的工夫将普通意识制止令潜意识单独出锋头，则"镜花水月"的境界，当然会现前，认这种境界为神秘而惊异他歆美他，固属可笑。若咬定说没有这种境界，则亦不足以服迷信者之心，因为他们可以举出实例来反驳你。习斋虽没有学过近世心理学，但这段话确有他的发明，他承认这种变态心理是有的，但说他是靠不住的，无用的。从来儒家辟佛之说，没有比习斋更透彻的了。④

正基于这种对宋明理学的尖锐批判，梁氏认为颜李学属于"主动主

---

① 梁启超：《中国近三百年学术史》，《饮冰室合集》专集之七十五，中华书局1989年版，第112页。
② 颜元著，王星贤、张芥尘、郭征点校：《〈朱子语类〉评》，《颜元集》上，中华书局1987年版，第272页。
③ 颜元著，王星贤、张芥尘、郭征点校：《颜习斋先生年谱》下卷，《颜元集》下，中华书局1987年版。
④ 梁启超：《中国近三百年学术史》，《饮冰室合集》专集之七十五，中华书局1989年版，第115页。

义","尤奇特者,昔人都以心不动为贵,习斋则连心也要他常动"。①再次,"见理于事"亦是其"唯习主义"的重要主张。一般而言,宋明儒家说理及明理的方法有二:一是天理,即天道,或指一个仿佛空明的虚体,其明理之法在于"随处体认天理";一是指物理,其明理之法为"即凡天下之物,莫不因其已知之理而益穷之,以求至乎其极",从而达到"一旦豁然贯通,则众物之表里精粗无不到,而吾心之全体大用无不明"的境界。其实,"两事只是一事,因为他们最高目的,是要从心中得着一种虚名灵觉境界,便是学问上抓住大本大原,其余都是枝叶"②,颜李学派对于这种主张极力反对,因而提出"见理于事"的概念。他们主张士人们"礼、乐、兵、农更精其一","水、火、农、教各司其一",学问必定会日益精进,也可避免宋明儒生泛滥无归、终身无得的弊病。总之,"颜李对于知识问题,认为应该以有限的自甘,而且以有限的为贵,但是想确实得到这点有限的知识,除了实习外更无别法,这是他们知识论的概要"③。

此外,对于颜李学派"唯习主义"知识论的不足,梁氏也有言及。他指出其知识论"和近世经验学派本同一出发点,本来与科学精神极相接近,可惜他被'古圣成法'四个字缚住了。一定要习唐虞三代时的实务,未免陷于时代错误。即如六艺中'御'之一项,在春秋车战时候,诚为切用,今日何必要人人学赶车呢。如'礼'之一项,他要人习《仪礼》十七篇里头的昏[婚]礼、冠礼、士相见礼,等等。岂不是唱滑稽戏吗?他这个学派不能盛行,未始不由于此,倘

---

① 梁启超:《颜李学派与现代教育思潮》,《饮冰室合集》文集之四十一,中华书局1989年版,第15页。
② 梁启超:《中国近三百年学术史》,《饮冰室合集》专集之七十五,中华书局1989年版,第118页。
③ 梁启超:《颜李学派与现代教育思潮》,《饮冰室合集》文集之四十一,中华书局1989年版,第10页。

能把这种实习工夫,移用于科学,岂非大善?"① 当然,梁氏指出我们不必厚责前人,因为"第一,严格的科学,不过近百余年的产物,不能责望诸古人;第二,他说要如古人之习六艺,并非说专习古时代之六艺,如学技击便是学射,学西洋算术便是学数,李恕谷已屡屡论及了;第三,他说要习六艺之类的学问,并特专限于这六件",如果颜李二人生在今日,必定是"两位大科学家,而且是主张科学万能论者"。②

行文至此,笔者尚需略作延伸。无须讳言,梁启超对颜李学派"唯习主义"知识论的解释,是以杜威的实用主义学说为参照系的。然而梁氏实对杜威的知识论之主旨了解未深。虽然颜李和杜威在知识论方面皆注重因行以求知,因行而得知,持知行合一的观点,但二者在具体主张上存在的差别亦非常明显。首先,颜李仅注重实行的知识,亦即哲学之知;杜威除却注重实行的知识外,并注重感觉的知识及推理的知识,也就是科学之知。③ 其次,颜元反对读书和著书,也就是不主张士人专门从事于知识的探究;反观杜威,他认为根据社会分工合作的原则,有一部分人去专门从事知识的探究工作,是无可厚非的,故这是二者在知识论上又一不同之处。④ 要之,梁启超对于颜李学派与杜威学说之间相似性的比较,存在牵强不实的失误,这同其对杜威学说知之不深密切相关。

第二,颜李学派是一种功利主义学派。在梁启超看来,颜元也是

---

① 梁启超:《中国近三百年学术史》,《饮冰室合集》专集之七十五,中华书局1989年版,第123页。
② 梁启超:《中国近三百年学术史》,《饮冰室合集》专集之七十五,中华书局1989年版,第123页。
③ 郑世兴:《颜习斋和杜威哲学及教育思想的比较研究》,台湾"中央文物供应社"1984年版,第108页。
④ 郑世兴:《颜习斋和杜威哲学及教育思想的比较研究》,台湾"中央文物供应社"1984年版,第117页。

一位功利主义者，证据就在于其对传统儒家重义轻利、义利对立观念的反对与纠正方面。传统儒家在义利观上，大都喜谈仁义而不讲求逐利，最具代表性的说法便是董仲舒的"正其谊不谋其利，明其道不计其功"。长此以往，便形成了中国哲学史中的义利之辨，其实质即理论形态上的道义论同功利论的二元对立。在梁氏眼中，传统义利观虽"是学者最高的品格，但是把效率的观念完全打破，是否可能。况且凡学问总是要应用到社会的，学问本身可以不计效率，应用时候是否应不计效率，这问题越发复杂了。我国学界，自宋儒高谈性命鄙弃事功，他们是否有得于'为而不有'的真精神，且不敢说，动辄唱高调把实际上应用学问抹杀，其实讨厌"①。颜李学派对这种现象极为不满，因为若不重视对利益的追求，只会使社会停滞、百姓贫困，于是公开提倡功利，认为应"正其谊以谋其利，明其道而计其功"。他们还以天下为己任，主张学问皆归于致用，专提《尚书》三事——正德、利用、厚生为标帜。②是故"颜李也可以说是功利主义者"③。

当然，仔细研读梁氏有关论证颜李乃功利主义者的文字，则会发现他对于"功利主义"这个概念的认识并不透彻。颜李学的功利论，有着为社会公共利益服务的性质。这是以利人、利天下为善恶价值标准的社会功利主义。这一以利他为特征的功利主义，不否定正当的个人利益，但与近代西方的以是否满足个人幸福为善恶标准的功利主义有明显的区别。西方功利论在18世纪末19世纪初形成，代表人物是英国的边沁（1748—1832）与穆勒（1806—1873）。边沁继承西

---

① 梁启超：《颜李学派与现代教育思潮》，《饮冰室合集》文集之四十一，中华书局1989年版，第18页。
② 梁启超：《颜李学派与现代教育思潮》，《饮冰室合集》文集之四十一，中华书局1989年版，第19页。
③ 梁启超：《中国近三百年学术史》，《饮冰室合集》专集之七十五，中华书局1989年版，第124页。

方历史上的功利主义传统,从法国的爱尔维修、英国的休谟等人的著作中,提炼出功利原则。他认为人的行为以快乐和痛苦为动机,而合乎善的行为,不过使个人快乐的总和超过痛苦的总和的行为。在个人利益与社会利益的关系上,认为达到"最大多数的最大幸福"是个人活动的唯一目的。他把个人看作是社会利益的基础,社会利益只不过是个人利益的总和。穆勒继承边沁学说,提出了"功利主义"这一概念。他认为人类行为的唯一目的是求得幸福,促成幸福是判断人的一切行为的标准。穆勒主张,只有在行为结果具有意义时,才应当区别道德上的善与恶。无论是边沁还是穆勒,他们都强调个人利益是社会利益的前提。这种以个人为社会基础的功利主义,到了20世纪之后才由梁启超、陈独秀等人介绍到中国。梁氏在此处所谈的"功利主义",更多是受杜威影响的西方功利主义思想。与颜李学相比,"杜威所追求的人生价值虽未否认道义,但不容置疑的是颇倾向于功效利益的,这终究不如习斋兼顾义利的立场来得妥当无弊"[1]。可见梁启超在对中西功利主义学说的理解上尚未达到这一层面,故他对颜李学功利主义属性的总结便显得十分模糊。

第三,颜李学派的人性一元论颇具特色。在宋代之前,虽然传统士人对人性的理解存有较大歧异,在总体而言皆认为人性一元。宋儒张载提出了义理之性与气质之性的说法,并由二程、朱熹继承并发展,最终形成影响后世的人性二重化学说。颜李学人认为这种于气质之性之外虚构所谓义理之性,并将气质之性贬为恶的做法实属荒谬,"盖气即理之气,理即气之理,乌得谓理纯一善而气质偏有恶哉!"[2]并由之提出了"气质即性无恶,恶由习染引起"的人性论。

---

[1] 郑世兴:《颜习斋和杜威哲学及教育思想的比较研究》,台湾"中央文物供应社"1984年版,第137页。

[2] 颜元著,王星贤、张芥尘、郭征点校:《驳气质性恶》,《颜元集》上,中华书局1987年版,第1页。

梁启超对颜李学派的人性论十分看重。他之所以赞同颜元的一元论气质性善说，主要基于颜认为"气质各有所偏，当然是不能免的，但这点偏处，正是各人个性的基础，习斋以为教育家该利用他不该厌恶他。……习斋主张发展个性的教育，当然和宋儒'变化气质'之说不能相容"①。他"并非和程朱论争哲理，他认为这个问题在教育关系太大，故不能已于言"②。是故梁氏推崇性善论于教育中的重要作用，实际上是为提倡杜威的实用主义教育理念寻求与之契合的中学土壤。体会到梁氏的这层用意，就不难理解他为何对颜李的性善论独有青睐。

第四，指出戴震学与颜李学之间的渊源关系。如上文所述，在汤山养病期间，梁氏已从《颜氏学记》中得出戴震学源出于颜李学的论断。之后，梁氏结合研治所得，提出了更为系统的证据，大体说来，有三条线索：

一、方望溪的儿子方用安为李恕谷门生，望溪和恕谷论学不合，用安常私自左袒恕谷，是桐城方家有能传颜李学的人。东原和方家人素有往来，方希原即其一（集中有《与方希原书》），所以他可以从方家子弟中间接听见颜李的绪论。二、恕谷很出力在江南宣传他的学派，当时赞成反对两派人当然都不少，即如是仲明这个人。据《恕谷年谱》知道，恕谷曾和他往复论学，据《东原集》又知道他曾和东原往复论学，《仲明年谱》中也有批评颜李学的话，或者东原从他或他的门下可以有所闻。三、程绵庄是当时江南颜李学派的大师，绵庄死的时候，东原已三十岁了，他

---

① 梁启超：《颜李学派与现代教育思潮》，《饮冰室合集》文集之四十一，中华书局 1989 年版，第 23 页。
② 梁启超：《中国近三百年学术史》，《饮冰室合集》专集之七十五，中华书局 1989 年版，第 131 页。

们两位曾否见面,虽无可考,但程绵庄和程鱼门是挚友,鱼门、东原交情也不浅,东原最少可以从二程的关系上得闻颜李学说乃至得见颜李的书。①

就如上三条而言,皆属于推测,明显不能将两学派存在渊源关系一事坐实。毕竟梁氏此文出手仓促,许多细节考虑欠周。不过,梁氏这一论断却激发了民国另外一位学人胡适的兴趣,促使他于日后在该领域耕耘颇勤。"醉翁之意不在酒",梁氏积极寻求戴震学与颜李学之间的学脉关联,其意图乃通过沟通二者来为其毕生追求的所谓"中国文艺复兴时代"提供更充分的理由。

综上所述,在"中国文艺复兴"的内在诉求和"理学反动"的解释框架之下,梁氏对颜李学的探讨总免不了借镜西方的历史背景与理论工具。1923年之后,他更追逐时趋,引入杜威实用主义学说,使得涂抹在颜李学之上的西学底色愈加浓重。对于该情形,有人认为梁氏对颜李学的看法存在两个阶段:一是自1902年至1920年间,颜李学在其著作中是以西方文艺复兴特质的形象出现;而1923年之后,其对颜李学的认定,却跳出了文艺复兴的解释模式,而代之以更近代的形象,即以颜李来证明中国传统里也有实用主义的思想因子。②此论虽看到了梁氏颜李学研究中的阶段性变化,却对此转变有所夸大。其实,于颜李学研究的第二期,梁启超的确借鉴了杜威的实用主义解释模式,不过其大前提还是在证明中国存在"文艺复兴时代",并且仍旧认为"颜李对于这些学派不独无所左右袒,而且下极大胆的判语说他们都不是学问,所以颜李不独是清儒中很特别的人,实在是二千年

---

① 梁启超:《戴东原哲学》,《饮冰室合集》文集之四十,中华书局1989年版,第61页。
② 廖本圣:《颜李学的形成(1898—1937)》,台湾东海大学历史学研究所硕士学位论文,1997年,第34页。

思想界之大革命者"①。是故梁氏之研究有着明显的诉求与意图,并非从纯历史或学术的角度去审视颜李学。这种做法虽存在不少偏颇之处,却在当时民国学界产生了不小的示范意义,胡适的颜李学研究,在某种意义上便是按照梁启超的阐释思路展开的。

第二节 探寻戴震"新哲学"的理论源头：胡适的颜李学研究

一、胡适关注颜李学之原因

诚如上文所道,胡适之所以关注颜李学,与梁启超的关系很大。在梁氏力邀参加戴震二百年诞辰纪念会之前,胡适对颜李学似并不在意。如他在1919年日记里言及颜李学派成员程廷祚时,称颂的并非其哲学思想,而是其经学成就。②而他对颜元、李塨二人的评价则更低,"费君父子与孙奇逢、颜元、李塨同时,这几个人都是趋向实际主义的。但颜、李都是不肯做历史研究的人,他们的眼光往往太狭窄,脱不了北方儒者的气象"③。此段言论,记于1921年5月13日。时隔一年多,胡适对颜李的看法则有了较大转变,这在其给好友钱玄同的信中有着明确反映：

---

① 梁启超：《颜李学派与现代教育思潮》,《饮冰室合集》文集之四十一,中华书局1989年版,第6页。
② 胡适著,曹伯言整理：《胡适日记全编》第3册,安徽教育出版社2001年版,第8—9页。
③ 胡适著,曹伯言整理：《胡适日记全编》第3册,安徽教育出版社2001年版,第255页。

近年多读颜习斋、李恕谷的著作，觉得他们确是了不得的思想家，恕谷尤可爱。你说我"不甚爱颜习斋"，那是"去年的我"了！①

胡适因何对颜李学产生如此大的兴趣？具体说来，其因有三。第一，梁启超的影响是其关注颜李学的要因。在纪念戴震之前，胡适已开始接触戴震学，并对该学说颇有好感。1922 年 3 月 26 日，胡适拜访刘文典，从其处"借得戴震《孟子字义疏证》，在路上一家小饭馆内吃饭，就把此书看了一卷。此书真厉害！"②不久，他便购买《戴氏遗书》，欲撰写一部《戴震学案》。③故 1923 年底由梁启超发起的"戴震诞辰二百周年纪念会"可谓恰逢其时，极大地提升了胡适研究戴震学的热情。④同时，也正是在研读相关材料的过程中，胡适发现戴震学与颜李学之间或隐或明的渊源关系，认为"颜学与戴学的关系似与是仲明无关，而似以程廷祚——'庄征君'——为线索。戴子高所说，似不误也"⑤。从而开始认识到颜李学之于戴震"新哲学"的重要意义。第二，杜威实用主义学说的启发使得胡适在颜李学派身上看到了东方实用主义的影子。在第一节已提及，杜威来华在当时思想界掀起了一股谈论实用主义学说的热潮，作为杜氏弟子，胡适自然为传播

---

① 胡适：《致钱玄同》1923 年 12 月 27 日，《胡适全集》第 23 册，安徽教育出版社 2003 年版，第 361 页。
② 胡适著，曹伯言整理：《胡适日记全编》第 3 册，安徽教育出版社 2001 年版，第 594—595 页。
③ 胡适著，曹伯言整理：《胡适日记全编》第 3 册，安徽教育出版社 2001 年版，第 622 页。
④ 收到梁的邀请，胡适于 1923 年 11 月 13 日致信梁氏，写道："手书敬悉。戴东原生日纪念，我很想参加，日内即动身离上海，在南京尚有小勾留，约廿日可抵北京了。"参见胡适：《致梁启超》1923 年 11 月 13 日，《胡适全集》第 23 册，安徽教育出版社 2003 年版，第 358 页。
⑤ 胡适：《致钱玄同》1923 年 12 月 27 日，《胡适全集》第 23 册，安徽教育出版社 2003 年版，第 361 页。

师说不遗余力。胡适进而将杜威学说运用到学术研究之中,如他将清代经学总结为四个特点,即"(一)历史的眼光,(二)工具的发明,(三)归纳的研究,(四)证据的注重。因为清朝的经学具有这四种特长,所以他的成绩最大而价值最高"①。这实际就是依据杜威"实验的方法",对清代经学的理论概括。②对于明末清初的经世思潮,胡适也将其视为一股实用主义的趋势,颜李学派是其中的典型代表。③第三,这也是胡适学术视域向后拓展的一种客观需求。众所周知,胡适刚入北大,即以一部《中国哲学史大纲》上卷"暴得大名",于学界占有一席。不过,《中国哲学史大纲》所涉内容,仅限于先秦时期,对于之后的中国哲学史,并未言及。随着研究的深入和授课的需要,清代学术思想渐入其学术视野,如在1922年6月23日的日记中,胡适写道:

> 上课,近代哲学讲泰州(王艮)与东林(顾宪成、高攀龙)两派,作一结束。中古哲学讲禅宗,作一结束。今年的课完了。今年讲近代哲学,颇有所得。但时间稍短,不能讲完清代,是一个缺点。这是因为我在第一学期太注重政治的背景,故时间不够用了。④

之后在回顾1924年所撰学术成果时,他谈到其大学讲义《清代思想

---

① 胡适:《戴东原的哲学》,《胡适全集》第6册,安徽教育出版社2003年版,第347页。
② 根据胡适的理解,杜威"实验的方法"具体内容如下:"在这一方面它注重三个原则:第一,实证原则:即凡事从具体的事实与境地下手;第二,假设原则:一切学说、理想与知识,都是代证的假设;第三,实验原则:即一切学说与理想都需用实行来试验过;实验是检验真理的惟一标准。"
③ 胡适:《戴东原的哲学》,《胡适全集》第6册,安徽教育出版社2003年版,第345页。
④ 胡适著,曹伯言整理:《胡适日记全编》第3册,安徽教育出版社2001年版,第705页。

史》,"明年如再讲一次,可以写定"①。作为清学史中的重要流派,颜李学自然会引起胡适的关注。

二、"很彻底的实用主义"

同梁启超类似,胡适的颜李学研究亦可分为两期,第一期大致为1923年至1925年间,第二期为1931年至1937年间。第一期胡适关于颜李学的评论主要散见于《戴东原的哲学》及其日记、书信中。

(一)颜李学实用主义的内涵

在胡适看来,明末清初,作为对宋明理学的一种反动,当时的学术思想界发生了一场"强有力的'反玄学'的革命"②,又称为"反玄学运动"。按照丘为君的说法,"所谓'反玄学运动',这是指明末清初时期所发生的、由先前的本体论研究导向转向语言文字导向的儒学研究变化"③。在破坏方面,该运动有两大趋势,一是攻击那谈心说性的玄学;一是攻击那先天象数的玄学。④ 在建设领域,此运动亦有两大趋势,一面是注重实用,一面是注重经学:用实用来补救空疏,用经学来代替理学。前者可用颜李学派作代表,后者可用顾炎武等作代表。⑤

对于颜李这一派的学说,胡适认为他们"主张一种很彻底的实用主义"⑥。那么颜李学的这种实用主义具有怎样的内涵?胡适从知识论、

---

① 胡适著,曹伯言整理:《胡适日记全编》第4册,安徽教育出版社2001年版,第205页。
② 胡适:《戴东原的哲学》,《胡适全集》第6册,安徽教育出版社2003年版,第339页。
③ 丘为君:《戴震学的形成——知识论在近代中国的诞生》,新星出版社2006年版,第143页。
④ 胡适:《戴东原的哲学》,《胡适全集》第6册,安徽教育出版社2003年版,第339页。
⑤ 胡适:《戴东原的哲学》,《胡适全集》第6册,安徽教育出版社2003年版,第341页。
⑥ 胡适:《戴东原的哲学》,《胡适全集》第6册,安徽教育出版社2003年版,第341页。

情欲观两个方面加以剖析。

　　首先，从知识论角度审视，颜李学重视经验和行为，属于一种类似经验主义的知识论类型。按照杜威的实用主义学说，就知识的起源说，他以为知识只是为了实行而起，也只是由实行而得，知识可以说从行动中而来，也即从经验中而来，在行动中所产生的认知——具体的结果就是经验，所以杜威是主张行中求知的。他在北京讲伦理学时曾说："实行就是求知识。"①这实与颜元的某些主张有相似之处。颜氏学凡四变，先学道家，后转入陆王，之后再宗程朱，最终一扫宋明儒学的壁垒，倡扬习行经济之学，习即实地练习之意。胡适认为"习"乃颜李知识论的核心概念。颜元解释"格物"一词，物即是古人所谓"三物"，三物即是六德、六行、六艺。古人又说，正德、利用、厚生，谓之"三事"；事也就是物。他说："道不在章句，学不在诵读；期如孔门博文约礼，实学，实习，实用之天下。"故他最恨宋儒不教人习事而只教人明理。他说："孔子则只教人习事。迨见理于事，则已彻上彻下矣。"因而胡适特意强调颜元重视实验，他举颜元的一段话，即"空谈易于藏拙，是以〔宋儒〕舍古人六府六艺之学而高言性命也。予与法乾王子初为程朱之学，谈性天，似无龃龉。一旦从事于归除法，已多谬误，况礼乐之精博乎？昔人云'画鬼容易画马难'，正可喻比"。在胡适看来，"画鬼所以容易，正因为鬼是不能实证的；画马所以难，正因为马是人人共见的东西，可以实验的"②。亦即唯有实践才是获取经验与知识的有效途径。一言以蔽之，胡适认为颜李的知识论"不避粗浅，只求切用；不务深刻，只重实迹"③。这实与西方的实用主义知识论非常接近，具有浓厚的功利倾向。

---

① 郑世兴：《颜习斋和杜威哲学及教育思想的比较研究》，台湾"中央文物供应社"1984年版，第106页。
② 胡适：《戴东原的哲学》，《胡适全集》第6册，安徽教育出版社2003年版，第342页。
③ 胡适：《戴东原的哲学》，《胡适全集》第6册，安徽教育出版社2003年版，第343页。

其次，在情欲观上，胡适对颜李学派正视人欲的立场颇为欣赏。宋明儒家排斥人欲，其主张源自他们的二元化性论。张载将人性分为天地之性与气质之性，社会之善端产生于那与天俱有的天地之性，恶则归咎于气质之性。是故要使人回归天然的本性，便需要变化气质，保证气质不再遮蔽天然本性的流露。后来程颐更进一步提出"性即理"的命题。天地之性即天理，从而被笼罩上神圣不可侵犯的光环。正如前论，颜李是极力反对这种二元化性论的，他们明确肯定物质性的气质是根本的，第一位的，"若无气质，理将安附？且去此气质，则性反为两间无作用之虚理矣"①。胡适对颜李人性论方面，着墨不多。不过他特别看重其情欲观上的主张，"宋明的理学家一面说天理，一面又主张'去人欲'。颜李派既以'正德、利用、厚生'为主，自然不能承认这种排斥人欲的哲学"②。胡适进而指出李塨的态度更为明显。宋儒误承伪《尚书》"人心惟危，道心惟微"的话，以为人心是人欲，是可怕的东西，应该遏抑提防，不许他出乱子。李塨说："先儒指人心为私欲，皆误。'人心维危'，谓易引于私欲耳，非即私欲也。"他又说："今指己之耳目而即谓之私欲，可乎？……今指工歌美人而谓之私欲，可乎？其失在'引'、'蔽'二字，谓耳目为声色所引蔽而邪僻也。不然'形色，天性'，岂私欲耶？"③胡适之所以推崇颜李学的情欲观，恐怕在于颜李正视人欲的主张恰与胡本人宣扬的五四启蒙思想有暗合之处，故而将之纳入实用主义范畴。

尚需赘言的是，按照实用主义的看法，它的确主张一种近似人性本善的言论。不过，它与颜李的那套主张仍有不小的距离。以杜威为

---

① 颜元著，王星贤、张芥尘、郭征点校：《棉桃喻性》，《颜元集》上，中华书局1987年版，第3页。
② 胡适：《戴东原的哲学》，《胡适全集》第6册，安徽教育出版社2003年版，第343页。
③ 胡适：《戴东原的哲学》，《胡适全集》第6册，安徽教育出版社2003年版，第343—344页。

例，他论性以先天禀赋的需要或人的潜在能力为人性固有的因素，这些因素并无善恶可言。所以二者相较，颜李论性仍难摆脱传统以善恶论人性的窠臼，以善恶论人性，终究有所偏，因主性善，即等于只承认仁爱、同情、怜悯、羞耻、谦让等为人性的因素，而不承认竞争、嫉妒、好胜等，也属于人性的范围；杜威以人性为社会的产物，不从善恶论人性，不承认人性善恶的先天观念，善恶产生于人和环境文化交涉的关系。由此观之，杜氏当比颜李更能圆满地说明人性。因若人性先天为善或为恶，即不足以说明一个文化系统和另一个文化系统，对于人类道德观念，何以差别如此之大。① 胡适虽为杜门弟子，但就以西方实用主义阐释颜李学这一点上，他似乎并未能了解恩师学说之真谛。恰如欧阳哲生所言，在对杜威实用主义学说的传播上，"胡适把实用主义注重实际效用的认识论变为实验主义的方法论，这一理论转化工作虽然使得复杂、深奥的哲学理论约化为简单的可操作的方法和工具，有利于它的广泛传播和运用，但它不可避免地具有片面性。众所周知，任何哲学体系都是本体论、认识论和方法论的有机统一，胡适抽取方法论，忽视本体论和认识论，这难免使他的哲学失去完整的意义，而沦落为一种工具主义，这不能不说是其在理论上被人讥讽为'浅薄'的一个重要原因"②。

（二）颜李学与戴震学之间的相似性

前已言及，胡适在最初研究戴震学时，已注意到其与颜李学似有学术承继关系。随着研究的深入，他发现二者在哲学思想上多有相似之处，这在《戴东原的哲学》一文里颇有体现。胡适将戴震的所谓"新哲学"分为三个方面，即道论、性论与理论。若仔细考察，此三

---

① 郑世兴：《颜习斋和杜威哲学及教育思想的比较研究》，台湾"中央文物供应社"1984年版，第76、80页。
② 欧阳哲生：《自由主义之累——胡适思想之现代阐释》，江西教育出版社2003年版，第107—108页。

者中都隐含着颜李学说的痕迹。

首先，胡适指出，戴震在清儒中最特异的地方，就在他认清了考据名物训诂不是最后的目的，只是一种"明道"的方法。他不甘心仅仅做个考据家；他要做个哲学家。[①] 根据胡的总结，戴震所谓的"道"有两层含义：天道与人道。前者系天的运行而言，后者指人的行为。但无论是天道还是人道，在戴震心中都属于一种自然主义，区别于理学那种基于本体论的解释。戴氏的人道论，本于其天道论。在他的天道论中，他"老实承认那形而上和形而下的都是气。这种一元的唯物论，在中国思想史上，要算很大胆的了"[②]。

主动的宇宙观也是戴氏天道论中不可或缺的一部分。胡适将戴震的宇宙观分为三个要点，即：

> （一）天道即是气化流行；（二）气化生生不已；（三）气化的流行与生生是有条理的，不是乱七八糟的。生生不已，故有品物的孳生；生生而条理，故有科学知识可言。最奇特的是戴氏的宇宙观完全是动的，流行的，不已的。这一点和宋儒虽兼说动静，而实偏重静的宇宙观大不相同。[③]

质言之，"唯气一元论"和"主动的宇宙论"，构成了戴震颇具特色的道论，而这同颜李学的主张何其相似！

其次，由天道论引出了戴氏的性论，即"人道本于性，而性原于天道"[④]。既然脱胎于天道论，戴氏的性论具有三个特征：一是"唯物一元论"，二是自然观，三是性善论。这又同颜李学派的主张非常接

---

① 胡适：《戴东原的哲学》，《胡适全集》第6册，安徽教育出版社2003年版，第356页。
② 胡适：《戴东原的哲学》，《胡适全集》第6册，安徽教育出版社2003年版，第361页。
③ 胡适：《戴东原的哲学》，《胡适全集》第6册，安徽教育出版社2003年版，第361页。
④ 戴震：《孟子字义疏证》卷下《道》，《戴震全书》（六），黄山书社1995年版，第200页。

近。因为颜元就反对理学家将性二分,认为"理气合一,舍形无性"。戴震也认为"血气心知是性",明显的反对理气二分。可以说,颜元与戴震同是性一元论者。同时,颜元和戴震又都坚持性善说。颜元曾提出"理气俱是天道,性形俱是天命"的命题,将性与天命并举,其意即在于认为性与天皆为纯善之物。他还会同孔孟,一方面发挥孔子的习远论,一方面发挥孟子的性善论,断定"性之相近如真金,轻重多寡虽不同,其为金俱相若也。惟其有差等,故不曰'同';惟其同一善,故曰'近'。将天下圣贤、豪杰、常人不一之恣性,皆于'性相近'一言包括,故曰'人皆可以为尧、舜'"①。那戴震怎样解释性何以为善呢?胡适指出,戴震所谓"性善",是相对禽兽而言,毕竟人的智慧远胜于其他动物,"能扩充心知之明,能'不惑乎所行',能由自然回到必然,所以有仁义礼智种种懿德"②。再者,戴震将人性的情欲知一律平等看待,皆是"血气心知之自然"。这实为"对于那些排斥情欲、主静,主无欲的道学先生们的抗议"③。三者之中,戴氏又对知特别赞赏,认为知识"小之能尽美丑之极致,大之能尽是非之极致"。因为有知,欲才得遂,情才得达。又因为有知,人才能推己及人,才有道德可言。④因此,颜元和戴震应同为性善论阵营中人。

再次,理论方面,戴震的主张实乃对颜李学说的继承与发展。在胡适看来,虽说戴震在哲学史上的最大贡献即是他的"理"论,不过这绝非他的独创之见,而是有着理论基础。"戴氏论性即是气质之性,与颜元同;他论'道犹行也',与李塨同。不过他说的比他们更精密,发挥的比他们更明白,组织的也比他们更有条理,更成系统。戴氏说

---

① 颜元著,王星贤、张芥尘、郭征点校:《性理评》,《颜元集》上,中华书局1987年版,第7页。
② 胡适:《戴东原的哲学》,《胡适全集》第6册,安徽教育出版社2003年版,第366页。
③ 胡适:《戴东原的哲学》,《胡适全集》第6册,安徽教育出版社2003年版,第372页。
④ 胡适:《戴东原的哲学》,《胡适全集》第6册,安徽教育出版社2003年版,第372页。

'理',也不是他个人的创获。李塨和程廷祚都是说理即是文理、条理。"① 戴震说理,最为精粹,其对"理"字有如下解释:

> 理者,察之而几微必区以别之名也,是故谓之分理;在物之质,曰肌理,曰腠理,曰文理;得其分则有条而不紊,谓之条理。孟子称"孔子之谓集大成"曰:"始条理者,智之事也;终条理者,圣之事也。"圣智至孔子而极其盛,不过举条理以言之而已矣。……《中庸》曰:"文理密察,足以有别也。"《乐记》曰:"乐者,通伦理者也。"郑康成注云:"理,分也。"许叔重《说文解字序》曰:"知分理之可相别异也。"古人所谓理,未有如后儒之所谓理者矣。②

胡适认为,戴氏这个定义,与李塨、程廷祚二人的理解大旨相同。不过学如积薪,后来居上,戴震的高明之处在于,他们都说理是事物的条理分理,但颜李一派的学者还不曾充分了解这个新定义的含义。这个新定义到了戴氏的手里,方才一面成为破坏理学的武器,一面又成为一种新哲学系统的基础。③ 故而胡适有理由推断,戴震的理论很可能是来自颜李学派的启发。

(三)戴震学与颜李学间的渊源推测

既然戴震学与颜李学在哲学思想上存在不少非常相似的地方,那么自然会让人萌生二者之间是否有学术渊源关联的推测。如果假设成立,究竟是谁将颜李学说传播给了戴震?早于胡适,梁启超已提出了个人意见,即认为存在三个媒介:一是方苞之子方希原,二是与李塨

---

① 胡适:《戴东原的哲学》,《胡适全集》第6册,安徽教育出版社2003年版,第374页。
② 戴震:《孟子字义疏证》卷上《理》,《戴震全书》(六),黄山书社1995年版,第151页。
③ 胡适:《戴东原的哲学》,《胡适全集》第6册,安徽教育出版社2003年版,第375页。

和戴震皆有往来的是仲明,三是颜李第三代传人程廷祚。经过研究,胡适赞同梁启超二者存在渊源关系的论断,不过于具体传播途径上,与梁启超观点不同。对于该问题,胡适曾两次与梁氏讨论。一次是于1923年12月26日,胡适致信梁启超,"论东原与颜李学派的关系,不由于是镜,而由于程廷祚的《论语说》"①。在信中,胡适根据手头所见材料,委婉地否定了是仲明传播颜李学的可能性。其依据如下:

> 《是仲明年谱》已检出,今奉上。谱中殊不见仲明与东原相见之事,段刻《东原集》于《与是仲明书》下注云"癸酉",孔刻无之。癸酉年东原在徽州,此注似宜删去。段作年谱乃谓此书作于丁丑,似亦无实据。
> 至仲明与颜习斋的关系,亦无多记载,惟页八下云:
> > 六艺不与久矣,天下所以无真才,世儒所以迂说。颜习斋,北方豪杰也,然专以之为主,则失之小。
> 此可见仲明必曾闻见习斋学说的大致,或曾见其著作之一部分。但他对颜学的态度,于此亦可见。他是不深以颜学为然的。如页三六上,仲明答尹会一之问云:"近儒有鉴于宋明末造积弱之弊,谓儒者之效迂腐而不切于用,徒足以亡人之国;乃不归咎于人君之不能用贤,而反委罪于贤者之无益,遂言学者不从六艺入手,终难成德而达才,于古人教学之序,殊倒置矣。"
> 其下复举冉求为例,以明艺之不足恃。此年所谓近儒,似指北方颜李一派。②

---

① 胡适著,曹伯言整理:《胡适日记全编》第4册,安徽教育出版社2001年版,第137页。
② 胡适:《致梁启超》1923年12月19日,《胡适全集》第23册,安徽教育出版社2003年版,第359—360页。

胡适进而提出了自己的看法,与其在"仲明身上寻出颜学与戴学的渊源线索,我以为不如向程绵庄、程鱼门的方面去寻,似更有效"①。胡的理由有二,一是二程都是徽州人,程廷祚尝师从李塨,他的《论语注》与戴震的《孟子字义疏证》多有相同之处;二是程晋芳作为程廷祚晚辈,与戴震是熟人,故戴很有可能从其处得见程廷祚著作。不过,这次书信切磋似未能改变梁氏的看法。1924年1月14日,梁、胡二人于顾维钧家聚餐,闲谈之中,二人又探讨戴震与颜李学术渊源问题,"任公谓东原受颜李影响自无可疑,但东原与绵庄的关系甚少实证。我把在山上所得的告诉他,他仍不甚信"②。可见二者在该问题上始终无法达成共识。

虽然观点无法得到梁启超认同,但胡适依然坚持己见。这在《戴东原的哲学》一文中有明显体现。胡适通过研读戴震的两部哲学著作《孟子字义疏证》和《原善》,很怀疑戴曾受颜李学派的影响。而且戴望早已于《颜氏学记》中提出类似论断。可惜的是,胡适尚未能找到证明二者有渊源关系的确凿证据。于是他跟梁启超一样,对该问题进行推测。依胡之见,"戴学与颜学的媒介似乎是程廷祚"③。其线索有二,一是从程廷祚与戴震之间的行踪来判断。程廷祚二十岁后即得见颜李的书;二十四岁即上书给李塨,并著《闲道录》,时在康熙甲午(1714),自此以后,他就终身成了颜李的信徒,与常州的恽鹤生同为南方颜李学的宣传者。程廷祚是徽州人,寄籍在江宁。戴震二十多岁时,他的父亲带他到江宁去请教一位同族而寄寓江宁的诗文大家戴瀚。此时约在乾隆七、八年。后来乾隆二十年(1755)戴震入京之后,他曾屡次到扬州(1757、1758、1760),都有和程廷祚相见的机会。

---

① 胡适:《致梁启超》1923年12月19日,《胡适全集》第23册,安徽教育出版社2003年版,第418页。
② 胡适著,曹伯言整理:《胡适日记全编》第4册,安徽教育出版社2001年版,第161页。
③ 胡适:《戴东原的哲学》,《胡适全集》第6册,安徽教育出版社2003年版,第354页。

他中式举人在乾隆二十七年（1762）；他屡次在江宁乡试，也都可以见着程廷祚。况且程廷祚的族侄孙程晋芳是戴震的朋友；戴氏也许可以从他那边得见程廷祚或颜李等著作。二是透过对戴震哲学思想变迁的痕迹来分析。据胡适对戴震思想脉络的考察，假定戴震受颜李学说影响的时间大约在他三十二岁（1755）入京之后。这一年的秋天，他有《与方希原书》，说：

> 圣人之道在六经。汉儒得其制数，失其义理；宋儒得其义理，失其制数。譬有人焉，履泰山之巅，可以言山；有人焉，跨北海之涯，可以言水。二人者不相谋，天地间之钜观，目不全收，其可哉？抑言山也、言水也，时或不尽山之奥、水之奇。奥奇，山水所有也，不尽之，阙物情也。①

他在这时候还承认宋儒"得其义理"，不过"不尽"罢了。同年他又有《与姚孝廉姬传书》，也说：

> 先儒之学，如汉郑氏、宋程子、张子、朱子，其为书至详博，然犹得失中判。其得者，取义远，资理闳……其失者，即目未睹渊泉所导，手未披枝肆所歧者也。而为说转易晓，学者浅涉而坚信之，用自满其量之能容受，不复求远者闳者。故诵法康成、程、朱不必无人，而皆失康成、程、朱于诵法中，则不志乎闻道之过也。诚有能志乎闻道，必去其两失，殚力于其两得。②

这里他也只指出汉儒、宋儒"得失中判"。这都是他壮年的未定之见。

---

① 戴震：《与方希原书》，《戴震全书》（六），黄山书社1995年版，第375—376页。
② 戴震：《与姚孝廉姬传书》，《戴震全书》（六），黄山书社1995年版，第372—373页。

文集中有《与某书》，虽不载年月，然书中大旨与《孟子字义疏证》定本的主张相同，其为晚年之作无疑。那书中的议论便与上文所引两书大不相同了。

而到了《与某书》中，戴震的态度更鲜明了。汉儒的故训也不免"有时傅会"；至于宋儒的义理，原来是"恃胸臆为断"，"以己之见硬坐为古贤圣立言之意"。① 这时候他不但否认宋儒"得其义理"，竟老实说他们"大道失而行事乖"了。据这几篇文章，胡适推知戴震三十二岁入京之时，还不曾排斥宋儒的义理；可以推知他在那时候还不曾脱离江永的影响，还不曾接受颜李一派排斥程朱的学说。如果他的思想真与颜李有渊源的关系，那种关系的发生当在次年（1756）他到扬州以后。②

通观胡适对戴震学与颜李学间渊源关系的推测，多为假设，缺乏实据，后招致钱穆等学人的质疑与商榷，自在情理之中。值得注意的是，在寻求戴、颜二者关联时，胡适将目标锁定在程廷祚身上，这就为他日后第二期专注于搜辑有关程廷祚文集和学术思想的研究预作伏笔。

三、推重程廷祚

（一）搜寻新材料

在完成《戴东原的哲学》之后的十年内③，胡适没有继续撰写关

---

① 戴震：《与某书》，《戴震全书》（六），黄山书社1995年版，第495页。
② 胡适：《戴东原的哲学》，《胡适全集》第6册，安徽教育出版社2003年版，第354—356页。
③ 按胡适的说法，《戴东原的哲学》一文"于一九二三年十二月，中间屡作屡辍，改削无数次，凡历二十个月方才脱稿"（胡适：《戴东原的哲学》，《胡适全集》第6册，安徽教育出版社2003年版，第475页）。完稿于1925年8月13日，同年12月刊于北京大学《国学季刊》第2卷第1期。自此到其于1935年撰写《颜李学派的程廷祚》一文，前后相隔整整十年。

于颜李学的论著。不过，这并不意味着他放弃了该领域的研究。其实，为了完满信服地解决戴震"新哲学"的源头问题，胡适于20世纪30年代一直孜孜不倦地搜寻有关的史料线索，进行一系列的学术活动。这在其日记中多有体现：

> 1931年2月22日　游厂甸，见初刻本《恕谷后集》，每篇有评语，是"四存"本的底本。没有买得，颇怅恨。①
>
> 1931年3月1日　下午游厂甸，买得《恕谷后集》，甚喜。②
>
> 1933年6月24日　读宋恕《六斋卑议》（1891）。
>
> 宋恕受颜习斋、黄梨洲、戴东原的影响最大；我读他的《卑议》，此为第二次；其自序中不提及戴学，然他《留别求是书院诸生》诗，有"谈经最是戴君高"之句，自注云："东原先生深于性理，所著以《原善》与《孟子字义疏证》为大，被摈朱阮，不能行世。行世者乃其小种，时贤未见其大，辄加恶声。此为奇冤之一，衡癸巳年（1893）所著《先哲鸣冤录》中曾立鸣之。"
>
> 他应该列入"戴学"。③
>
> 1934年1月23日　读徐世昌《颜李师承记》，此书组织甚纷乱，但用颜李《年谱》及《文集》等材料，以人为主，较便检阅。④
>
> 1934年5月8日　读戴望《颜氏学记》三卷，很佩服他的选择不错。从前我颇轻视此书；但戴氏在那时候能作如此谨严的编纂，真不容易！⑤

---

① 胡适著，曹伯言整理：《胡适日记全编》第6册，安徽教育出版社2001年版，第65页。
② 胡适著，曹伯言整理：《胡适日记全编》第6册，安徽教育出版社2001年版，第72页。
③ 胡适著，曹伯言整理：《胡适日记全编》第6册，安徽教育出版社2001年版，第236页。
④ 胡适著，曹伯言整理：《胡适日记全编》第6册，安徽教育出版社2001年版，第299页。
⑤ 胡适著，曹伯言整理：《胡适日记全编》第6册，安徽教育出版社2001年版，第465页。

第四章　创建典范与学术商榷：颜李学研究之趋向深入

1935年5月9日　下午到燕京大学讲"颜李学派"的第一讲，拟分三讲：

①理学与反理学。

②颜元。

③李塨与颜学的转变。

今天第一讲成绩不坏。①

1935年5月16日　下午到燕京讲颜元。习斋生于一七三五，今年正是他的三百年祭。②

1935年5月23日　写李恕谷的《年谱》节本。

下午到燕大讲"颜李学派"，为三讲的最后一讲。③

1937年3月25日　上课。赵卫邦君说，四存学校校长刘君□□藏有钟錂抄本的《颜习斋遗书》残本，其《习斋记余》比印本多出二十篇文字，但皆不重要。④

1937年4月11日　前托颜骏人代问徐世昌先生有无关于颜李学派的新材料，骏人来信约我今天去访徐，信上说："有几部书奉赠。"我大喜，即复电约今日去。

今天到天津，下午三点见徐总统，谈了半点钟。他是八十多岁的人了，记忆还很清楚。但他实无新材料。他要送我的书是他的《颜李师承记》及《语要》，都是我久已看见的。今天费了一天，花了二十多元钱，毫无所得。⑤

---

① 胡适著，曹伯言整理：《胡适日记全编》第6册，安徽教育出版社2001年版，第466—467页。
② 胡适著，曹伯言整理：《胡适日记全编》第6册，安徽教育出版社2001年版，第474页。此处的"一七三五"属于胡适的笔误，实应为1635年。
③ 胡适著，曹伯言整理：《胡适日记全编》第6册，安徽教育出版社2001年版，第477页。
④ 胡适著，曹伯言整理：《胡适日记全编》第6册，安徽教育出版社2001年版，第668—669页。
⑤ 胡适著，曹伯言整理：《胡适日记全编》（1931—1937）第6册，安徽教育出版社2001年版，第673—674页。

不过，就戴震学之于颜李学的渊源问题，胡适于第一期时，已将程廷祚视为最有可能的传播媒介。故在第二期，胡适仍把程廷祚当作重要突破口，并且其内在动机十分明确，即希冀通过搜求程的著作解决以下三个问题：

> 我要搜集一切可以考证《儒林外史》的材料。我深信程廷祚是《儒林外史》里面的庄征君，这虽然有了程晋芳的《绵庄先生墓志》可以作证据，但我还不满足，我要看他的《文集》里有什么更切实的证据。
>
> 后来我读戴望的《颜氏学记》，他把程廷祚列为颜李学派的一个大师。但他也没有见着程廷祚的《文集》，戴望用他的《论语说》作主要材料，使我们明了他的思想确然是和颜李的思想最接近。因此，我更想寻访程廷祚的《文集》，我希望这里得着一些新材料，使我们在他的说经文字之外能有更直接的或更综合的陈述他的思想的文字。
>
> 十几年前，我写《戴东原的哲学》时，我觉得戴震的思想也和颜李很接近。这话戴望早已说过，我自己的研究使我深信戴望之说不错。但戴震的著作里从不提到颜李，我疑心戴学的关系是间接的，其间的媒介的书里，也从不提起程廷祚，我只能推想，因为戴震与程晋芳都是程廷祚的朋友，戴震有认识程廷祚的可能。因此，我更想寻访程廷祚的《文集》，希望从那里面得着程、戴相知的证据。①

功夫不负有心人，转机出现于1934年初。胡适先是从蒋国榜

---

① 胡适：《北京大学新印程廷祚〈青溪文集〉序》，《胡适全集》第8册，安徽教育出版社2003年版，第137—138页。

《金陵丛书》里发现程廷祚的《青溪文集》十二卷。后又从孙人和处借得《青溪文集》十二卷及《续编》八卷，从中发现了许多极具价值的史料。胡适在精心研读程廷祚著作的基础之上，结合其他多年心得，撰写了其颜李学研究第二期最为重要的一篇成果——《颜李学派的程廷祚》。①

当然，胡适如此乐此不疲地研讨戴、颜渊源问题，除却其公布于世的三项动机外，似另有隐衷。进入20世纪30年代，由于学界新生力量的逐渐崛起，他们的成果对于享誉颇久的胡适产生了不小的冲击。在哲学史研究方面，冯友兰的《中国哲学史》横空出世，颇有与胡适争锋之意；而在清学史领域，钱穆的许多观点也明显同胡适立意不同。此外，作为胡适的得意门生，傅斯年、顾颉刚于此时期也对恩师的一些学术观点提出不同意见。故胡的学术领袖地位已有动摇之虞。对于各方面的挑战与批评，胡适自有其应对之道。其具体表现："一、开始将治学方法由十字箴言改为四字诀。二、试图为新的治学方法提供论据或范例。可以说，1930年代胡适在并不宽松的环境中积极做出一系列新的学术努力，目的之一，旨在重建其被动摇的权威地位。"② 按此论断，胡适于此时期在颜李学研究上颇费心力，难免存有希望通过在清学史研究尤其是反理学研究方面获得重大突破性成果，以回应质疑，捍卫其学术地位的意图。

（二）颜李信徒和颜、戴中介

《颜李学派的程廷祚》一文虽洋洋洒洒，两万余言，但若细加阅读，则会发现其实胡适主要就谈了两个问题：一是通过考辨史料，澄清学界对程廷祚学术派别的疑虑，确认其为颜李信徒；二是借助剖析程之学术思想，说明他乃颜李学之后劲，戴震学之先导，即颜、戴学

---

① 该文原载于1936年4月北京大学《国学季刊》第5卷第3号。
② 桑兵：《晚清民国的学人与学术》，中华书局2008年版，第273页。

术传播之中介。

对于程廷祚的学术身份,胡适坚信他"始终是一个颜李学的信徒"①。通过翻检史料,胡适确定程廷祚于婚后从他的岳父陶甄夫那边得到颜元的《四存编》和李塨的《大学辨业》。他那时不过二十二三岁,还在一个容易受感化的时期,他读了这些书,又受了陶甄夫的直接影响,在两三年之间,他的思想起了绝大的变化。他变成了颜李学的一个青年信徒。②程还致信李塨,向他求学问道。李塨收到来信后,欣喜万分,立即回信勉励这位后进。李塨决定举家南迁,从而使颜李学能够于江南地区播扬开来。不幸他在一年中两遭大丧,南迁之举遂寝。在胡适看来,"从此以后,颜李学的大本营仍继续在蠡县博野之间,因为交通上的不方便,李塨的'广布圣道,传之其人'的计划是不容易实行的。颜李始终不得大发展,这个地域上的因子是很关重要的"③。

程廷祚所生活的时代,已是清雍正之时,程朱理学乃学界主流。程廷祚对颜李学的热诚,不久因受外面学术环境的影响,起了一种变化。他不敢公然攻击宋儒了,更不敢攻击程朱了。据胡适的观察,这个态度的转变起于程廷祚到北京。雍正甲辰(1724),他三十四岁,第一次游北京,住了几个月。雍正丙午(1726)他三十六岁,又到北京应顺天乡试,到次年丁未(1727)才归去。这两次在北京,也很可以到保定蠡县去看看那位最崇拜的李塨,还可以到博野去祭拜那位"五百年间一人而已"的颜元的坟墓。然而他两次都悄悄地走了,都不曾绕道去蠡县。直到他第二次返回南方的那一年三月间,他才有信给李塨。④程廷祚态度的转变起于他的北京之游,这是他自己后来明

---

① 胡适:《颜李学派的程廷祚》,《胡适全集》第8册,安徽教育出版社2003年版,第113页。
② 胡适:《颜李学派的程廷祚》,《胡适全集》第8册,安徽教育出版社2003年版,第95页。
③ 胡适:《颜李学派的程廷祚》,《胡适全集》第8册,安徽教育出版社2003年版,第103页。
④ 胡适:《颜李学派的程廷祚》,《胡适全集》第8册,安徽教育出版社2003年版,第104页。

白承认的。在他写给一位名叫袁蕙纕的信中,程也明白无误地承认了自己的变化。这是否意味着程廷祚从此不再笃信颜李学了呢?胡适认为程并未放弃其原有立场,"他的态度确是变了,变得更小心了。从此以后,他不愿担负'共诋程朱'的恶名,所以在形迹上渐渐和颜李学派众人疏远了,也不敢公然攻击程朱了,甚至于'不以颜李之书示人'了"①。不公开传播颜李著作,那程廷祚将用何种方式来宣扬颜李之学?胡适指出,程氏"要用和缓的、积极的方法来重新建立颜李学",虽然"表面上他已走上了经学家的路子,专力治经学,也不废诗古文的努力"。②适当的时候,程廷祚会站出来传播颜李学的。如他在给兄弟程嗣章的《明儒讲学考》所撰序文,及写给程晋芳的《与家鱼门论学书》里,都毫不隐匿其敬信颜学的态度。他把李塨传注的诸经送给程晋芳看,并且明明白白地说李塨的思想正可以和他自己的思想互相发明。他在这里很不讳饰地承认颜李师弟"非无所见者",并且很坚决地宣言:"非其人孰与救学术之敝耶!"因此胡适确认,程廷祚始终是一个颜李学的大师。③

确认完程廷祚颜李信徒的学术身份后,胡适开始着手探讨程氏学术于颜李学和戴震学之间的位置问题。不可否认,程廷祚的颜李学当然是一种变换过的颜李学,不是原始的形状了。变换不一定是进步,也不一定是退化。变换只是时代和环境造成的结果。④据胡适总结,程氏颜李学的变化大概两点:一是颜李学的宗教成分大减少了。颜李

---

① 胡适:《颜李学派的程廷祚》,《胡适全集》第 8 册,安徽教育出版社 2003 年版,第 107 页。
② 胡适:《颜李学派的程廷祚》,《胡适全集》第 8 册,安徽教育出版社 2003 年版,第 107 页。
③ 胡适:《颜李学派的程廷祚》,《胡适全集》第 8 册,安徽教育出版社 2003 年版,第 112—115 页。
④ 胡适:《颜李学派的程廷祚》,《胡适全集》第 8 册,安徽教育出版社 2003 年版,第 115 页。

门下人人各有日记,各有功过格,有过用黑圈记出,这都是晚明的宗教风气。颜李都反对理学家的静坐主敬,但他们都要"习恭",他们自律的戒条是"小心翼翼,昭事上帝",李塨晚年改为"小心翼翼,惧以终始"。我们在程廷祚的著作里,在程晋芳做的《墓志》里,在《儒林外史》的描写里,都看不出程廷祚有这样的举动。大概他的见解已能跳出这一方面的颜李学,显然"动止必蹈规矩",已不受那种变相的袁了凡宗教的束缚了。① 二是他对于程朱的态度变得比颜李的和缓多了。胡适举了程氏《青溪文集》中的几段言论,证明他承认两宋的道家运动在历史上应该占一个重要的地位,并且对宋儒不吝溢美之词。由此可见,"程廷祚实在离颜李的思想很远了"②。

那如何认识程廷祚这种几近于向理学"谄媚"、"恭维"的做法?胡适认为,这其实仅是程氏采取的一种以退为进式的策略。此策略在当时汉学家阵营中亦常采用。他们情愿"百行法程朱",来换得"六经尊服郑"的自由。其实他们何尝尊崇服郑?他们抬出"汉人去古未远"的口号来压倒程朱的权威,目标只是要争取"执经义以与宋儒商酌是非离合"的自由而已。这里面的战略意义也是要让出信仰的世界来换得理智的自由,躬行道德属于信仰世界,商榷经义属于理智范围。③ 体会到程廷祚的这番苦心与智慧,我们就不难理解他在经学上猛烈攻击宋儒的原因:"攻击宋儒的经学正是擒贼先擒王的策略。"④ 与汉学家不同之处在于,汉学家往往惑于"去古未远"的喊声,

---

① 参见胡适:《颜李学派的程廷祚》,《胡适全集》第 8 册,安徽教育出版社 2003 年版,第 115 页。
② 胡适:《颜李学派的程廷祚》,《胡适全集》第 8 册,安徽教育出版社 2003 年版,第 118 页。
③ 参见胡适:《颜李学派的程廷祚》,《胡适全集》第 8 册,安徽教育出版社 2003 年版,第 119—120 页。
④ 胡适:《颜李学派的程廷祚》,《胡适全集》第 8 册,安徽教育出版社 2003 年版,第 121 页。

往往过于相信汉代经师的荒谬的见解。程廷祚经过了颜李学的大解放，他治经的目标不是要复古，是要切于人生实用，是要一个新的人生与社会，所以他不肯迷信两汉经生的见解，处处要自己寻出一个他认为满意的说法。① 行文至此，胡适最终得出了对程廷祚学术定位的结论：

> 在这攻击宋儒经学的方面，程廷祚不失为一个继承颜李遗风的自由思想者。在那个汉学时期，他是独立的；他的立场是颜李的立场，不是汉学家的立场。他的见解是创造的，建设的，哲学的而非经学的。他是颜李的继承人；他是戴震的先导者。②

应该说，胡适以上的一番论证还是很见功力的。

接下来，胡适又对程廷祚建设性的哲学思想详做研讨。结合程氏的《论语说》、《礼乐论》及《原人》、《原心》、《原气》、《原性》、《原道》、《原教》、《原鬼神》等七篇文章，胡适指出，作为颜李学的嫡派，程廷祚在性论、理论、动的教育、气质一元论等方面的观点与颜李二人如出一辙。值得一提的是程廷祚"立人道"的哲学的宇宙观与人生观。他嫌古来的立教者都把人的地位看低了，看得太轻了。他承认他"天地一交"而生人，但天地的工作尽于这一交，从那一交生人之后，天地就退舍了，就让位了，就把天地的知能全都付托给"人"了，就把整个世界交给人去开辟奠定了。未有人之前，"人在天地"。有人之后，"天地在人"。故而胡适赞赏道："这是程廷祚最大胆的创

---

① 参见胡适：《颜李学派的程廷祚》，《胡适全集》第 8 册，安徽教育出版社 2003 年版，第 122 页。
② 胡适：《颜李学派的程廷祚》，《胡适全集》第 8 册，安徽教育出版社 2003 年版，第 123 页。

说。古来说'人'的地位，没有比他说的更尊贵的。"① 也正是由于崇高人的地位，胡适将程氏的"立人道"视为其对颜李学的学术贡献之一，这是颜李不曾说，也许不敢说的。颜李的"小心翼翼，昭事上帝"的宗教，还脱不了中古宗教的范围。程廷祚的"天地在人"的宗教才是"立人道"的新教旨了。② 另外一个贡献便是在情欲观上，颜元、李塨虽然都反对中古宗教的"无欲"说，也反对宋儒的"无欲"说，然而他们师弟都不免受了这种无欲的宗教的影响。他们都承认"形色天性也"的话，又都说他们只反对"私欲"。其实"无欲"与"无私欲"的界限很不容易划清。程廷祚好像没有这种狭陋的宗教戒约，他不但在行为上抛弃了那种"袁了凡功过格"的宗教，并且在理论上也扩大了颜李对于人欲的见解。他老实承认"饮食男女之欲，乐生恶死"都是"发于至善之性"的物感，这是很大的解放。③

在文章最后，胡适又拿颜李学同戴震学作比较。胡适认为，宋明理学家治学的基本路子只有两条："涵养须用敬，进学则在致知。"格物致知是程朱开辟的一条新路，而"主敬"却仍是中古宗教遗留下来的一条老路。在反对宋明理学上，颜李推翻了"主敬"，而建立了"习恭"，他们始终没有逃出那个主敬的中古宗教态度。程廷祚虽然没有公然攻击那个宗教方面，有时他还颂扬宋儒的主敬存诚。然而在他的著作里完全看不见那个"小心翼翼，昭事上帝"的颜李宗教了。戴震正是在此之上更进一步，大胆地指出程朱之学实在还只是走了主敬的一条路，而忽略了那格物致知的理智主义的新路。戴震在著作里不

---

① 胡适：《颜李学派的程廷祚》，《胡适全集》第8册，安徽教育出版社2003年版，第127页。
② 胡适：《颜李学派的程廷祚》，《胡适全集》第8册，安徽教育出版社2003年版，第132页。
③ 胡适：《颜李学派的程廷祚》，《胡适全集》第8册，安徽教育出版社2003年版，第132—133页。

提颜李之学，或许正是嫌他们跳不出程朱主敬的圈子，整天做那变相的主敬工夫，而忽略了学问上的努力。① 正是基于这种推测，胡适于文末做出这样的论断：

> 戴震自己走的路只是那纯粹的致知进学的新路，只是那"博学审问慎思明辨笃行以扩充人之心知之明"，"至于辨事察情而准"，"自能权度事物，无几微差失"。这才是纯粹理智主义的大路。颜李之学，到程廷祚而经过一度解放，到戴震而得着第二度更彻底的解放。解放的太厉害了，洗涤的太干净了，我们初看戴震的思想，几乎不认得他是从颜李学派出来的了！②

此可视为胡适对戴震学与颜李学之间学术渊源关系的盖棺之论。

受梁启超之启发，胡适于颜李学研究领域用力颇勤，钻研甚深。如果说他第一期研究主要是服务于其对戴震"新哲学"之建构，那他第二期研究则在持此目的之外，又加入了一层维护自身学术地位的考虑。总体而言，胡适的颜李学研究，较之梁启超，确实有不小的创获，特别是对程廷祚资料的发掘与研究上，开拓出了清代思想史中的新领域。同时，在戴震学与颜李学二者学术渊源关系方面，胡适也进行了有益尝试，为之后学者的研究提供了很好的研究路径与思路。不过，与梁启超相同，胡适对颜李学的解读与阐释，都是在"反理学"的理论预设之下展开的，对颜李学的推崇就意味着对宋明理学的批判，从而不充分考察二者之间的学术关联。这也成为钱穆提出质疑与商榷的关键缘由。

---

① 胡适：《颜李学派的程廷祚》，《胡适全集》第 8 册，安徽教育出版社 2003 年版，第 134—135 页。
② 胡适：《颜李学派的程廷祚》，《胡适全集》第 8 册，安徽教育出版社 2003 年版，第 135 页。

第三节 "未全脱宋儒窠臼也"：钱穆的颜李学研究

一、"不知宋学，则无以平汉宋之是非"

回顾民国清代学术史研究，钱穆无疑是不可忽略的一位名家。于该领域，钱氏不仅成果颇丰，而且有着鲜明的个人学术立场，简言之，即以宋学的角度来审视清代学术，将是否有志经世、是否关系天下安危的宋学精神作为其评判清学的标准。在《中国近三百年学术史·引论》中，钱氏有段极具代表性的论断：

> 治近代学术者当何自始？曰：必始于宋。何以当始于宋？曰：近世揭橥汉学之名以与宋学敌，不知宋学，则无以平汉宋之是非。且言汉学渊源者，必溯诸晚明诸遗老。然其时如夏峰、梨洲、二曲、船山、桴亭、亭林、嵩菴、习斋，一世魁儒耆硕，靡不寝馈于宋学。继此而降，如恕谷、望溪、穆堂、谢山乃至慎修诸人，皆于宋学有甚深契诣。而于时已及乾隆。汉学之名，始稍稍起。而汉学诸家之高下浅深，亦往往视其所得于宋学之高下浅深以为判。道咸以下，则汉宋兼采之说渐盛，抑且多尊宋贬汉，对乾嘉为平反者。故不识宋学，即无以识近代也。①

钱氏之论，意在说明清代学术乃由宋明之学孕育而出，清学承继宋明

---

① 钱穆：《中国近三百年学术史·引论》，商务印书馆1997年版，第1页。

学风并发展之。此见解实与梁启超、胡适的"理学反动说"大相径庭。五年后，钱穆在《〈清儒学案〉序》中更是提出"每转益进说"，使其清学史立场愈加明确。所谓"每转益进"，依钱氏原话，即：

> 抑学术之事，每转而益进，途穷而必变。两汉经学，亦非能蔑弃先秦百家而别创其所谓经学也，彼乃包孕先秦百家而始为经学之新生。宋明理学，又岂仅包孕两汉隋唐治经学而已？彼盖并魏晋以来流布盛大之佛学而并包之，乃始有理学之新生焉。此每转益进之说也。两汉博士之章句家法，自有郑玄之括囊大典，而途已穷。魏晋南北朝之义疏，自有唐初诸儒之五经正义而途已穷。至于理学，自有考亭、阳明，义蕴之阐发，亦几乎登峰造极无余地矣。又得晚明诸遗老之尽其变，乾嘉诸儒之纠其失，此亦途穷当变之候也。①

钱氏之意，学术发展是转进变化的，看似穷途末路，其实经过一番转换，便能柳暗花明、再创新局。清代学术亦当作如是观，"论其精神，仍自沿续宋明理学一派"②。这自与梁、胡"尊汉抑宋"的观点相去甚远。

"不知宋学，则无以平汉宋之是非"，既然是钱穆的清学史立场，则其颜李学研究自然亦是循此标准步步展开。其实钱氏接触颜李著作的时间颇早。1919 年，钱穆于鸿模中学任教期间，在藏书楼"遍阅颜李书"③。可见，钱氏关注颜李学，应早于或至少不晚于梁启超、胡适

---

① 钱穆：《〈清儒学案〉序》，《中国学术思想史论丛》（八），安徽教育出版社 2004 年版，第 359 页。
② 钱穆：《〈清儒学案〉序》，《中国学术思想史论丛》（八），安徽教育出版社 2004 年版，第 359 页。
③ 钱穆：《八十忆双亲·师友杂忆》，生活·读书·新知三联书店 2005 年版，第 99 页。

二人，不过钱氏关于颜李学的论著出版偏晚。也正因作品后出，钱穆得以全面检讨梁、胡二人的颜李学研究观点，并对其做出相应的商榷和修正。

总体而言，钱穆亦认为颜元乃"并宋明六百年理学而彻底反对之者"[①]，"上之为宋、元、明，其言心性义理，习斋既一壁推倒；下之为有清一代，其言训诂考据，习斋亦一壁推倒"[②]。然而基于倡扬宋学之立场，在具体观点上，钱穆又同梁、胡二人迥然不同，甚至针锋相对，这便构成了20世纪30年代学界有关颜李学研究领域上的一场学术思想交涉。

二、褪去"反理学"底色

对于颜李学的学术来源，梁启超、胡适在其论著中皆未深加研讨。梁启超甚至认为颜元因未受过家庭教育，且博野地处偏僻，缺乏良师益友，"所以他的学问可以说是绝无所受，完全靠自己启发出来"[③]。梁氏如此模糊解释颜元的学术来源，看似无心，实则别具用意。因为梁、胡都是把颜、李视作清初反理学之前驱，在他们构建的反理学谱系中，颜李处于开端的位置。如果过分强调颜元、李塨二人同宋明理学之间的关联，势必会导致这一反理学链条的松动。故梁、胡二人对于颜李学之来源，选择了含糊言之或避而不谈。

钱穆则不然。正因秉持宋学立场，他对颜李学的学术来源甚为重

[①] 钱穆：《国学概论》，商务印书馆2003年版，第253页。
[②] 钱穆：《中国近三百年学术史》，商务印书馆1997年版，第198页。
[③] 梁启超：《颜李学派与现代教育思潮》，《饮冰室合集》文集之四十一，中华书局1989年版，第5页。

视,并详加考察。首先,从地缘上来看,"习斋,北方之学者也"①,其学属于"北学"一脉。当时"北学"大儒,尚有孙奇逢。钱氏认为,颜元学风与孙奇逢多有相似之处,"其讲学制行,盖有闻于夏峰之风声而起也"②。钱氏理由如下:

> 夏峰论学,仆仆无所奇,以视习斋傲睨千载,独步一世,若遥为不伦;然以夏峰人格之坚实,制行之朴茂,则习斋所论,正为近之。习斋尝谓:"身游之地,耳被之方,惟乐访忠孝恬退之君子,与豪迈英爽之俊杰;得一人如获万斛珠,以为此辈尚存吾儒一线之真脉也。凡训诂章句诸家不欲问。"今夏峰忠孝之大节,礼乐兵农之素行,正习斋《四存编》中理想之人物,所谓"吾儒一线之真脉"者。惟夏峰不斥宋儒,不废著述耳。习斋之与夏峰,地相望,时相接,乌得谓习斋不受夏峰影响哉?③

并且,当时北方学者,"厉忠孝之节,究兵、农、礼、乐,为风尚之大同"④,颜元亦莫能外。颜元之所以形成注重实行的学术风格,并非平地拔起,而是深受当时"北学"风气之熏染。故而颜元论学,虽然对宋明诸儒大加批判,但平日与他相交游者,仍多为"理学门中人物",亦即"习斋《四存编》中所理想之人物,当时北方学者气象率如此。习斋平日精神意度,亦不能远蹈乎此"⑤。因此钱穆指出,除却持论高亢尚与其个性有关外,"颜、李之学,仍未能划然与宋、元、明理学分疆割席,此乃习斋讲学精神本如此,不得尽以后无继承为说

---

① 钱穆:《中国近三百年学术史》,商务印书馆1997年版,第177页。
② 钱穆:《中国近三百年学术史》,商务印书馆1997年版,第199页。
③ 钱穆:《中国近三百年学术史》,商务印书馆1997年版,第199页。
④ 钱穆:《中国近三百年学术史》,商务印书馆1997年版,第202页。
⑤ 钱穆:《中国近三百年学术史》,商务印书馆1997年版,第203页。

也"①。换言之，在理学氛围浓厚的"北学"圈中，不可能产生与之毫无渊源关联的学术派别。

其次，钱氏认为，对颜李学产生影响者，尚有陆世仪。颜元在其学说形成期间，曾两次致信陆世仪，认为"当今之时，承儒道嫡派者，非先生其说乎！"②即使在六十多岁时，颜氏依然研习陆世仪的《思辨录》。李塨也"自勘内功不密，惕然。乃以陆道威每日敬怠分数自考"③。同时，颜、李师徒二人采取主敬习恭的修养方式，从而补充自身学说中有关心性方面之偏缺，也颇受陆世仪的影响。正基于此，钱穆断定"桴亭、夏峰，同为斟酌朱、王，调和折衷之学者，习斋气象近夏峰，议论近桴亭，学术大体，实不出斯二人之间……习斋《四存编》议论，虽对宋、元、明以来理学诸儒高论排击，而其精神意趣，仍不能有以远踰乎彼者，其间消息，亦即此可悟也"④。

当然，颜李学受孙奇逢、陆世仪之影响仅可说明其学说曾汲取宋明理学之营养，尚不足证明其学源于后者。钱穆自然不甘心就此收束。在他看来，颜元的种种言论，"更似颇有近阳明者"⑤。钱氏理由有二。一是颜元学风近孙奇逢，而孙乃王学宗师，颜元自然受其影响。况且颜元早年曾治陆王之学，其后虽转治程朱之学，再进而排斥之，然对"陆王则不复置辩矣"⑥。究其原因，"乃颇有几许论点源于其最先所深喜之陆王，潜滋暗长，盘据心中，还为根核，虽已经几度之变化，要为其先存之故物，正是习斋所云'因习作主'之一例。惟身习易见，心习难知，可以微论，难以确说；亦有自不承认，而旁观

---

① 钱穆：《中国近三百年学术史》，商务印书馆1997年版，第203页。
② 颜元著，王星贤、张芥尘、郭征点校：《上太仓陆桴亭先生书》，《颜元集》上，中华书局1987年版，第49页。
③ 冯辰、刘调赞撰，陈祖武点校：《李塨年谱》，中华书局1988年版，第72页。
④ 钱穆：《中国近三百年学术史》，商务印书馆1997年版，第204页。
⑤ 钱穆：《中国近三百年学术史》，商务印书馆1997年版，第204页。
⑥ 钱穆：《中国近三百年学术史》，商务印书馆1997年版，第204页。

默察,灼然可见者"①。二是颜元反对诵读、主张实行等诸多主张,王阳明早已言及,二者并无异致。故颜元的许多言论,看似有意袒王攻朱,实"乃其意径思理之流露于不自觉也"②。二者相异之处,在于"阳明深非功利,习斋则彻骨全是功利"③而已。

通过以上一番分析,钱穆将颜李学与宋明理学间的渊源关系梳理清晰,并得出如下结论:

> 习斋虽对宋、元、明以来理学诸儒,高论排击,而其为学大体,仍自与宋、元、明以来诸儒走上同一路径,未能划然分疆割席,则其结果,自只限于此而已也。④

也正是此番努力,钱氏实际上已把之前梁、胡二人涂抹于颜李学之上的"反理学"底色褪去大半,为之后拆散"反理学"的思想谱系预做学理准备。

三、"折入汉宋"

既然断定颜李学并非完全出于自创,与宋明学术有着千丝万缕的关联,钱穆趁热打铁,又对颜李学自身的一些学术痼弊进行辨析。在钱氏看来,颜李学之弊大致有二,一为因泥古而折入汉学考据;二为因主敬而折入宋学心性。

钱穆指出,颜元本来倡扬经济之学,却"多混之于礼乐;言礼

---

① 钱穆:《中国近三百年学术史》,商务印书馆1997年版,第204页。
② 钱穆:《中国近三百年学术史》,商务印书馆1997年版,第206页。
③ 钱穆:《中国近三百年学术史》,商务印书馆1997年版,第212页。
④ 钱穆:《中国近三百年学术史》,商务印书馆1997年版,第213—214页。

乐，多本之于古昔；言事物，亦以揖让升降、弦歌舞佾、衣冠金石为主，并未深发当时切用之意，则乌从闭学者诵读考究之功？"①之后李塨也难免为了证明古礼的合理性，开始转入考据之中，"自此河北实践之学，终与南土博雅同流，卒亦不出诵读纸墨之外"②。是故颜李之学"至恕谷而大，亦遂至恕谷而失"③。

除了同汉学合流之外，由于颜李学自身与宋学难解的渊源，又不免受其浸染。钱氏指出，颜元虽然言必称事功，却又不免心性礼乐之见，故平日持论虽激昂高亢，其制行则仍是宋、明诸儒矩矱。最为显著的例子，便是他在力斥静坐之非的同时，又自有一番名曰"习恭"的修养工夫。所谓"习恭"，就算与静坐不同，但"却不能不说与宋儒所谓'敬'者相似，故习斋于宋儒论敬，亦谓是好字面。若真如习斋所教习恭、习端坐功夫，便已是朱子'主敬'三法：伊川之'整齐严肃'，上蔡之'常惺惺'，和靖之'其心收敛不容一物'也"④。接着，钱穆即以宋儒修身之法为参照系，对颜元的心性之说详加辨析，其论如下：

"正冠整衣，挺身平肱，手交当心，头必直"，即伊川"整齐严肃"法也。"神必悚"，即上蔡"常惺惺"法也，岂有神心悚而昏惰不常惺惺之理？"天理作主，诸妄退听"，即和靖"其心收敛不容一物"法也。不容一物，本只是不容诸邪，故又曰"主一之谓敬"，"一"即天理矣。则习恭、习端坐，又便是延平所谓"默坐澄心体认天理"，龟山所谓"静坐中观喜怒哀乐未发前作何气象"矣。夫谓默坐澄心，体认天理，本只是说默坐之时，此心

---

① 钱穆：《中国近三百年学术史》，商务印书馆1997年版，第214页。
② 钱穆：《中国近三百年学术史》，商务印书馆1997年版，第215页。
③ 钱穆：《中国近三百年学术史》，商务印书馆1997年版，第225页。
④ 钱穆：《中国近三百年学术史》，商务印书馆1997年版，第216页。

澄然无事，乃所谓天理，要于此时默识此体云尔，非默坐澄心外，又别有天理当体认也。故宋、元、明儒者主敬主静，其实出于一源，敬、静工夫，到底还是一色，惟字面不同耳。今习斋所谓习恭习端坐，与彼亦复何异？而云有天渊之别耶？①

由上可知，颜元变静坐为习恭，实际上未改其本质，他又不愿多做研讨，故"成其学术之悚漏"②。

行文至此，钱穆并无停笔之意，而是结合颜李学此二痼弊来探析该学派之所以未能形成气候并最终中绝的原因。在他看来，颜李学折入汉宋实乃其无法克服的弊端，亦是该学派自身发展之必然：

习斋论学，虽欲力反自来汉、宋诸儒之病，然其学术自身，仍有歧点，未能打拼归一，成严密之系统，为精细之组织。一传为恕谷，于习斋精神已有漏走，已见散漫。自习行转入于考究，则以后三百年汉学考据训诂之说也；自经济转及于存养，则以前七百年宋学心性静敬之教也。宋学既不能振拔，故存养一端，终归冷落，而考据遂成独步。颜学亦自此消失矣！今考颜学体系，以习行代训诂诵说、著述纸墨之功，以事物代心性义理、静敬玄虚之谈，其议论本甚粗猛，甚痛快，带有革命之气度，而终归于与旧传统相妥协、相消融者，则厥在其讲礼乐之一端。习斋讲学，以礼乐与习行、事物为鼎峙之三足，而尤以礼乐为大厦之独柱，以礼乐打拼内外，贯通古今，功利与性天，亦于此交融，最为习斋制行讲学精神所寄，而实亦颜学未能超出旧传统卓然自拔之所由也。夫礼乐贵乎当时，而习斋泥于隆古；礼乐本古代政治

---

① 钱穆：《中国近三百年学术史》，商务印书馆1997年版，第216—217页。
② 钱穆：《中国近三百年学术史》，商务印书馆1997年版，第217页。

> 上一种已陈之刍狗，而习斋以之为个人性命惟一之寄托。故礼乐之一面为习行、为事物，习斋所欲以痛砭旧传之病者；而礼乐之又一面则为性天、为古圣贤尧、舜、周、孔，仍是汉儒训诂考据、宋儒心性虚玄之见解为之作用、为之调遣。旧日之病根，盘踞已深，习斋未能斩伐驱逐，空言呵斥，虽言之已厉，亦复何补？①

较之于梁启超、胡适偏重于正面评价颜李学的情形，钱穆则更多是关注其自身不足。钱氏之论，可谓辨析精微，别具只眼，他从学术发展的内在理路来考察颜李学的学说体系，摘出其中无法克服的两大弊端，证明颜李学与旧传统妥协实属必然。从中亦可知当时无论是宋明理学，还是汉学考据，皆于学界极具影响，绝非如颜李学这样的学术支流所能一并推翻的。

质言之，钱穆对颜李学自身痼弊的辨析非常精到，恰弥补了之前梁、胡所论之偏差。既然颜李学存在折入汉宋的迹象，那么梁、胡二人所构建"反理学"谱系之根基也随之愈加松动。

四、解构"反理学"谱系

钱穆研究颜李学，实与另一问题紧密相连，即戴震学。正如前述，梁启超、胡适在20世纪20年代清学史研究中都体现出强烈的尊戴倾向，将其视为清代反理学之旗手。同时为了使反理学的谱系显得完整，他们又将颜、李二人纳入其间，并冠之以戴学源头。如此一来，顾炎武—颜元—程廷祚—戴震—吴稚晖，这几个关键人物便构

---

① 钱穆：《中国近三百年学术史》，商务印书馆1997年版，第219—220页。

成了所谓"反理学时期"的几位主角。其中,戴震为中枢,吴稚晖乃殿军,开路先锋则非颜元莫属。在某种程度上,梁、胡二人的"反理学"谱系恰与理学家们所乐道的"道统说"针锋相对。

作为"持论稍稍近宋明"的钱穆,自然对梁、胡二人的主张不满,其《中国近三百年学术史》便是同梁启超公开立异之作。书中,戴震学与颜李学思想渊源关系问题自然无法绕过,这也成为双方学术思想交涉的一个重点。

早在《国学概论》中,钱穆就曾对梁、胡有关戴震学出于颜李学的说法表示异议。钱穆指出,梁、胡二人所论皆无实据。若言戴震学之渊源,尚有其他线索。当时的浙东学派,其持论亦多有与颜李相通之处,何尝不能开戴学之先?"东原论性本与阳明相近,梨洲为陈潜初一传,尤不啻戴学之缩影。"①另外毛西河亦有可能。毛氏"书好诋朱子,而尊阳明,有《四书改错》,于朱子攻击无所不至。其论重习行,尚事功,皆袭取颜、李之意。而极辨理字,屡出叠见"②。综观毛氏论理之言,"皆已与戴学相似"③。况且毛氏著作传播颇广,戴震焉能不见?是故"梨洲、西河书,亦乌知其不为戴学渊源者?"④在钱氏眼中,梁、胡之失,在于专注于颜、李一处,而未能对清初的学术全貌做细致系统的爬梳,故于有意无意间遗漏掉戴学渊源的不少可能性因素。

当然,钱氏于彼时所提供的线索亦缺乏确证,尚属推断。到了《中国近三百年学术史》一书,钱氏于该问题上的观点有所发展。首先,钱穆认为胡适所提出的程廷祚乃颜李学与戴震学之间中介的观点颇难证明。因为单纯凭借程晋芳曾于《正学论》中排诋颜李,并涉及

---

① 钱穆:《国学概论》,商务印书馆2003年版,第278页。
② 钱穆:《国学概论》,商务印书馆2003年版,第278页。
③ 钱穆:《国学概论》,商务印书馆2003年版,第279页。
④ 钱穆:《国学概论》,商务印书馆2003年版,第279页。

戴震，同时戴震批判程朱，就断定戴学源自颜李学，实有强续渊源之嫌，毕竟观点相近同学说继承为两码事。其次，戴震学说中最要者，一为自然与必然之辨，一为理欲之辨，"此二者，虽足与颜、李之说相通，而未必为承袭"①。况且戴氏从古训中明义理，很明显同颜元反对从书中求知的精神相背离。因此，梁、胡仅以颜李、戴震同斥程朱就断定二者的渊源关系，实在厚诬前贤。再次，"至辨本体，辨理气，辨性与才质异同，自明儒已多论及，东原不必定得其说于颜、李"②。当时毛西河极辨宋儒"理"字之义，戴震可以不知道颜李其人，但绝对不可能不知道毛氏之说。并且戴氏后学焦循、凌廷堪、阮元等于各自著作中皆盛推毛氏，却对颜李不置一词，也可视作反证。复次，钱穆还提出戴震之学抑或出自惠栋，其理由如下：

> 惟谓东原游扬州，见惠定宇，而论学宗旨稍变，其为《原善》，或颇受定宇《易微言》影响，则差近实耳。且《易微言》"理"字条云："'理'字之义，兼两之谓也。《乐记》言'天理'，谓好与恶也。好近仁，恶近义，好恶得其正谓之天理，好恶失其正谓之'灭天理'，《大学》谓之'拂人性'。天命之谓性，性有阴阳、刚柔、仁义，故曰'天理'。后人以'天人'、'理欲'为对待，且曰'天即理也'，尤谬。"岂不与东原《疏证》大意至似，即此后凌次仲诸论亦自此出。惠、戴至近，何必远寻之颜、李耶？且惠氏论学，主尊古，故颇引周、秦诸子，谓犹足与经籍相证。今考东原思想，亦多推本晚周，虽依孟子道性善，而其言时近荀卿。③

---

① 钱穆：《中国近三百年学术史》，商务印书馆 1997 年版，第 392 页。
② 钱穆：《中国近三百年学术史》，商务印书馆 1997 年版，第 392 页。
③ 钱穆：《中国近三百年学术史》，商务印书馆 1997 年版，第 393—394 页。

第四章　创建典范与学术商榷：颜李学研究之趋向深入　277

钱穆关注惠栋的义理思想，并以之而论戴震学术思想的嬗变，这不愧是其独具慧眼之处。不过，虽然惠氏义理之论与《孟子字义疏证》中的观点相近，但他缺乏戴氏那种学术自觉，没有能如戴震一样融会六经而阐释义理，从而就理学的要害问题展开深刻的检讨。①因而，关于惠栋对戴震在义理领域的影响，我们当慎重辨析，避免发挥过度。而钱氏之论，似正犯此忌。

钱氏于之后的学术生涯里，依然对戴震学同颜李学渊源问题念念不忘。当他读到清儒姜炳璋的《尊行日记》中有关于颜李著作记载时，便指出"姜氏固亦曾见颜、李书，而不以治颜、李学名。鲁氏（鲁絜非）藏有颜、李书，亦不以治颜、李学名。两人与程绵庄同时，然则岂必绵庄乃与独见颜、李之术者？"②鲁氏同姚鼐有学术往还，姜氏同钱大昕、纪晓岚为进士同年，姚、钱、纪又都同戴震极为熟稔，戴震要想知道颜李学，又何必单单通过程廷祚呢？是故"书籍之流布，学人之窥寻，如水银泻地，如猎犬逐兔，安知其所必循之途辙哉！且是时颜、李书流与至江西，又何独于北京首善之区，人文荟萃，乃必不得接闻于颜、李之遗说，获见于颜、李之遗书乎？然则东原若见颜、李书，固不必定自绵庄也"③。这仍可视为钱氏对胡适"程廷祚乃颜李学与戴震学中介"说法的一种反驳。

钱穆对戴震学与颜李学渊源关系的考察自然不是纯粹的学术商榷，其间透露出钱氏独有的思想意蕴。因为否定二者渊源关联，就意味着梁、胡所构建的"反理学"脉络失去开端，戴震这面反理学大旗也随之无处安置，最终该谱系将被解构。由此反观钱氏的颜李

---

① 详见王应宪：《清代吴派学术研究》，华东师范大学出版社2009年版，第211页。
② 钱穆：《读姜白岩〈尊行日记〉》，《中国学术思想史论丛》（八），安徽教育出版社2004年版，第239页。
③ 钱穆：《读姜白岩〈尊行日记〉》，《中国学术思想史论丛》（八），安徽教育出版社2004年版，第240页。

学研究：褪去底色—辨析痼弊—否定渊源，三部分环环相扣，抑多扬少，呈现紧密相继的逻辑关联。这恰恰是钱穆宋学立场的一次典型实践。

小　结

根据美国学者托马斯·库恩的"范式"理论所言："按照其已确定的用法，一个范式就是一种公认的模型或模式（Patten）……范式之所以获得了它们的地位，是因为它们比它们的竞争对手能更成功地解决一些问题，而这些问题又为实践者团体认识到是最为重要的。"[①] 具体到清学史研究，如果学者所提观点或所撰著述对以后的研究者起到示范性的作用，同时他在清学史研究领域之内留下无数的工作让后人接着做下去，从而逐渐形成一个新的研究传统，[②] 这也就意味着他创建了清学史研究的新典范。梁启超、胡适二人的颜李学研究无疑体现出该种示范意义，民国学人孙松龄即认为"自颜李教义昌被海内以来，激昂介绍，无如梁启超，切当揭示，无如胡适"[③]。二人袭用西方的科学精神与方法作为标尺来阐释和评估颜李学，其意图不外乎是希望在清代学术里发掘出类似西方式的科学精神和方法，并将之谱系化，从而促进中国传统学术的现代转型。为此，梁、胡两位学人从两个方面进行尝试。

---

① 〔美〕托马斯·库恩著，金吾伦、胡新和译：《科学革命的结构》，北京大学出版社2003年版，第21页。
② 余英时：《论戴震与章学诚：清代中期学术思想史研究》，生活·读书·新知三联书店2000年版，第345页。
③ 孙松龄：《序言》，李世繁：《颜李学派》，四存学会1946年刊本，第1页。

第四章 创建典范与学术商榷：颜李学研究之趋向深入

首先，将颜、李二人再塑成反理学的思想家。历史人物形象的塑造是一个层层建构与不断积淀的过程。回顾本书前三章内容，近代颜元、李塨二人学术形象的塑造其实有一个逐步延展的内在逻辑。颜李学复兴之初，戴望已把二人称之为经世学者，并有意将戴震学的渊源导引至颜李学名下，实已隐含着颜李学与宋明理学对立的意味。随着晚清学人对颜李学传播和阐释的日趋广泛，其对颜李形象的改塑也因之展开。宋恕、章太炎、刘师培诸君，一面将颜李誉之为反清复明的民族主义者，一面又赋予其沟通中西的称号，于是颜、李二人距离西方近代科学精神似被人为地拉近了不少。进入民初，颜李学之发展虽经受波折，但徐世昌等人也承认颜李学与西学的相通之处。故到20世纪20年代初，颜元、李塨二人批判理学、融合中西的形象已渐成共识，梁、胡二人积薪而上，再进一步，将颜李塑造成反理学的思想家，并将之置于清代反理学谱系中的开端，从而奠定了他们于清代思想史中革命派的角色和地位。正因为梁、胡二人的做法乃先因后创，非平地拔起，所以此观点一出，即引来学界的广泛认同，成为后来者研究的必引之说，其示范意义尤为深远。如容肇祖即上承其师胡适之说，认为"颜元竟能找出当日政治上人材上的病源，要一扫而空之，扫尽宋儒的学问，连宋儒思读讲著的事业亦并排斥之，这真是学术思想上的大革命，这种革命，真可以开发三百年来学术思想的生机"[①]。陈登原亦认为"反抗程、朱者，思想界虽大有人在，惟习斋能为尽言"[②]。更值得注意的是，1949年后，学者在研析颜李学术思想特色时，亦或明或暗地受到梁、胡观点的影响。郭霭春明确指出"颜习斋的哲学思想是反'理学'的，所以他对宇宙本体的看法，亦与程朱大不相同，程朱倡'理气二元论'而主张'理先气后'，这就决定了他的唯

---

① 容肇祖：《颜元的生平及其思想》，《容肇祖集》，齐鲁书社1989年版，第612页。
② 陈登原：《颜习斋哲学思想述》，中国大百科全书出版社1989年版，第98页。

心本质。习斋主张'气即理之气，理即气之理'，'理'、'气'二者融为一片，从而构成了他的'理在事中'的论点，这就决定了他的宇宙观的唯物本质"[1]。在侯外庐等人编写的《宋明理学史》中，作者更是径直以"颜李学派的反理学思想"为题，对颜李学的思想详作论述，认为"从严格意义上讲，颜李学与理学是两种思想体系的对立，前者是功利之学，后者是性理之学，两种思想体系具有不同的出发点、特征和归宿"[2]。同时细数近三十年来关于颜李思想研究的论文，其中以反理学为视角或理论基础进行考察的不在少数。当然，将"反理学"的称号冠之于颜元、李塨头上是否合适可姑且不论。[3] 不过，由上不难断定，梁、胡所提出的"反理学"研讨思路的确对学界影响甚大，至今都很有市场，颜、李二人"反理学思想家"的形象已深入人心。

其次，将颜李学的教育思想研究引入新天地。此方面梁启超厥功甚伟。前已言及，颜、李二人提倡实习实行的教育思想于中国传统教育学说中独树一帜，这也成为近世学人关注的焦点，相关论著以数百十计，特别是改革开放之后，颜李学派的教育思想已逐步成为教育学界研究的热门课题，成果斐然。[4] 而引领这场学界研究转向的先驱则当属梁启超。早于梁氏，已有如刘师培、邓实等人开始探讨颜李的教育思想，不过这些讨论既不系统，也较乏新意，加之当时现代意义上的教育学科尚未建立，故此时的研究尚处于萌芽阶段。1924 年初，梁启超所撰《颜李学派与现代教育思潮》一文于《东方杂志》发表，虽然笔者于前文言及此文乃应景之作，但其写作初衷之一即为"盼望

---

[1] 郭霭春：《颜习斋学谱》，商务印书馆 1957 年版，第 38—39 页。
[2] 侯外庐、邱汉生、张岂之主编：《宋明理学史》下，人民出版社 1987 年版，第 939 页。
[3] 虽然"反理学"这一概念已被学界广为采用，不过对其概念本身的考辨工作似并不理想。何谓"反理学"？此概念的提出缘由、内在含义、适用范围、嬗变修正等方面皆缺乏相应的细致考察，故颇值得学界加以反思与检讨。
[4] 详见雷娟丽：《近年来颜元教育思想研究综述》，《河北师范大学学报》（教育科学版）2006 年第 4 期。

这派的教育理论和方法能够因我这篇格外普及而且多数人努力实行，便是我无上的荣幸"①。故该文之于颜李教育思想研究领域的开拓意义不容忽视。在是文中，梁氏结合当时的现代教育思潮，即杜威实用主义教育学说，同颜、李二人的主张做对比研究，以西释中，从而彰显出颜李学教育思想的现代价值。通篇涉及颜李教育思想的多个方面，如教育目标、培养目标、教育内容、教育方法、学校建设、重视体育和性教育及强调师道尊严等，可谓是国内第一篇全面阐述颜李教育思想的学术文章。其后，许多学者便沿着梁氏所开启的研究思路对颜李教育思想进行深入探索。像陈登璥的《颜习斋教育学说述评》、汪家正的《劳动教育家颜习斋》、郑世兴的《颜习斋和杜威哲学及教育思想的比较研究》皆采用了梁氏中西比较的分析模式，祁森焕的《颜元教育学说的研究》、邱椿的《颜元的教育思想》、郑世兴的《颜元的教育思想》及陈山榜的《颜元评传》也都借鉴梁氏多层次、分门类式的研究框架，可谓是对梁启超研究思路的继承与发展。②

当然，任何研究典范都是有利有弊，并非十全十美。梁、胡二人于颜李学研究领域所创建的典范亦在所难免，有其自身的不足。一是"反理学的思想家"的称谓虽可以鲜明地彰显颜、李二人的思想特色，但也武断地割裂了颜李学与宋明理学间的学术关联，有失偏颇；二是采取中西比较的角度来发掘颜李教育思想中的现代性因素自然是有益的尝试，不过若是对西方学说理解未深，难免会造成误读、比附的问题出现。以上两点笔者于文中已有所交代，故不再赘述。

也恰因对梁、胡所建典范的不满，钱穆才会从自身学术立场出发，对二人观点进行商榷。合观梁启超、胡适、钱穆三人的颜李学

---

① 梁启超：《颜李学派与现代教育思潮》，《饮冰室合集》文集之四十一，中华书局1989年版，第4页。
② 陈山榜：《颜元评传》，人民教育出版社2004年版，第3页。

研究，不难发现彼此间呈对立倾向：梁、胡二人对颜李学多为正面评价，颇为推崇；钱穆则侧重考察颜李学之不足，贬抑甚多。究其原因，不外有三：

第一，双方学术立场不同。梁启超、胡适本着"中国文艺复兴"的内在诉求，在"理学反动说"的解释框架之下，首先选取戴震作为典型，将其塑造为具有革命意义的"新哲学"。同时为了完善清代反理学的谱系，他们又把颜、李二人拉入其中。因而身为戴震学的源头与盟军，颜李学自然受梁、胡之褒扬，故二人展现出尊颜李抑宋学的倾向。钱穆则与梁、胡迥然异趣。他本着宋学立场，认定清学当沿宋明理学之脉络生发而来，绝非梁、胡所谓的完全反动。故钱穆所要做的，就是揭示颜李学同宋明理学之间的相似性和渊源关系，褪去其"反理学"底色，指陈其学术痼弊，从而拆散梁、胡所构建的"反理学"谱系，其学术指向自然是尊宋学抑颜李。

第二，双方研治路径不同。梁启超、胡适考察颜李学，侧重以西方学说来解释颜、李二人的诸多主张，如认为颜李学苦行节欲类似古罗马斯多噶派、颜李学乃东方的实用主义等，可见他们是以西方学术作为参照系来观照中国学术，这不失为一种中西交融的新视角。不过若对西学理解不深，也往往会流于牵强比附，仅知皮毛。通观梁、胡二人的颜李学研究，其中不乏此弊。钱穆则执着于从中国学术思想的内在脉络来检讨与反省清学的利弊得失。故他对颜李学，更多的是注重从学术内在的发展理路中来辨析，对于外在的所谓理论框架自然颇为排斥。也正基于此因，较之于梁、胡，钱氏的颜李学研究犹如剥茧抽丝，细致入微。

第三，双方所持文化观亦有较大差异。作为"中国启蒙思想元老"的梁启超和新文化运动领袖之一的胡适，他们对颜李反理学形象的再塑，对颜李学实用主义色彩的渲染、情欲观的推崇无不寄托着他们对"中国文艺复兴之梦"的憧憬和构想,都反映出他们对"中国的资本主义"召唤与期待。故他们的颜李学研究,隐隐烙着思想启蒙的印记。钱穆则与二者迥异。钱氏文化观具有浓厚的文化民族主义的成分,其大体有三方面特征:一是批判意识,即后五四时代对"全盘西化论"等观点的反思;二是救亡意识,简言之即钱氏"学术救国"的志向和寄托;三是民族意识,这主要源于他身经清末民国乱世,思想中含有反对清朝统治和抵御帝国主义入侵的文化信念。① 因而对于梁、胡所宣扬的思想启蒙,钱氏并不苟同。其最典型的表现,莫过于他在《中国近三百年学术史》序言里的一段自述:

> 今日者,清社虽屋,厉阶未去,言政则一以西国为准绳,不问其与我国情政俗相洽否也。扞格而难通,则激而主"全盘西化",以尽变故常为快。至于风俗之流失,人心之陷溺,官方士习之日污日下,则以为自古而固然,不以厝怀。言学则仍守故纸业碎为博实。苟有唱风教,崇师化,辨心术,核人才,不忘我故以求通之人伦政事,持论稍稍近宋明,则侧目却步,指为非类,其不诋诃而揶揄之,为贤矣!②

表面观之,这段话似是抒发钱氏的抗日情绪。若细加剖读,不难发现钱氏实在批判危机之下国内的两种文化倾向:一是全盘西化思潮,二是重考据轻义理之风。这实际上就是对胡适所提倡的思想启蒙和整理国故运动的一种批判。可见双方在文化观念上之歧异颇大,势必会间接影响到他们的颜李学研究。

---

① 关于钱氏的文化民族主义思想,丘为君有过细致的分析,详见其《戴震学的形成——知识论在近代中国的诞生》,新星出版社2006年版,第238—242页。
② 钱穆:《中国近三百年学术史》(自序),商务印书馆1997年版,第4页。

要之，正是梁启超、胡适和钱穆等学人对颜李学的多方探讨，使得颜李学研究在民国时期走向深入。梁、胡之研究体现出其沟通中西的创新与努力，其典范意义值得肯定；而钱穆对前者的反驳则彰显着他对传统文化的"温情与敬意"，双方有着各自的关怀与合理性。是故三者在颜李学研究上阐述与商榷，不仅具有学术史上的研究价值，亦折射出思想史上的检讨意义。换言之，此时期的颜李学研究可谓清学史研究大势的一个缩影。

结　语

　　作为儒学长河中的一条支流，颜李学之诞生，实与具体的时代环境息息相关。颜元身处之世，恰是明末清初政权鼎革之际，社会剧烈变动的刺激、自身复杂曲折的治学经历及对明儒袖手空谈的厌倦促使其反思宋明理学之弊端，终走向倡扬实学实行之途。随着清政权统治的渐趋稳定，学术潮流亦因之递嬗衍变，程朱理学备受尊崇，乾嘉汉学异军突起，使得以经世致用为本质特征的颜李学失去发展空间，暂趋衰歇。不过，一代有一代之学术，时至晚清，内忧外患的政局又使得人们再度研治、提倡经世之学，于是颜李学便逐渐在士人们心中复活，成为大家重释传统、沟通中西的必要资源。戴望凭己意编纂《颜氏学记》，孙锵鸣纳颜李学于永嘉学术之中，刘师培认定颜李"默契西法"，章太炎尊颜元为荀卿后又一大儒，皆与开掘传统以应对时局的意图相关联。

　　颜李学研究之所以能在晚清民国长盛不衰，并在当下依然为学界热点，其自身独特的学术质素和普世性的现代价值至为关键。简言之，颜李对人性解放的含蓄提倡、对实际利益的极力追求以及多元开放式的教育理念都值得后人总结与研讨。也正基于此，民国时期伴随现代知识制度和学术体系的建立与规范，颜李学研究已进入一片新境地。梁启超对颜李学实用主义思想的论述、对其教育思想的发挥，胡适对颜李学人性论、情欲观的阐释，皆为后世研究建立了意义深远的典范。当然，钱穆就梁、胡二人观点所提出的学术商榷，只眼独具，亦值得后来者悉心领会与借鉴。

当然，颜李学在晚清民国的命运并非直线上升，一帆风顺，其间的曲折亦在所难免。民国初年，以徐世昌为首的四存学会诸人基于多重目的所开展的尊崇颜李学的政学运作，即使得该学术遭遇波折甚或倒退。徐氏为何单单选择颜李学作为其维护正统的学术工具？此问题看似简单，实则因缘甚深。"北学"复振乃其历史渊源，应对新思潮为其文化立场，加强意识形态控制方是现实需求，故该事件背后所包含的复杂政学意蕴颇值得反思与检讨。

颜李学在晚清民国的命运轨迹实同其他儒学流派有类似之处。与荀学、阳明心学、永嘉学一样，它们皆经历了由盛至衰，又在晚清民国再度复兴的过程，其内在价值亦在学者们的不断阐释中展现和增加。正所谓百千异流，同归大海，诸如颜李学这样的儒学分支共同构成了传统儒学在近代嬗变与转型的多彩画卷。因此，对近代颜李学发展情形的个案考察便具有鲜明的典型意义。

走笔至此，笔者仍需赘言的是，由于本书的写作初衷在于对晚清民国颜李学的研究做学术史上的梳理和思想史上的考辨，故仅能择其要点，难免挂一漏万。其实就民国时期的颜李学发展而言，其中尚有许多领域有待开拓：一是由徐世昌等人所兴办的四存中学遍布北京、天津、河北、山西、河南等地，这些教育机构很多都一直延续到1949年后，故对这一旧式教育模式的运转情形、社会影响进行考察则显得颇有意义。二是作为颜李学说中最具特色的教育思想，曾于民国教育界产生很大反响，其具体状况怎样？颜李教育思想又在哪些方面与现代的教育理念相契合？其相关主张又是如何被分解到教育学的各个科目之中的？对这些问题进行梳理和研讨尤为必要。三是1935年是颜元诞辰三百周年，当时不仅学界许多人物纷纷撰文以示纪念，而且国民政府的不少政要亦参与其中，并组织了相应的社会活动。值得注意的是，该时期恰是全国抗战前夕，日寇铁蹄已侵入华北。通过翻阅政学人物的文章，不难发现其中浓厚的民族主义倾向。那为何学界和政界一致选择颜元作为他们抒发抵御外侮情绪的载体？这场颜元诞辰三百年纪念活动的具体规模、影响又是怎样？这实在值得我们学界研究与反思。四是进入 20 世纪三四十年代，马克思主义学者逐渐涉猎颜李学研究，取得了一系列的成果，并为新中国成立后的研究建立了新的典范。其对梁启超、胡适所创建的范式持何种看法？该新典范是如何建立的？其具体过程怎样？马克思主义学者在研究时是否有着理论预设？由于这涉及新旧典范间的转换问题，其学术意义之大自不待言。限于学识，笔者对于以上所列问题，或未能涉及，或仅略有评述。学术史研究之难，实非言语所能道也。笔者"虽不能至"，仍"心向往之"，故谨以此拙作"抛砖引玉，以俟来者"。

附 录

附录一　多元发展：20世纪三四十年代颜李学研究概述

梁启超、胡适二人自20世纪20年代开启颜李学研究新典范后，更多的学人开始关注、研讨颜李学。到了20世纪三四十年代，近代颜李学研究步入第四期，即多元发展的阶段。其时，研究队伍较之以往愈加壮大，故相关著述随之增多，考察视角亦日趋多元，尤其是马克思主义学者开始涉猎该领域，他们以马克思主义学说和方法研析颜李学，从而开拓了其研究的崭新路径。

该时期，关于颜李学的著述颇为丰富，据笔者不完全统计，著作类有十余种，论文类更是不下五十多篇，故这近二十年可谓是颜李学研究的一个小高潮。其中最具代表性的著作有陈登原的《颜习斋哲学思想述》（金陵大学中国文化研究所1934年刊本），张西堂的《颜习斋学谱》（1937年初）①，李世繁的《颜李学派》（四存学会1946年刊本），同时冯友兰、容肇祖、范寿康、赵纪彬、侯外庐等学者也在各自哲学史著作中专辟章节对颜李学详加研讨。

综观以上著述，彼时学者们对颜李学的研究既不囿于某种理论，亦不限于一个方面，大多能够结合新近学术思潮，对颜李学进行整体性的考察。限于篇幅，笔者仅择其要点，简要评述。具体而言，学者们的研究热点主要体现在四个方面。

---

① 据张西堂之子张铭洽先生介绍，"《颜习斋学谱》为先父一九三七年初所撰，因战乱频仍，多年无暇顾及"。后于1994年由台湾明文书局付梓出版。

(一) 学术渊源

正如前面所言,对于颜李学的学术渊源问题,学界意见尚不统一,如梁启超、胡适认为颜李学毫无师承,应为自创,钱穆则与之异趣,断定颜李学实脱胎于宋明理学。这场争论自然延续至20世纪三四十年代。陈登原认为习斋之学"虽自陆王入,而亦反对陆王"[1]。实际上颜元"不肯依附王学,不肯调停朱、陆同异,而其不慊于陆、王之学",所以"《清史儒林传》记习斋为依傍陆、王者,非笃论矣。"[2] 赵纪彬亦赞同颜李学非出于宋明理学,因为该学派"竟将汉学的考据与宋明的理学,根本予以否定,对于二千年来的哲学思想,作出了大胆的摧陷廓清,实为清代哲学史上所应大书特书的光荣记录"[3]。不过,他也认识到颜李学所存在的理学残留,"颜习斋虽对宋元明以来的理学,彻底排击,而在某些场合,亦不免陷于理学的唯心论的窠臼"[4]。侯外庐则坚信颜李学与宋明理学毫无瓜葛。侯氏指出:

> 有人说颜元攻击程朱特甚,与王守仁有传统渊源。这种看法是极其错误的。这看他的"评王学质疑",便可以知道的。他常把朱陆二人并提,或把程朱与陆王并提,肆意讽刺,比之为异端之杨墨,说两派都是杀人的人,不欲辨其高下。他不像王、顾在文字上还尊重程朱,也不像黄宗羲在文字上还尊重王刘。[5]

不过侯氏也未明确给出其对颜李学出自何处的看法。

与陈、赵、侯三位学者意见相左,冯友兰、张东荪、李世繁则

---

[1] 陈登原:《颜习斋哲学思想述》,中国大百科全书出版社1989年版,第17页。
[2] 陈登原:《颜习斋哲学思想述》,中国大百科全书出版社1989年版,第18页。
[3] 赵纪彬:《赵纪彬文集》第1册,河南人民出版社1985年版,第378页。
[4] 赵纪彬:《赵纪彬文集》第1册,河南人民出版社1985年版,第390页。
[5] 侯外庐:《中国思想通史》第五卷,人民出版社1956年版,第324—325页。

认为颜李学同宋明理学密切相关。冯友兰指出"桴亭所著《思辨录》，对于兵农礼乐政制，俱有研究，与习斋同。而习斋亦讲正心诚意，与桴亭亦同。故习斋之学，虽反道学，然实系一部分道学之继续发展也"①。与冯氏观点接近，张东荪在为其弟子李世繁的《颜李学派》一书所作跋文中，亦认为"颜李虽标榜反理学，乃只反对宋明某某派之理学，而非举理学全体以反对之也。尤其明显者，即颜李自身亦实为理学之一种或一支。此则不可不辨"②。李世繁更是秉承师说，加以引申：

  东荪师以为颜李学派亦系理学之一支，我愿为之详解。所谓理学乃以寻求天地之理，人生之理为目标，以期获得人生之正当法则，增高人生之价值。若本此定义而言，宋明之学固曰理学，而清代公羊学派以前之哲学皆可曰理学。所不同者乃清儒对于宋明儒者所提出之问题，予以不同之解答；至于其对于社会之态度则同，皆以淑世为归，以提高人生价值为愿。此中国儒家之一贯精神也。

  颜李学派，诚如东荪师在跋中所言，只反对理学之一部，而非反对理学之全体。如习斋晚年反对朱子而称赞象山，恕谷反对朱子与阳明而接受桴亭之主敬，绵庄则反对朱子而推崇阳明。故可曰颜李学为理学之一支。然曰颜李学为理学之一支，非谓颜李学即同于宋明之理学。盖理学为总名，其中包括宋明之理学，清儒之理学。前者为理学之前期，后者为理学之后期。后期讲学以攻击前期为旗帜，而欲直复孔孟。颜李学派则为后期理学中之一派。其讲学目的则在扫除前期理学之渣滓，而增加新精髓，以期

---

① 冯友兰：《三松堂全集》第三卷，河南人民出版社2001年版，第387页。
② 张东荪：《后跋》，李世繁：《颜李学派》，四存学会1946年刊本，第265页。

适合清代社会之新环境。此颜李之所以为颜李也！①

可见，对此争论，学界仍无定见，两种说法皆有不少学者认同。

（二）教育思想

颜李的教育思想可谓民国学界的研讨重点，几乎所有彼时学者的文章都有所涉及，故此处仅举其有代表性者。如张西堂认为颜元的教育思想颇有借鉴价值：

> 先生之教育思想，自与其时代背景及其哲学思想皆有极密切之关系。先生主张学教治当一致，注重于经世致用，反对宋明读书穷理居敬主静之学，而提倡实学实教实习实体实用。以今观之，犹不失为有价值之论，可以斟酌以行之。②

容肇祖十分推崇颜元的教育思想，"他的教育哲学，提倡实习实验，及动的教育，和这书院的分科，都是他的很好的主张"③。同时，他也看到其思想之不足，"颜元实事求是，他的好处是要应用到教育上面。可惜的便是颜元的时代，颜元的环境，以及颜元带有的头巾气，不能使他的实事求是的主张，恰可的在教育上发生最好的效果"④。

李世繁对颜李教育思想之研究亦造诣颇深，其难能可贵之处在于对颜李学派三代主要人物的教育思想都加以考察，并得出十分精辟的见解：

> 习斋以为教育目标是陶冶全部人格。在动的教育中，培养

---

① 李世繁：《颜李学派》，四存学会1946年刊本，第6页。
② 张西堂：《颜习斋学谱》，台湾明文书局1994年版，第58页。
③ 容肇祖：《容肇祖集》，齐鲁书社1989年版，第608页。
④ 容肇祖：《容肇祖集》，齐鲁书社1989年版，第604页。

德，智，体，技四育。亦即在实习六艺中，磨练全部人格，而获得德智体技四育的健全修养。

在学习方法上，习斋提倡智能论，以能发明原理，制造器具为学习之妙境。

又在学习方法上，恕谷注重器官训练，以为人当注意五官及心之作用，而活用之。

在学习科目上，习斋提倡实科，以为人能精于一艺，即成为有用之人，胜于读书万卷。而习斋恕谷又皆注重音乐教育。[①]

他（指程廷祚——笔者按）谈六艺，独重礼乐，而尤重礼乐在教育上之价值。他以为礼乐可以使人身手活动，养成健全之人。……仍是颜李一贯相传的动之教育。[②]

这恰是学界对颜李学派教育思想研究趋于深入的体现。

（三）哲学思想

哲学思想也是颜李学研究的重要方面，学人对该问题着墨甚多，观点纷纭，故笔者于此只得选其典型，挂一漏万。陈登原将颜李哲学思想概括为四字，即"曰动、曰实、曰习、曰用，颜学精髓，此四字足以尽之。以此之故，其菲薄程、宋，訾謷阳明，卑视文艺，厌鄙考核，均泉流滚滚而来矣"[③]。冯友兰通过比较李塨与宋儒在"理"字上的解释，断定李塨所谓的"理"，"与理学家所说之理无大异。其异者即恕谷以为理学家以为'理在事上'，而其自己则以为'理在事中'。此点亦为以后戴东原所提出以驳斥理学家者。就此方面思想之发展言，颜、李、东原，实为蕺山、梨洲、船山等之继续也"[④]。张西

---

① 李世繁：《颜李学派》，四存学会1946年刊本，第17—18页。
② 李世繁：《颜李学派》，四存学会1946年刊本，第264页。
③ 陈登原：《颜习斋哲学思想述》，中国大百科全书出版社1989年版，第82页。
④ 冯友兰：《三松堂全集》第三卷，河南人民出版社2001年版，第396页。

堂则从宇宙论、心性论、知识论和修养论四个角度来辨析颜元之哲学思想，并认定欲"述先生之学，必当先述明其哲学思想而后及教育思想、政治思想也"①。李世繁所撰《颜李学派》一书，其主要内容便是研讨颜元、李塨和程廷祚三人的哲学思想。在李氏看来，颜元是"惟气一元宇宙论者，以为气是宇宙的根源，万物的产生都是由于二气四德流行变化。他虽谈理，但以为理气'融为一片'，理寓于气中的"②。而其性论，则具备两个要点：

> （1）他恢复起来了孟子的性善一元论，建立起来惟气性善一元论以代替程朱的理善气恶二元人性论，而主张性即是气，性情才皆善的。（2）他论性乃性形并重，主张践形以复性，由身心之习行以发挥性中固有之善。六艺为习行之工具。③

至于颜元哲学思想中的功利主义色彩，李世繁也详加分析，评道：

> 习斋的思想始终以政治为中心，以辅世泽民，参赞化育为依归。习能只是做人的开端，为君相百职才是做人的终结。六府，三事，三物之学只是做人的工具，做人的手段。移风易俗，与天下打成一个善才是做人的目的，做人的功效。所以习斋是政教合一的。他真是孔子所说"仕而优则学，学而优则仕"两句话的传钵者了。④

对于李塨，李氏首先纠正了学界对其思想的一种偏见。李指出，

---

① 张西堂：《颜习斋学谱》，台湾明文书局1994年版，第32页。
② 李世繁：《颜李学派》，四存学会1946年刊本，第42—43页。
③ 李世繁：《颜李学派》，四存学会1946年刊本，第43页。
④ 李世繁：《颜李学派》，四存学会1946年刊本，第116页。

近人"以为恕谷祖述习斋,而于思想上并无新见,故于恕谷学说略而不谈。实则恕谷除接受习斋思想外,尚采纳西河之乐学,桴亭之主敬,而以习斋为主,调和三者于一炉,另组成一有系统之思想"①。其贡献具体如下:

(1)予道,理两字和程朱有相反之解答,而使颜学在形而上学上有坚固之基础。(2)在心理上,注重身心作用,器官训练,而于教育上颇有价值。(3)在教育上,注重乐学,而使音乐教育在中国教育史上放一异彩。(4)给德艺问题一完善之解答。(5)在格物论上,主张由学而知,知而后行,使知不空虚,行不盲目。(6)给诚,敬二字有切实之解答。(7)以人事解《易》,而开后来廷祚以人事注《易》之先河。②

对李塨哲学思想进行如此细致之分析,这在之前还从未有过。

作为颜李学的第三代传人程廷祚,由于身处时代环境的变化,其哲学思想也因之具有新的因素。李世繁对此颇有体察,如就程氏性论方面,李之见解便慧眼独具:

绵庄论性乃于颜李而外,兼采程朱说法,颇有二元倾向。他一方面承认性为气而善的,这是承袭颜李;另一方面主张气质有恶,这是旁采程朱。他既主张气质有恶,故对于恶的来源问题,亦和颜李不同。颜李主张善出于性而为固有,恶则由于不良之"引蔽习染",故善是先天,而恶是后天。教育功能则在防止不良"引蔽习染",充分培养优良环境,以扩张人性固有之善。绵庄主

---

① 李世繁:《颜李学派》,四存学会 1946 年刊本,第 223 页。
② 李世繁:《颜李学派》,四存学会 1946 年刊本,第 223 页。

张善出于性，而气质有恶，故善恶二者皆为先天。教育功能则在变化不良气质，发展良善气质于性中固有之善。①

与陈登原、冯友兰、张西堂、李世繁等人不同，马克思主义学者对于颜李哲学思想的解析则是另外一番光景。他们更多地从唯物史观出发，强调颜李思想中革命性的一面。赵纪彬指出，"在中国哲学史上，首先由唯物论的观点来批判程朱理气二元论中的唯心论的谬误，并使清代哲学中的批判精神发展到顶点的哲学者，实以颜习斋为第一人，由这一点看来，颜习斋不但在清代哲学史上，即在整个中国哲学史上，也是不可忽视的战斗的哲学者，唯物论者"②。侯外庐亦然。他认为虽然颜李攻击宋儒的言论类似于墨子非儒的过激论，"但他的朴素求真的态度，确是一个忠于真理的大儒，三百年前中国出现了这样人物，值得我们把培根姑且摆在他的近代地位之下。……颜元的知识论相似于培根，更强调知识以实践为标准的理论。培根反对过当时经院学说的流派；颜元攻击道学的斗争精神更要比培根果敢而坚强些"③。

（四）政治思想

颜李的政治思想本并无太多新意，且带有较为浓厚的复古色彩，笔者于绪论中对该问题已有所探讨。不过，由于学术背景和政治诉求之差异，学者们对其政治思想的评价却很不同。如陈登原披览颜李著作时，恰值"家国多故，朝市更易；四海困穷，三边沦没"。故在陈看来，"知人论世，益有取于崇实笃行之意"④。也正基于该意图，陈氏认为颜元的政治主张颇不适于社会实际：

---

① 李世繁：《颜李学派》，四存学会 1946 年刊本，第 257—258 页。
② 赵纪彬：《赵纪彬文集》第 1 册，河南人民出版社 1985 年版，第 391 页。
③ 侯外庐：《中国思想通史》第五卷，人民出版社 1956 年版，第 374—375 页。
④ 陈登原：《颜习斋哲学思想述》，中国大百科全书出版社 1989 年版，第 1 页。

  平心论之，欲均田于贫富悬殊之时，而犹思创为井田也，欲练兵于兵农已分之后，而使之有事则兵，无事则民也，欲取士于乡里之选举，郡县之试用，而希冀贤否之得真也，——假如习斋得君而行其政，或未必不如荆公之陷于失败。①

  张西堂对颜李政治思想的评价则较为持允。他一方面承认颜元"封建之制，以今观之，固不可取"。不过若"若细按先生之所说，实与亭林、桴亭所持不远，论者不察同时诸儒之所论，且忽于先生'不必袭古之迹'之说，乃专责先生以'泥古'，则求之甚苛矣"。②

  侯外庐则运用马克思主义的相关原理，强调颜李政治主张中的积极因素。侯氏认为，"颜元是一个彻头彻尾的经世家。他的经世论是城市平民反对派向民主途径摸索的思想"③。故而他的经世思想，"首重民生的福利，和近代西洋'最大多数的最大幸福'的市民阶级思想是相似的"。例如，颜氏主张均田，"实包含着近代民主主义的憧憬"。④李塨更是提出"计口授田"之良法，"这种土地平均主义的思想是进步的民主思想，本质上为资本主义开辟道路"⑤。同时，对于颜、李师徒二人所提出的征辟制度，侯氏认为这可以代替中古的身份制度，可进一步"推求出人民生活上和政治上的权利应该是平等的"⑥。客观地讲，侯外庐对颜李政治思想的阐释有拔高、过度之嫌，带有明显的时代烙印。

  综上，我们不难发现 20 世纪三四十年代的颜李学研究，呈现出

---

① 陈登原：《颜习斋哲学思想述》，中国大百科全书出版社 1989 年版，第 163—164 页。
② 张西堂：《颜习斋学谱》，台湾明文书局 1994 年版，第 108 页。
③ 侯外庐：《中国思想通史》第五卷，人民出版社 1956 年版，第 375 页。
④ 侯外庐：《中国思想通史》第五卷，人民出版社 1956 年版，第 377 页。
⑤ 侯外庐：《中国思想通史》第五卷，人民出版社 1956 年版，第 380 页。
⑥ 侯外庐：《中国思想通史》第五卷，人民出版社 1956 年版，第 380 页。

两个明显的趋势：一是马克思主义研究原理和方法开始应用于研究当中，并且日渐成为主流模式，这为1949年后的研究建立了新典范；二是学者对于颜、李师徒二人的研讨逐渐由"重颜轻李"转变为"颜李并重"，大部分著作都是专门有相关章节来考察李塨的生平及其思想，并多会涉及二人学术异同之比较，这在赵纪彬、李世繁等人的书中皆有反映。

附录二 晚清民国《颜氏学记》刊刻版本表

序号	刊刻者	刊刻时间	刊刻地	序跋情形	馆藏地	备注
1	赵之谦	清同治十年（1871）	南京冶城山馆	戴望自序	中国国家图书馆、北京大学图书馆、北京师范大学图书馆	十卷，刻本
2	李雏才	清光绪二十年（1894）	湖南龙山白岩书院	叶德辉跋	中国国家图书馆、北京大学图书馆	十卷，刻本
3	墨学会	日本明治三十九年（1906）	东京	无	中国国家图书馆	二卷，题为《颜元学记》
4	蜕庐朱氏	宣统年间（1909—1911）	苏州	无	中国国家图书馆、北京大学图书馆	十卷，铅印本
5	国学保存会	清光绪三十四年（1908）	上海	跋一叶德辉，跋二黄节	中国国家图书馆、北京大学图书馆	十卷，铅印本
6	由云龙	民国六年（1917）	昆明云南图书馆	前有《重刊〈颜氏学记〉序》，后附由云龙及赵尔巽信函三封	北京大学图书馆	十卷，铅印本
7	黄宝熙	民国十四年（1925）	香山黄氏古愚室	无	中国国家图书馆、北京大学图书馆、北京师范大学图书馆	十卷，影印本
8	刘承干	民国年间（1912—1949）	吴兴刘氏嘉业堂	刘承干跋	中国国家图书馆、北京大学图书馆、北京师范大学图书馆	十卷，刻本

参考文献

（按姓氏拼音首字母排序）

一、清前文献

1. 班固：《汉书》，中华书局 1962 年版。
2. 陈亮：《陈亮集》，中华书局 1974 年版。
3. 程颢、程颐：《二程集》，中华书局 1981 年版。
4. 范晔：《后汉书》，中华书局 1965 年版。
5. 李延寿：《北史》，中华书局 1974 年版。
6. 陆九渊：《陆九渊集》，中华书局 1980 年版。
7. 瞿九思：《孔庙礼乐考》，广陵古籍刻印社 1991 年版。
8. 沈善洪主编：《黄宗羲全集》，浙江古籍出版社 2005 年版。
9. 司马迁：《史记》，中华书局 1982 年版。
10. 孙奇逢：《孙奇逢集》，中州古籍出版社 2003 年版。
11. 王夫之：《船山全书》，岳麓书社 1996 年版。
12. 王安石：《王文公文集》，上海人民出版社 1974 年版。
13. 王守仁：《王阳明全集》，上海古籍出版社 1992 年版。
14. 魏收：《魏书》，中华书局 1974 年版。
15. 魏一鳌：《北学编》，莲池书院藏本，同治七年（1868）重刊。
16. 魏徵等：《隋书》，中华书局 1973 年版。
17. 叶适：《叶适集》，中华书局 1961 年版。
18. 叶适：《习学记言序目》，中华书局 1977 年版。
19. 张载：《张载集》，中华书局 1978 年版。

20. 朱熹：《朱子全书》，上海古籍出版社、安徽教育出版社 2002 年版。

二、清人文献

1. 戴望：《戴氏论语注》，清同治十年（1871）刻本。
2. 戴望编纂：《颜氏学记》，金陵冶城山馆清同治十年（1871）本。
3. 戴望编纂：《颜氏学记》，云南图书馆 1917 年 4 月刻本。
4. 戴望：《谪麐堂遗集》，清光绪元年（1875）刻本。
5. 戴望：《颜氏学记》，中华书局 1958 年版。
6. 戴望：《管子校正》，《诸子集成》第 5 册，上海书店 1986 年版。
7. 戴望：《戴子高梦隐图》，《神州国光社集外增刊》之三十二，上海神州国光社宣统元年（1909）己酉三月初五日出版。
8. 戴震：《戴震全书》，黄山书社 1995 年版。
9. 程朝仪：《颜学辩》，安徽官纸印刷局清光绪十年（1884）铅印本。
10. 方苞：《方苞集》，上海古籍出版社 2008 年版。
11. 冯辰、刘调赞撰，陈祖武点校：《李塨年谱》，中华书局 1988 年版。
12. 韩志超修：《蠡县志》，清光绪二年（1876）刻本。
13. 黄彭年：《陶楼文钞》，1923 年江苏书局刻本。
14. 李塨著，冯辰校：《恕谷后集》，中华书局 1985 年版。
15. 李雒才辑：《颜氏学记》，湖南龙山白岩书院光绪二十年（1894）版。
16. 皮锡瑞：《经学历史》，中华书局 2008 年版。
17. 阮元编：《清经解》，上海书店出版社 1988 年版。
18. 邵廷采：《思复堂文集》，浙江古籍出版社 1987 年版。
19. 施补华：《泽雅堂文集》，清光绪十九年（1893）刊本。
20. 宋恕：《宋恕集》，中华书局 1993 年版。

21. 孙宝瑄：《忘山庐日记》，上海古籍出版社1983年版。

22. 孙锵鸣：《孙锵鸣集》，上海社会科学院出版社2003年版。

23. 孙琬、王德茂修，李兆洛、周仪暐纂：《武进阳湖县合志》（36卷），清道光二十三年（1843）尊经阁藏版。

24. 孙衣言撰，张如元校笺：《瓯海轶闻》，上海社会科学院出版社2005年版。

25. 谭献：《复堂文续》，光绪辛丑年（1901）刻鹄斋丛书刻本。

26. 谭献：《复堂日记》，河北教育出版社2000年版。

27. 唐鉴：《清学案小识》，商务印书馆1947年版。

28. 王灏编：《畿辅丛书目录》，清末刻本，中国国家图书馆馆藏。

29. 王灏编：《畿辅丛书初编》，1913年版。

30. 王先谦编：《清经解续编》，上海书店出版社1988年版。

31. 吴履刚：《颜氏学记》吴批本，光绪十七年（1891），中国国家图书馆馆藏。

32. 吴汝纶：《吴汝纶全集》，黄山书社2002年版。

33. 希古淡人：《颜氏学记》希古淡人批本，光绪二十七年（1901），中国国家图书馆馆藏。

34. 颜元：《颜元集》，中华书局1987年版。

35. 姚谌：《景詹閣遗文》，宣统三年（1911）归安陆氏校刊本。

36. 尹会一：《续北学编》，莲池书院藏本，同治七年（1868）重刊。

37. 恽鹤生：《大学正业》，武进恽氏宗祠1912年刻本。

38. 曾国藩：《曾国藩全集》，岳麓书社1986年版。

39. 张伯行：《正谊堂文集》，中华书局1985年版。

40. 张文虎著，陈大康整理：《张文虎日记》，上海书店出版社2001年版。

41. 张星鑑：《仰萧楼文集》，清光绪六年（1880）刻本。

42. 张宪文辑：《孙诒让遗文辑存》，浙江人民出版社1990年版。

43. 张裕钊：《张裕钊诗文集》，上海古籍出版社 2007 年版。

44. 朱寿朋编：《光绪朝东华录》，中华书局 1958 年版。

45. 朱一新：《佩弦斋杂存》，顺德龙氏葆真堂本，清光绪二十二年（1896）。

46. 朱一新：《无邪堂答问》，中华书局 2000 年版。

47. 庄寿承等修：《毗陵庄氏增修族谱》（32 卷），清光绪元年（1875）刻本。

三、民国论著

1. 陈登原：《颜习斋哲学思想述》，中国大百科全书出版社 1989 年版。

2. 陈黻宸：《陈黻宸集》，中华书局 1995 年版。

3. 丁文江、赵丰田编：《梁启超年谱长编》，上海人民出版社 1983 年版。

4. 〔日〕渡边秀方著，刘侃元译：《中国哲学史概论》，商务印书馆 1926 年版。

5. 范寿康：《中国哲学史通论》，上海开明书店 1937 年版。

6. 冯友兰：《中国哲学史》，商务印书馆 1934 年版。

7. 傅斯年：《傅斯年全集》，湖南教育出版社 2003 年版。

8. 贺葆真：《收愚斋日记》，民国年间抄本，中国国家图书馆馆藏。

9. 贺涛：《贺先生文集》，1914 年天津徐氏刻本。

10. 何其章修，贾恩绂主纂：《定县志》，1934 年版。

11. 侯外庐：《近代中国思想学说史》，上海生活书店 1947 年版。

12. 侯外庐：《中国思想通史》，人民出版社 1956 年版。

13. 胡适著，曹伯言整理：《胡适日记全编》，安徽教育出版社 2001 年版。

14. 胡适：《胡适全集》，安徽教育出版社 2003 年版。

15. 黄山民：《徐世昌之秘密》，新学印书局 1922 年版。

16. 贾恩绂：《定武学记》，中华报社 1928 年刻本。

17. 贾丰臻：《中国理学史》，商务印书馆 1936 年版。

18. 金絮如编：《颜元与李塨》，商务印书馆 1935 年版。

19. 警民：《徐世昌》，中央书局 1922 年版。

20. 李世繁：《颜李学派》，四存学会 1946 年刊本。

21. 梁启超：《颜氏学记》梁启超手批本，1923 年，中国国家图书馆馆藏。

22. 梁启超：《饮冰室合集》，中华书局 1989 年版。

23. 刘承干辑：《吴兴丛书》，民国年间刻本。

24. 刘大鹏：《晋祠志》，山西人民出版社 1986 年版。

25. 刘大鹏：《退想斋日记》，山西人民出版社 1990 年版。

26. 刘声木：《苌楚斋随笔续笔三笔四笔五笔》，中华书局 1998 年版。

27. 刘师培：《刘师培全集》，中共中央党校出版社 1997 年版。

28. 刘师培著，万仕国辑校：《刘申叔遗书补遗》，广陵书社 2008 年版。

29. 吕振羽：《中国政治思想史》，上海黎明书局 1937 年版。

30. Mansfield Freeman, "Yen Hsi-Chai, A 17th Century Philosopher", *Journal the North China Branch of Royal Asiatic Society,* 1926.

31. 门启明：《颜李学》，油印本，1943 年。

32. 齐树楷：《颜李自修指义》，四存中学校排印本。

33. 钱穆：《国学概论》，商务印书馆 1997 年版。

34. 钱穆：《中国近三百年学术史》，商务印书馆 1997 年版。

35. 钱穆：《中国学术思想史论丛》，安徽教育出版社 2004 年版。

36. 钱穆：《八十忆双亲、师友杂忆》，生活·读书·新知三联书店 2005 年版。

37. 钱玄同：《钱玄同文集》，中国人民大学出版社 1999 年版。

38. 瞿世英：《颜习斋年谱》节本，中华平民教育促进总会 1929 年版。

39. 容肇祖：《清代的几个思想家》，北京大学出版组 1935 年版。

40. 容肇祖：《明代思想史》，上海开明书店 1941 年版。

41. 四存学会编：《四存学会章则汇刊》，中国国家图书馆藏本。

42. 王树楠：《故旧文存》，《陶庐丛刻》第三十三，1927 年刊本。

43. 王树楠：《陶庐老人随年录》，中华书局 2007 年版。

44. 王钟翰点校：《清史列传》，中华书局 1987 年版。

45. 沃丘仲子：《徐世昌》，崇文书局 1918 年版。

46. 吴闿生编：《吴门弟子集》，河北保定莲池书院 1930 年刊本。

47. 萧一山：《清代通史》，中华书局 1986 年版。

48. 〔日〕小柳司太气：《颜李之学》，关西书院 1934 年版。

49. 徐庆誉：《颜习斋动的哲学》，江西省立图书馆 1933 年版。

50. 徐世昌：《祀孔典礼》，政事堂礼制馆 1914 年版。

51. 徐世昌：《祭祀冠服制》，政事堂礼制馆 1914 年版。

52. 徐世昌：《祀天通礼》，政事堂礼制馆 1914 年版。

53. 徐世昌：《关岳合祀典礼》，政事堂礼制馆 1914 年版。

54. 徐世昌：《忠烈祠祭礼》，政事堂礼制馆 1915 年版。

55. 徐世昌主编：《颜李丛书》，四存学会 1923 年铅印本。

56. 徐世昌：《欧战后之中国》，台北文海出版社 1967 年版。

57. 徐世昌：《退耕堂政书》，台北文海出版社 1968 年版。

58. 徐世昌：《水竹村人诗集》，台北文海出版社 1971 年版。

59. 徐世昌：《颜李师承记》，台北文海出版社 1972 年版。

60. 徐世昌：《将吏法言》，台北文海出版社 1974 年版。

61. 徐世昌：《清儒学案小传》，台北明文书局 1985 年版。

62. 徐世昌主纂：《大清畿辅先哲传》，天津徐氏刊印，中国国家图书馆馆藏。

63. 徐世昌：《大清畿辅先哲传》，北京古籍出版社 1993 年版。
64. 徐世昌：《退耕堂集》，年代不详。
65. 徐世昌：《晚晴簃诗汇》，1929 年天津徐世昌退耕堂刊本。
66. 徐世昌：《韬养斋日记》，天津图书馆 2004 年影印本。
67. 徐世昌主纂：《清儒学案》，知识产权出版社 2006 年版。
68. 张鹏一：《颜李学考》，陕西吏治研究所 1916 年版。
69. 张鹏一：《习斋著书目》，陕西吏治研究所 1916 年版。
70. 张鹏一：《习斋年表》，陕西吏治研究所 1916 年版。
71. 张鹏一：《恕谷年表》，陕西吏治研究所 1916 年版。
72. 章太炎：《章太炎全集》，上海人民出版社 1984—1986 年版。
73. 张西堂：《颜习斋学谱》，台湾明文书局 1994 年版。
74. 张荫梧：《颜习斋先生之精神生活》，四存学会博野四存中学 1937 年版。
75. 张荫梧：《颜习斋先生之精神生活》，西安拔提书店 1940 年版。
76. 支伟成编著：《清代朴学大师列传》，岳麓书社 1998 年版。
77. 赵尔巽：《清史稿》，中华书局 1977 年版。
78. 赵衡：《序异斋文集》，1932 年天津徐氏刻本。
79. 赵纪彬：《中国知行学说简史》，上海中国文化服务社 1943 年版。
80. 赵纪彬：《中国哲学思想》，中华书局 1948 年版。
81. 〔日〕诸桥辙次：《颜李的实学》，清水书店 1945 年版。

四、近人论著

1. 〔美〕艾尔曼著，赵刚译：《经学、政治和宗族——中华帝国晚期常州今文学派研究》，江苏人民出版社 1998 年版。

2. 存萃学社编：《颜李学派研究丛编》，香港大东图书公司 1978 年版。

3. 陈弱水、王汎森主编：《思想与学术》，中国大百科全书出版社 2005 年版。

4. 陈山榜：《颜元评传》，人民教育出版社 2004 年版。

5. 陈山榜、邓子平主编：《颜李学派文库》，河北教育出版社 2009 年版。

6. 陈祖武：《清初学术思辨录》，中国社会科学出版社 1992 年版。

7. 陈祖武：《清儒学术拾零》，湖南人民出版社 2002 年版。

8. 陈祖武、朱彤窗：《乾嘉学术编年》，河北人民出版社 2005 年版。

9. 戴元光、金冠军主编：《传播学通论》，上海交通大学出版社 2000 年版。

10. 冯友兰：《三松堂全集》，河南人民出版社 2001 年版。

11. 傅济锋：《习行经济——建基于"气质性善论"的习斋哲学研究》，华龄出版社 2007 年版。

12. 葛荣晋主编：《中国实学思想史》，首都师范大学出版社 1994 年版。

13. 葛兆光：《中国思想史》，复旦大学出版社 2001 年版。

14. 龚书铎主编：《清代理学史》，广东教育出版社 2007 年版。

15. 郭霭春：《颜习斋学谱》，商务印书馆 1957 年版。

16. 郭剑林：《北洋灵魂——徐世昌》，兰州大学出版社 1997 年版。

17. 河北史学会：《河北史学会通讯——全国颜元李塨学术思想讨论会专号》（总第 11 期），内部刊物，1987 年。

18. 何炳棣：《读史阅世六十年》，广西师范大学出版社 2005 年版。

19. 何冠彪：《明末清初学术思想研究》，台湾学生书局 1991 年版。

20. 贺培新编：《徐世昌年谱》，中国社会科学院近代史研究所编辑：《近代史资料》总 70 号，中国社会科学出版社 1988 年版。

21. 侯外庐、邱汉生、张岂之主编：《宋明理学史》，人民出版社 1984—1987 年版。

22. 胡楚生：《清代学术史研究》，台湾学生书局 1988 年版。

23. 黄进兴：《优入圣域——权力、信仰与正当性》，台湾允晨文化实业股份有限公司 1994 年版。

24. 姜广辉：《颜李学派》，中国社会科学出版社 1987 年版。

25. 李春光：《清代学人录》，辽宁大学出版社 2001 年版。

26. 李帆：《刘师培与中西学术——以其中西交融之学和学术史研究为核心》，北京师范大学出版社 2003 年版。

27. 李帆：《章太炎、刘师培、梁启超清学史著述之研究》，商务印书馆 2006 年版。

28. 李贵荣：《颜习斋先生思想研究》，台南汉家出版社 1991 年版。

29. 李贵荣：《清初思想家李恕谷研究》，台南供学出版社 2001 年版。

30. 李国钧：《颜元教育思想简论》，人民教育出版社 1984 年版。

31. 李纪祥：《明末清初儒学之发展》，台北文津出版社 1992 年版。

32. 林聪舜：《明清之际儒家思想的变迁与发展》，台湾学生书局 1990 年版。

33. 林存阳：《清初三礼学》，社会科学文献出版社 2002 年版。

34. 陆宝千：《清代思想史》，台北广文书局 1978 年版。

35. 卢钟锋：《中国传统学术史》，河南人民出版社 1998 年版。

36. 马序等：《颜元哲学思想研究》，兰州大学出版社 1991 年版。

37. 欧阳哲生：《自由主义之累——胡适思想之现代阐释》，江西教育出版社 2003 年版。

38. 潘荣胜主编：《明清进士录》，中华书局 2006 年版。

39. 秦燕春:《清末民初的晚明想象》,北京大学出版社 2008 年版。

40. 丘为君:《戴震学的形成——知识论述在近代中国的诞生》,新星出版社 2006 年版。

41. 容肇祖:《容肇祖集》,齐鲁书社 1989 年版。

42. 桑兵:《晚清民国的学人与学术》,中华书局 2008 年版。

43. 沈云龙:《徐世昌评传》,台北传记文学出版社 1979 年版。

44. 苏全有:《徐世昌家族》,金城出版社 2000 年版。

45. 孙延钊撰,徐和雍、周立人整理:《孙衣言孙诒让父子年谱》,上海社会科学院出版社 2003 年版。

46. 陶清:《明遗民九大家哲学思想研究》,台北洪叶文化事业有限公司 1997 年版。

47. 〔美〕托马斯·库恩著,金吾伦、胡新和译:《科学革命的结构》,北京大学出版社 2003 年版。

48. 王汎森:《中国近代思想与学术的系谱》,台北联经出版事业股份有限公司 2003 年版。

49. 王汎森:《晚明清初思想十论》,复旦大学出版社 2004 年版。

50. 王应宪:《清代吴派学术研究》,华东师范大学出版社 2009 年版。

51. 韦政通:《中国思想史》,台北大林出版社 1982 年版。

52. 文斐编:《我所知道的"北洋三雄"徐世昌、曹锟、孙传芳》,中国文史出版社 2004 年版。

53. 徐友春主编:《民国人物大辞典》,河北人民出版社 1991 年版。

54. 杨念群:《儒学地域化的近代形态——三大知识群体互动的比较研究》,生活·读书·新知三联书店 1997 年版。

55. 杨培之:《颜习斋与李恕谷》,湖北人民出版社 1956 年版。

56. 杨向奎:《清儒学案新编》,齐鲁书社 1985—1994 年版。

57. 余英时:《论戴震与章学诚:清代中期学术思想史研究》,生活·读书·新知三联书店 2000 年版。

58. 张舜徽：《清儒学记》，华中师范大学出版社 2005 年版。

59. 张舜徽：《爱晚庐随笔》，华中师范大学出版社 2005 年版。

60. 张舜徽：《清代扬州学记、顾亭林学记》，华中师范大学出版社 2005 年版。

61. 赵纪彬：《赵纪彬文集》，河南人民出版社 1985 年版。

62. 郑师渠：《晚清国粹派——文化思想研究》，北京师范大学出版社 1997 年版。

63. 郑世兴：《颜习斋和杜威哲学及教育思想的比较研究》，台湾"中央文物供应社" 1984 年版。

64. 郑宗义：《明清儒学转型探析：从刘蕺山到戴东原》，香港中文大学出版社 2000 年版。

65. 朱义禄：《颜元、李塨评传》，南京大学出版社 2006 年版。

66. 宗希重、耿保仓、晏文光：《颜元的故事》，中国民间文艺出版社 1990 年版。

五、报纸杂志

《北平晨报》、《北平华北日报》、《大公报》、《大众》、《东方杂志》、《读书通讯》、《国粹学报》、《汉学家杂志》、《河北学刊》、《河北月刊》、《建国月刊》、《教育杂志》、《经世》、《民钟季刊》、《南开双周》、《前途》、《申报》、《胜流》、《实报半月刊》、《四存月刊》、《文化先锋》、《文史杂志》、《仁爱月刊》、《人间世》、《世界旬刊》、《图书展望》、《小学教师》、《新东方》、《新知识》、《燕京学报》、《语言历史研究所周刊》、《哲学评论》、《哲学与教育》、《中法大学月刊》、《中学生》、《中央周刊》、《周行半月刊》等。

六、档案史料

1. 北京市档案馆所藏四存中学档案
2. 中国第二历史档案馆所藏北洋政府内务部档案
3. 天津市档案馆所藏四存中学分校档案

七、学位论文

1. 靳志朋：《从经世致用到融合中西：近代莲池书院的研究》，南开大学硕士学位论文，2007年。

2. 廖本圣：《颜李学的形成（1898—1937）》，台湾东海大学历史研究所硕士学位论文，1997年。

3. 吕金龙：《颜习斋之学术思想及其四存编研究》，台湾华梵大学东方人文思想研究所硕士学位论文，2003年。

4. 王春阳：《颜李学的形成与传播研究》，华中师范大学博士学位论文，2008年。

5. 元青：《杜威与中国——对杜威中国之行及其影响的研究》，南开大学博士学位论文，1999年。

6. 张利：《戴望学论》，华东师范大学硕士学位论文，2006年。

后　记

　　学问如人生，人生似旅程，须经历风雨，当跋山涉水，始拨云见日，终一览美景。前人这般走过，我亦如此践履。三年博士生涯，令我由一名学术堂奥之外的懵懂小子，转变为史学研究大军的阵前小卒。酸甜苦辣，一一尝尽；喜忧顺逆，历历在心。

　　我定题颇早。记得入学不久，导师李帆老师便已就选题事宜叮嘱再三。李师之意，博士题目，当取法乎上，处学术前沿，有问题意识，勿人云亦云。他常借陈寅恪先生之言来点拨学生，即："一时代之学术，必有其新材料与新问题。取用此材料，以研求问题，则为此时代学术之新潮流。治学之士，得预于此潮流者，谓之预流。其未得预者，谓之未入流。此古今学术史之通义，非彼闭门造车之徒，所能同喻者也。"由此可见李师立意之高远。虽自知学养不足，难堪重托，但为了不负恩师期望，笔者尽量收敛杂念，一心寻觅选题。不再乱翻书，而是从前贤经典中探求灵感。也许是上天眷顾，选题之路并未多费周折。2007年11月底的一日下午，我满怀忐忑之心走进李师办公室，向其汇报选题进展。出乎个人意料，导师没有像往常一样否决题目。除却肯定选题，李师更嘱我应尽力搜集学界研究现状，摸清成熟与薄弱之处，以便于查找资料与发掘问题。

　　冬日一席师生交谈后，我的博士论文研究工作算是拉开序幕。对于博士论文而言，新材料与新问题，如同鸟之两翼，车之双轮，相辅相成，缺一不可。不过依笔者拙见，二者又非同时并进，确有先后之序。唯有遍观相关材料，尤其是新史料，才能形成集中且突出的问题意识，从而利于课题的展开与深入。故发现、辨识和整理史料便成为首要之务。于是在各位老师、学友的指引下，我成为北京各大图书馆、档案馆之常客。特别令我难忘的是自2008年底至2009年8月份，我长期泡在中国国家图书馆北海古籍分馆。除却周末，每日生活几乎都是一样：上午在校阅读专著，午饭后小憩一会儿，便骑着自行车由新街口大街驶向北海，五点钟再从西什库大街北行，沿德胜门内大街打道回府。北京的春天短的可怜，故好天气没赶上多少。冬天，朔风扑面，寒气逼人，冷不防瑞雪从天而降，则要推车前行，双腿泥泞；夏日，阳光暴晒，大汗淋漓，若再同大雨不期而遇，只能沐浴甘露，通体湿透。当然，意外的收获总让人忘却沿途的不快。于《定武学记》中偶得严复佚文，从《颜氏学记》里看到梁任公的遒劲批注，由卡片目录里翻出《贺葆真日记》手抄本……每次发现新材料都让我激动不已，对未来的论文写作充满憧憬。2009年8月13日，古籍馆因库房整理暂停开放。记得那天下午临近闭馆时，我同特地从上海赶来查阅资料的复旦大学历史系邹振环教授攀谈。邹老师一面因没能看完所需材料而惋惜不已，一面又对我勤于搜集史料的做法表示肯定。至此，扎根北海古籍馆的日子告一段落。

常言道："读万卷书，行万里路。"读博前，对这句老话感受不深。一次次赴外地查阅资料、拜访名家，终于发觉此语之意蕴所在。在石家庄，虽未能发现太多资料，但却结识了学识渊博、待人真诚的《河北师范大学学报》副主编陈山榜老师。陈老师热心于颜李学的研究和宣传，对我之选题勉励有加。他对颜元、李塨等人著述之熟稔，已至脱口而出、信手拈来的程度，这让身为后辈的我钦佩不已。到天津图书馆查阅徐世昌之《韬养斋日记》，起初馆员以保护古籍为由不予接待。后软磨硬泡、托人说情，我才得以一窥东海相国他老人家日记真迹之全貌。现在回想起来，若无此日记，论文写作将大受影响。

真是谢天谢地！经历此番折腾，我终于明白：搜集史料，阅读功夫必须过硬，交际能力亦不可或缺。此外，2009 年暑假赴华中师范大学参加近代史培训班，期间去拜访已近古稀之年的武汉大学历史学院吴剑杰先生。先生乃《张之洞全集》主编之一，对晚清政治人物研究造诣甚深。在其点拨之下，我对徐世昌的政学行为之认识愈加深入。同年 9、10 月，我两度赴上海大学参加会议，得以借机向历史系陈勇教授多次请教。陈老师专注于清学史领域多年，他的中肯建议令我受益匪浅。2010 年 1 月，笔者有幸到中国人民大学清史研究所参加青年学者论坛。我所提交的论文涉及徐世昌尊崇颜李学之事件，恰巧所长黄兴涛老师此时正在研读《四存月刊》，故对我的论文详加点评。之后黄师又于电邮中提供线索，其提携后辈之精神让我十分感激。

　　博士论文就如同一席菜肴，买好油盐酱醋、素荤原料，便要焖熘蒸煮、煎炒烹炸。搜集到一定数量的史料，写作随之提上日程。综观一年多的创作历程，喜忧参半，五味杂陈，用"痛并快乐着"来概括似最恰当。记不清多少个夜晚，由于灵感乍现，挑灯夜战，通宵撰文；更不记得多少个白昼，因为苦无思路，焦躁不安，捶胸顿足。岁月如刀，犀利得让人不敢去正视它。一年多来，不知不觉间，头顶乌发锐减近半，腰间赘肉激增十斤。"哥掉的不是头发，是青春；长的不是肥肉，是沧桑！"如今我总拿这句话来自嘲，这或许就是论文写作所应付出的代价吧。

　　当然，若无恩师指点，好友交流，昨日之我定不能升格为今日之我。博士导师李帆教授，为人儒雅，处事低调，治学严谨，享誉学界，是广大师生公认的谦谦君子。故能忝列李师门下，我深感庆幸。李师身为学院副院长，庶务缠身，异常忙碌，但他最为关心的，仍是弟子们的选题情形与写作进展。三年间，李师定期约我见面，从应读之书、博士选题、开题报告到查阅资料、论文写作、后期修改，他都不惮其烦地悉心指导。同时，为了能使我的学术视野愈加开阔，学术经历更为丰富，李师不时向我引介学界前辈，给我提供访学机会。毫无疑问，李师三年间的耳提面命、言传身教，让我获益终身。

孙燕京老师是近代史界罕见的"女中豪杰"，亦是我的硕士导师。说来惭愧，跟随孙师期间，出于兴趣所趋，我斗胆违抗师命，选择学术史题目。孙师知后，非但不以为忤，反而私下里向史革新、李帆、张昭军等老师征询意见，商讨我选题的可行性。待到决定考博后，在选导师一事上，我又心存顾虑。毕竟自己希望报考学术史方向，这不啻是"背叛师门"，如此"忤逆"之行径是否会令孙师伤心？孰料孙师早已洞晓我的心思，并事先向李帆老师力荐，支持我"弃暗投明"。她对弟子的宽容与呵护由此可见一斑。2007年6月底的一天上午，即将离校返乡的我去孙师家做客。孙师对我多加教导，最后她语重心长地说道："学斌，你有才情，这固然很好。不过，今后读博士当须有长期规划，再也不能信马由缰，随意为文了。"此话对我影响很大，如今回想，依旧言犹在耳。

通过登门送信，在博三这一年，我得以时时向学界泰斗龚书铎先生当面请益。龚先生已年逾八旬，精神矍铄，身体硬朗，语言诙谐，思想深邃。难能可贵的是，先生并不因我是晚辈而有所怠慢。每次登门造访，他都热情招待，嘘寒问暖。与先生交谈，时时刻刻都能体会到他独特的学术魅力与崇高的人格修养。与先生聊天几乎成为我每周雷打不动的"必修课"。遇到写作瓶颈，只要开口向龚先生请教，他都乐意为我出谋划策，指点迷津。

此外，还要感谢近代史教研室的王开玺、史革新、李志英、张昭军、林辉锋和邱涛老师，他们都在我论文写作中给予了不同程度的关怀与帮助。

博士三年，十分辛苦，若无好友相伴，实在不敢想象。首先感谢孙淑松、张立胜、闫长丽、吴艳玲、赵亦彭、王志刚、王煦、武晓阳等同学在平日里与我切磋辩难，给我启发和灵感。尤其是张立胜副教授，他谦逊温和，每日必同我探讨读书心得、写作体会，其执着于学术的精神让人钦佩。还有我的舍友老孙，他忠厚老实，善解人意，与其相处，轻松自在。三年来彼此互相照应，趣事多多。其次要感谢中国近代文化史读书会的所有同仁，他们不仅在学术上给我献计献策、提供各种线索，并且在我遇到挫折时为我加油打气。

最后，我还要深深地向生我养我的父母说声"谢谢你们！"自进入大学之后，父母便对我"无为而治"，很少过问我的学习、生活，这样的教育方式给我提供了充分的发展空间，也养成了我独立豁达的处世风格。我想这正是二老的高明之处吧。另一方面，父母的言行习惯又"润物细无声"，潜移默化地熏染着我。父亲喜爱古玩收藏，家里被他布置得古色古香，墙壁挂满字画，桌上摆满瓷瓶，手中把玩玉器，坐晚清紫檀条椅，睡民国红木大床，天天与这些老物件接触，使我对祖国传统文化有种莫名的亲切感。母亲终日操持家务，她勤俭节约，与人为善，言必行，行必果，从她身上我体会到什么是善良与坚持。

王学斌　识于二〇一〇年六月四日凌晨
改于二〇一五年十一月十九日